魅力宋庆龄

汤雄 著

Song
Qingling's
Charm

团结出版社

图书在版编目（CIP）数据

魅力宋庆龄 / 汤雄著 . -- 北京：团结出版社，
2017.9（2023.6 重印）
ISBN 978-7-5126-5325-2

Ⅰ . ①魅… Ⅱ . ①汤… Ⅲ . ①宋庆龄（1893-1981）
- 生平事迹 Ⅳ . ① K827=7

中国版本图书馆 CIP 数据核字（2017）第 171308 号

出　版：团结出版社
　　　　（北京市东城区东皇城根南街 84 号　邮编：100006）
电　话：（010）65228880　65244790（出版社）
　　　　（010）65238766　85113874　65133603（发行部）
　　　　（010）65133603（邮购）
网　址：http://www.tjpress.com
E-mail：zb65244790@vip.163.com
　　　　tjcbsfxb@163.com（发行部邮购）
经　销：全国新华书店
印　装：三河市东方印刷有限公司

开　本：170mm×240mm　16 开
印　张：14.75
字　数：216 千字
版　次：2017 年 9 月　第 1 版
印　次：2023 年 6 月　第 5 次印刷

书　号：978-7-5126-5325-2
定　价：35.00 元

写在前面

汤　雄

　　历史是人类对过去经历的回忆和反思。自古以来，上古先民用口头语言把过去的人和事讲述出来，后来的人又把所知所闻讲授给下一代。这样的口口相传经许多人的参与和许多年代的传承，再加上一代又一代的复述者所添加上的想象、夸张甚至虚构，其传述的内容不可避免地会变形，记忆难免有差错，或者不准确。

　　为最大可能地准确记载历史，当事人口述、采访人现场实录时所形成的原始文字（录音）记录，是当时留下的最权威、最真实、最具体、最生动的蓝本，这就是人们通常所说的现场采访手记。

　　口述历史实录便是当时现场采访手记的还原，是一种忠实还原历史的文字表达形式。由于整理者在整理过程中以严肃的态度，不夸大删改，不虚构伪造，在尽可能地保存原始材料的基础上，还原了当时采访记录的原状，从而使作品具有一定的可信度与可亲度。同时，由于口述历史的内容均是口述者亲身经历或耳闻目睹的事迹，他（她）们所述说的环境、所描述的细节、所体验的感情、所刻画的心理往往是别人不易领会到的，所以，口述历史实录又比许多从间接材料搜集拼凑的传说更加真实、具体、生动、活泼，保持了它的真实性、权威性和鲜活性。

《魅力宋庆龄》便是这样一部典型的口述历史实录。

笔者通过30年的努力，先后采访了曾在宋庆龄身边服务过的各个岗位上的工作人员，形成了笔者在抢救、挖掘、反映宋庆龄的独特魅力这个题材上的权威性。现在这部长篇口述历史实录，便是笔者根据历年采访当事人的手记及与当事人的来往书信整理而成的。与先前出版过的同类书不同的是，对一些囿于当时种种原因被删除的情节与细节进行了复原，一些珍贵的照片也得以披露，故而使此书还具备了一定的解密性、探秘性与可读性。

热爱宋庆龄的广大读者与专家、史学家乃至相关的宣传媒体，都可以通过这部作品，进一步领略宋庆龄的光辉事迹。尤其是这部作品基本上都是围绕宋庆龄的日常生活开展，挖掘与再现了宋庆龄大量鲜为人知、琐碎平凡的生活细节，读者们也可以从侧面进一步感受到宋庆龄伟大的人格魅力。

目录
contents

保姆钟兴宝口述实录

你不要以为到我此地来是做阿妈，你还是我的女副官、女警卫。我身边一个亲人也没有，你就是我的亲姐妹。

——宋庆龄

你别看她是一个首长，待我们一点架子也没有，真像自家人，我怎么能不对她赤心忠良呢？

——钟兴宝

口述：钟兴宝

尤顺孚（钟兴宝之长子，时为苏州木渎镇人民医院放射科医生）

采写：汤 雄

时间：1982 年深秋至初冬

地点：苏州市吴县（已撤销，现为苏州市吴中区和相城区。笔者注）

木渎镇西街胥江书弄街 2266 号

【采访者按】

　　钟兴宝是继李燕娥之后，第二个来到宋庆龄身边工作的保姆。她从1952年3月8日至1981年5月29日宋庆龄与世长辞为止，在宋庆龄身边工作了29个年头。1983年，钟兴宝退休回苏州，定居在时为吴县木渎镇人民医院放射科医生的儿子尤顺孚家中，与儿子、媳妇及孙女们共同生活在一个临河而筑的小木楼上。

　　尤顺孚是钟兴宝的长子，20世纪60年代初期曾在北京工业学院求学，常在节假日前往宋庆龄在北京的寓所探望母亲，多次见到宋庆龄，并在生活上得到宋庆龄无微不至的关怀。

一、钟兴宝到宋庆龄身边工作的前后经过

　　汤　雄（以下简称"汤"）：钟阿姨是什么时候到宋庆龄身边工作的？

　　钟兴宝（以下简称"钟"）：我是1952年3月8日那天到首长身边工作的。当时我在上海虹桥路福利会（中国福利基金会。笔者注）托儿所做看小人（吴语：小孩子。笔者注）的保姆。那天在食堂吃过午饭，我回宿舍，刚走到半路，听见后面有人喊我，回头一看，是陈文招，他去福利会上班。他对我说："兴宝，周科长请你去一次，有要紧的事情和你商量。"周科长名叫周常鹿，是"中福会"的科长，我们的领导。我听了，就要紧转身跟着陈文招往人事科办公室去。周科长已经坐在那里等我了。他看见我，非常客气，先倒了杯茶给我，叫我坐下，然后才问我："兴宝，派你到宋副主席身边去工作，你同意吗？宋副主席就是宋庆龄，是我们国家的领导人，也是我们福利会的领导，以前她几次到托儿所来检查工作，我见过她的。我们大家都叫她首长。"当时，我听了科长的话，心里马上紧张了起来。我想，她可是孙中山先生的夫人，是国家副主席呀！像我这样连字也不识一个的人到她身边去工作，可以吗？所以我

青年时代的钟兴宝

就急着问周科长说："我行呀？"

周科长就说我行，还说叫我去首长那里工作，是组织上经过认真考查与挑选才决定的，是党和国家对我的信任。

汤：钟阿姨您不容易，这么多的阿姨（保育员）不选，独独选中了您。

钟：事实也是这样的。当时我做阿姨，看看小人这些小人，都是领导的小人。那年六一儿童节，托儿所要在节前赶做一批小人穿的小围裙与小衣服，要求很高的，托儿所里的几个阿姨都不会做。拿到外面去加工，时间又来不及了。当时，我们托儿所所长沈粹缜非常着急。我知道后，就对她说，让我来试试。沈粹缜就同意让我试试。我就先做了一套样子交给她看。她一看，非常开心，说完全合格！还表扬我手巧。后来，这批小衣裳就交给我们几个阿姨全部赶在儿童节前做了出来。首长开心得不得了。后来我才知道，我到首长身边工作，是沈大姐亲自向首长介绍的。她是我同乡（沈大姐即沈粹缜，苏州市光福镇人，邹韬奋的夫人，也是时任国务院副总理的邹家华的母亲；钟兴宝，苏州光福镇舟山村人，与沈粹缜是同乡。笔者注）。1943年，他爹（指尤顺孚的父亲。笔者注）生病走了，留下我们娘三个，日子过不下去了。我就到上海去找生路了。在上海，我先是做刺绣，打短工，后来到浦东的一家农场打工。新中国成立那年，农场关闭，我失业回家。1949年11月，经政府失业登记后，我就经沈阿姨亲自介绍，到虹桥路的福利会办的托儿所当阿姨了。

汤：那么，当天您就见到宋庆龄了？

钟：是的。周科长找我谈过话后，当天下午，他亲自开车，与陈文招一起，陪我到宿舍里去把行李打个包，就把我送到首长家去了。首长的家在淮海中路1834号，我们从虹桥开车，一会儿就到了。我看见首长的家是幢小洋房，屋外是围墙，围墙上有电网。里面有个小花园。看门的解放军是认得周常鹿和陈文招的，所以我们的汽车就直接开进去了。车子到里面后，李同志就过来接我了。

汤：李同志是谁啊？

钟：就是首长旧社会就用的保姆，名字叫李燕娥。她长得胖胖的，说一口夹生的上海话。后来我才知道，李同志是1912年生的，我是1915年生的，她比我大三岁。当时李同志看见我就开心地说："来啦，我们都等好几天了。"说着就拉着我的手，对我说，走，我们上楼去见太太。说着，她就领着我一个人上了楼。

汤：周科长与陈文招都没有上楼去？

钟：没有。他们把我送到首长家后就开车回去了。后来我才知道，男的都一律不准上首长的楼上去的。

汤：当时您心里紧张吗？

钟：怎么不紧张！上楼梯时心里直跳。李同志一路领我上去，一边轻轻地关照我说："到了楼上，见到太太，就喊首长；首长问你什么，你就讲什么。"我点点头，记住了。接着，李同志把我直接领到楼上一个房间里。这是一个不大的房间，正门五斗橱上面的墙上，挂着一幅当年孙中山与宋庆龄并肩站立的照片。另外，除了大衣柜、梳妆台、床头凳和仅有的一把沙发椅外，就是正中那张大床了。当时首长正靠着一只枕头倚在那张大床上。李同志把我领到她床前后，轻轻地对她讲了一句："夫人，福利会派来的同志来了。"我就连忙上前叫了声"首长"。首长听了，就从枕头上抬起头，笑眯眯地朝我点点头，用上海话对我说："来了，好咯。"我这才不紧张了。首长当时感冒了，面色不太好，头发也有点乱，与平时照片上看见的有点不一样。她朝我招招手，叫我走近点，然后问长问短地聊了几句。

汤：宋庆龄都问了您什么呀？

钟：问了我是什么地方人，今年多大了，家里还有什么人，怎么会

位于上海淮海中路的宋庆龄故居

到上海来的。当我告诉她我老家爹娘生有儿女九个、我排行第六时，首长还笑着说："喔哟，生介许（这样。笔者注）多呀！"最后，首长对我说："你不要以为到我此地来是做阿妈（吴语：女佣。笔者注），你还是我的女副官、女警卫。我身边一个亲人也没有，你就是我的亲姐妹。"她还要我以后不要拘束，不懂的地方多问问李同志，慢慢地什么就都会做了。

汤：宋庆龄和您说话，都是说上海话？

钟：她平常和我们都是说上海话，只有和外国人或者北方来的人才说普通话。有时候，对有些不懂中国话的外国客人，首长就直接用英文。她的上海话中带一点浦东的口音。我当天就在李同志一步一步的带领下，开始工作了。首长当天的晚饭，就是我端上去的。

汤：宋庆龄的家大吗？

钟：大。主楼、辅楼共两幢楼，楼上楼下，房间很多。一开始会走错房间。不过有李同志领着，我不会走错。后来我熟悉了，就不再要她领了。

汤：你当时每月有多少工资？

钟：刚到首长身边工作的时候，首长为我每月定了20元的工资，后来陆陆续续给我加；到她过世的时候，我的工资是50元。当时也不全是吃首长的，我自家也要贴饭钱，只是贴得比较少。我们这里吃饭不像在外面食堂吃饭那样实打实的。首长讲，你们只拿这点薪水，我本不应该要你们的饭钱的，但这样做，人家要和你们攀比的，我只好意思一下了。我和李同志和后来的顾金凤（1973年5月1日起担任宋庆龄的保姆。笔者注）三人每月的工资，都是首长从她自己的工资里拿出来的呢！

汤：宋庆龄真伟大，她是不想给国家增加负担。

钟：是的，后来黎秘书（黎沛华，女，宋庆龄的秘书。笔者注）也这么说的。当时黎秘书曾对首长说，我与李燕娥的工资完全可以改由公家来支付，可是首长坚决不答应，说不愿意增加国家的负担。

二、我在首长身边工作是赤心忠良的

汤：钟阿姨，您在宋庆龄身边主要做什么工作呢？

钟：主要工作是洗洗涮涮、缝缝补补。这些本来都是李同志做的，我到首长身边后，就全部由我接过来了。李同志是家中的总管，上上下下的钥匙都交给她掌管。到北京后，我还负责信件与报纸的收发，这原来也是李同志负责的。我到了之后，李同志就留在上海家中，没有跟着首长到北京去，她负责看好上海的家。首长在上海与北京两处都有家，每年春节起到6月1日后，首长基本上都是住在上海；每年9月中旬，她就要到北京，住在北京的家中，因为每年国庆节她都要到大会堂开会，还要接见外国人。不过，首长喜欢住在上海。她嫌北京的风沙大，吃的方面也不习惯。

汤：能详细讲讲吗？

钟：可以。每天早上起来，我要为首长梳头。我为她梳头，梳的是我们苏州、上海一带女人喜欢梳的挽子头（即把头发在后脑勺上挽成一团的发髻，此为中国妇女传统的古典发式。笔者注）或者横爱司头（即把头发在后脑勺上挽成一个横过来的"S"状的发式。笔者注）。梳好发髻，洗过脸、上过雪花膏后，我就帮她描眉毛。起先，眉毛是她自己描，直到后来她两只手举不起来了，才叫我帮她描的。有时要外出开会或接见客人什么的，她还要在嘴唇上涂点口红，但也是淡淡的，不注意看看不出来。首长的嘴唇天生很有血色的，很漂亮。首长对自己的外表一向非常注意，就是在家里不出门，也很注意，从一件外套的式样到一块手绢都从不马虎。我帮她梳好头后，有时难免会有几根头发脱落下来，她就叫我全部收在一只空的信封里。首长说人身上的一切，都是爹娘给的，都不能随便丢掉。我每次梳的挽子，她都非常满意，说这才是我们中国妇女标准的发型，还表扬我说："兴宝你真会做。"首长的头起先一直是她自己洗的，"文化大革命"以后，她年纪大了，才叫我帮忙洗。首长讲，她从没去过理发店，都是自己在屋里洗头。头发洗好后，用吹风机吹干，再搽点发油，像平常一样梳梳。

还有洗衣服。首长特别讲究清洁，衣服、床上的被单、褥子都换得很勤。那时候是没有洗衣机的，全靠一双手洗，所以我平时挺忙的。衣服洗好了，晒干了，还要拿到熨衣间去熨。说出来你可能不相信，首长特别节约，一块手绢都破了，她也要叫我补补再用呢。有时候，首长连衣服也是自己做的。

汤：您一起做吗？

钟：是的。上海的家里（宋庆龄在上海的寓所。笔者注）有台缝纫机，我就拿这台缝纫机给首长做衣服。平常穿的睡衣，热天穿的单衣，有些在家常穿的衣服，都是我做的。我会做那种琵琶襟的她最欢喜穿的老式衣裳，有的是对胸的，有的是大襟头的。我还会做鞋子，单鞋、蚌壳式的老棉鞋。首长喜欢穿老棉鞋。面料是很好的。首长要出门，她的鞋子总是要做得像点样子。首长对穿的方面比我懂得多，有时候空闲下来，她就和我一起做衣服和鞋子。经常是她在一边教我怎么做，怎么裁剪，我就根据她的意思做。对一些式样比较新的衣服，首长就在一边先画出图样给我看，或是拿出原来的衣服样子给我看，让我照着做。我小时候就学会了绣花，首长经常表扬我手巧，说我到底是苏州绣娘，绣出来的东西活灵活现。现在挂在北京故居（指位于北京后海的宋庆龄故居。笔者注）卧室里的那幅鸡心花刺绣，就是当时首长带着我们一起完成的。

　　汤：首长外出会客时穿的衣服是什么地方做的呢？

　　钟：她会客穿的衣服都是到外面的公司里去做的。不同季节、不同的会议，穿不同的衣服。有一次在北京开妇女大会，首长要出席，她不穿西式，要穿中式的。我把北京整个东郊都兜下来了，就是寻不着一个合适的裁缝。后来，只好到上海去做了。当时，首长还不知道我也会做这种中式衣服。后来她知道了，就要我为她做。那时候刚到北京，首长就叫我到外面布店里挑点面料回家，自己做。首长要我挑些颜色老式的纺绸回去做。我就在秘书的陪同下一起到北京街上买。可是，外头布店里的纺绸的面料，颜色太多了，我买哪一种才合适呢？我急了，就动出个念头，把店里各种颜色的纺绸都剪一只角下来。一连跑了几家布店，剪了十几种布角样品，再带回屋里，让首长自己挑。这样，首长总算挑到自己满意的面料、做成自己满意的中式衣服了。

　　汤：钟阿姨，再说说首长每天的饮食习惯吧？

　　钟：其实，首长每天吃的都是非常简单的。早饭通常吃的是面包，两片面包加一杯咖啡。后来咖啡改为茶了。有时候，她还会叫我或李同志到大街上去给她买大饼、油条吃。午饭与晚饭也和平常人差不多：两三碟小菜，一小碗汤。因为首长有荨麻症（荨麻疹。笔者注），所以她平时只吃鱼和少许的肉，基本上以蔬菜为主。她平时最喜欢吃的是雪里蕻炒肉丝，还有新鲜的河鲫鱼，有时候还要吃些辣椒。为此，后来我在每年立冬过后，总要腌上一两缸雪里蕻，放在冷库里，等腌透后再慢慢地吃。有时候首长会对我们说："今朝胃口不太好，最好调调口味。"我就和李同志一起在楼上的小厨房里单独为她开小灶。首长吃了，很开心，说："你们烧的菜我很喜欢吃，平时总是厨师烧，一直是这个味道，由你们来调调胃口很好。"有时候，我要到厨房里亲手为首长做上一两个苏帮菜。我最拿手的是豆腐干炒肉丝，里面再摆些辣椒丝，这道菜也是首长最喜欢吃的。后来，首长到了晚年，嘴里没味道了，就开始吃点像牛肉干、话梅、橄榄等小零食。

汤：首长对厨房里做的一日三餐满意吗？

钟：在首长身边工作，最容易出毛病的就是厨房。有的菜可能淡点，有的菜可能咸点，都不碍事。我跟首长近30年，无论大大小小的事情，我都没有看见她动过肝火，只有"文化大革命"的时候，人家在上海掘掉了她父母的坟墓时，她在房间里流了不少眼泪。那天，我亲耳听见首长在房间里叹气："真正作孽！每个人都是爹娘生出来的呀！爹娘养了子女，我却连尸骨都保护不了！"

汤：首长平时是和你们一起吃饭的吗？

钟：首长的一日三餐都是我送到楼上去的。首长很忙，每天的信呀书报呀一捆一捆地寄来，有时候我端了饭菜上去，她还在忙。我叫她吃饭，她才吃饭。等她吃完了，我才上去收拾碗筷、盆子。有时候，首长会问我："兴宝你吃过了吗？"我为了让她放心，就骗她说吃过了。

汤：您后来还为宋庆龄收发过书信什么的？

钟：是的。通讯员呀！我到首长身边后，首长常常叫我送东西到"中福会"去。后来周同志（上海寓所的生活管理员周和康。笔者注）调来后，我就不送了。还有，到了北京后，每天的信呀报纸呀什么的，也都是我从杜述周（宋庆龄的第四任警卫秘书。笔者注）手中接过后，再送到楼上首长手里的。首长有信呀、条子要寄出去，也都是我上去拿着送下来交给杜秘书的。首长的朋友多，客人多，以前周和康没来时，上海家中的东西或信件都是我去送的。有些地方我不认识，她就会写张纸条，让我按着地址门牌去寻。她比较熟悉的几个老朋友的屋里我都去过，像沈粹缜、史良、许广平，不少人呢。还有一个罗大姐（罗叔章。笔者注），她在新中国刚成立时做过首长的秘书。至于北京寓所的东西与信件，一向都是警卫秘书负责开车送去的。北京地方大，保姆没能力走那么多的路去送任何东西的。

汤：宋庆龄对您真信任！

钟：主要是首长对我好。你别看她是一个首长，待我们一点架子也没有，

魅力宋庆龄

1960年钟兴宝、周和康、李燕娥和周玉龙合影于宋庆龄在上海的寓所

真像自家人，我怎么能不对她赤心忠良呢？

三、宋庆龄的出生地之谜

汤：您说过宋庆龄的出生地是个秘密，宋庆龄不是海南人吗？

钟：不是。她的爹娘可能是海南人，但她是生在上海的。她告诉我，她是出生在上海南市十六铺南面的。后来才搬到四马路（西摩路30号，今西摩路139号。笔者注）的。

汤：十六铺南面地方大着呢。

钟：咸瓜街，一个叫咸瓜街的地方。她亲口对我讲的，还叫我和李同志一道去寻过两次呢。当时，首长写了一张条子交给我，叫我俩照着条子写的地方去寻这个石库门房子。以前曾寻着过，是个石库门房子，可是后来去看就没有了，拆掉了，开了百货公司，连路也已经翻掉了。

汤：那张纸条您还有吗？

钟：一回去就交还首长了。凡是首长写给我们的条子，是不许交给其他人的。在上海，我就交给李同志，在北京，就归我处理了：纸条收到后，我就交给首长。首长收到纸条后，就卷紧，包好，再交给我去烧掉。大约是一九五几年，淮海路上的家中要翻造汽车间，我们和首长在上海大厦临时住了4个月，这4个月里，我就到上海大厦的炉子间里去了好几趟（指焚毁宋庆龄的信件、手书等。笔者注）。

首长后来就完全拿我当自家人，把她小时候的事都告诉我。

汤：哦，就是和宋美龄、宋霭龄姐妹之间的事？

钟：是的。首长和我两个人的时候，经常讲到她的姐妹，说小时候大家总是在一起，非常亲密；等大了，姐妹就分开了，各人做各人的事。首长还和我讲过一个笑话，说她小的时候，新年里的一天，表姐妹们之间你来我往。当时大家十来岁的年纪。倪锡沂（宋庆龄母亲倪珪贞的叔伯兄弟。笔者注）叫我们全部坐在三轮车上，他去踏三轮车，一不小心，首长从车上跌了下来，当场把脑袋都跌破了。爹娘看见这样一个血淋淋的小囡，心痛得不得了！这件事就是在咸瓜街这个地方发生的。搬到四马路是后来的事了，那时她们姐妹都长大了。首长经常对我讲，她小的时候，她们姐妹兄弟五个都在一起，都是住在南市的。

我是从白天到夜里都不离开首长的。我出去洗衣服，她就在办公室里写东西。我洗好衣服后到她房间里去，她就说："大家到这里来休息一下吧！"有时候，她还会亲自倒点茶，拿点小点心，叫我们一起去吃。她从来不把我们当下人看。等我们准备工作全部为她安排好，她就一个人一声不响地写文章。现在想想，首长真是苦恼的，她晚上九点钟到床上，有心事睡不着呀，睡到早上三四点钟就要起来办公了。我听见隔壁有声音，要起来服侍她，她就会关照我："你不要响，我起来办公，你睡就是。"所以，首长平时一个人天不亮起来办公，并不是叫我们一道起来的。别人不清楚，认为做首长总是开心的，是在享福。其实，每天光信件就一叠一叠地拿进来，而且当天就要处理。在上海家里的时候，我和李同志两个人都不离开首长的；到北京后，就是我一个人了。从厨房开始，到信件进出，上上下下的事都由我一个人应付。下面的人是不能上楼的，首长要寄信，就由我拿下去，再通过秘书发出去。

四、首长待我们真个像自家人

钟：首长待我们真个像自家人。有件事，我记不大清楚了，顺孚你自己讲吧！

尤顺孚（以下简称"尤"）：事情是这样的。当时正好是国庆前几天。为庆祝建国11周年，我们学院被编为首都民兵师第二方队，准备参加天安门前的国庆大游行。根据游行规定，凡参加游行的民兵，一律要上面穿白衬衫，下面穿蓝裤子。当时买布料做，不但时间来不及，而且买衣裳、买布料除了要钞票外，还要布票。我家又不在北京，拿不出来。这事被首长知道后，她就叫秘书张珏去王府井百货大楼为我买了一套，让我第二天游行时穿。

钟：对对，是这样的。当时我正为拿不出来发愁呢，没想到首长比我考虑得还周到。

尤：首长对我一向特别关心。在北京读书时，她总是从生活上、学习上关心我。礼拜六或者节假日，我都要到后海去看妈妈。如果学校有任务，

位于北京后海的宋庆龄同志故居

保姆钟兴宝
口述实录

例如参加十一国庆游行没去，晚上她就会让人打电话叫我第二天再去。特别是三年困难时期，首长总会给我留下一些饼干、糖果。工作人员每人一份，我也有一份，让我妈帮我留好。我每次去她家，总要带回一书包的食物。就是后来我回到苏州后，我的户口的事情，首长还在关心。以前我家在农村，1964年下放到大队里当赤脚医生。首长对我说："你现在亦工亦农也很好，等以后有机会再帮你解决。"1972年我到下面的医院去，院方给了我一间小房子。那时我妈身体也不好，我就想把妻子的户口从农村迁出来，我们夫妻两个就可以在一起了。我到上海看妈妈时，就由妈妈向首长提起这件事。首长对我妈妈说："他们夫妻分居也不是个办法，总归会帮你解决的。"管理局（上海市机关事务管理局。笔者注）的一位同志，可能是政府办公室的一个副主任，他知道了，就对我说，他们会尽快向上级部门申报，只要上面有政策，我们照办……我家是托了首长的福。

钟：其实，首长不光待我好，待所有的人都一样好。在上海家中，凡是我们一起合作共事的人，一个李妈李燕娥，一个我，一个唐江（1962年从新亚饭店调到宋庆龄身边的厨师。笔者注），一个周和康（1956年奉命从中苏友好大厦保卫处纠察科调到宋庆龄身边担任管理员。笔者注），还有秘书张珏，司机陆春林、小杨，警卫班的张友和王月等十几个人，都很团结，都得到过首长的关心与帮助。逢年过节，首长就让大家把各家的小人都叫到家里，让小人们表演各种节目。都是七八岁十来岁的小人，有的会跳舞，有的会弹琴。首长就拿糖果、饼干给大家吃。年年都这样。在北京的时候，我记得是1953年5月1日，首长一大早就到中南海去参加庆祝活动了，食堂里的黎师傅（北京寓所的厨师黎传。笔者注）一清早到街上去买了不少的鸡鸭鱼肉回来，忙忙碌碌地做了两桌小菜，摆在楼下的小饭厅里。钟松年（北京寓所的老工作人员。笔者注）还在墙上贴了一个大大的红双喜字。原来，这是首长专门为张友和王月办喜酒呢。昨天张友和王月一起到北京郊区的家中结婚，今天首长自己掏腰包在北京家中为他们补办喜酒呢！快到吃午饭的时候，新郎官张友和王月双双带着各自的新娘子，坐着轿车到了后海。他们刚到，在外开会的首长也坐着轿车提前赶了回来。首长一到，喜酒马上开席。首长逐一和两对新郎、新娘握手，还举起酒杯祝贺他们呢！首长每月有300元的活动经费。"文化大革命"的时候，她把这笔活动经费退还给了国家。要知道，首长平时开销大、应酬多，工资总是不够用的。有时到了月底，还向沈粹缜或张珏借钱救急呢。她每月的工资中，有一百几十元是付我、李燕娥与阿金（顾金凤。笔者注）的工资，有时候还要省出一点钱接济身边的其他人。我清楚地记得，1973 年，她住在上海的时候，当她听说小杨（上海宋庆龄寓所警卫战士。笔者注）家中被洪水冲倒了房屋的事情后，就立即拿出 150 元支援小杨寄给老家修房屋。这种事例真的多着呢。不过，她对自己倒是十分抠的，一块手绢破了，还要叫我帮她补补再用。我跟她在北京的时候，碰到天气好，太阳不足，她有时就约我一道到后院里钓鱼、到花园里采野菜。挑回来后，就让厨房间黎师傅洗干净做着吃。"文化大革命"的时候，首长还要一个人到后院里钓鱼，她常常披件斗篷（大氅），戴顶大草帽，一个人到后院小河边，一钓就是几个钟头。其实，她人在钓鱼，心里却在考虑国家大事，我一看就知道，因为她每次都钓不回几条鱼。

汤：听说宋庆龄对李燕娥最好，她俩后来也葬在一起的？

钟：是的。所有人中，首长与李妈的关系确实是最亲密的，待她也是最好的。旧社会打仗的时候，李妈是与首长一道困在死人堆里冲过来的。而且为了首长，李妈一生没有结婚、没有小孩。

在平常日子里，首长对李妈就像对自家的姐妹一样好。李妈到北京去看病的时候，有时候晚上都上床休息了，首长还会轻手轻脚地走进李妈的房间里，轻轻地替她盖好被头。李妈人胖，身体重，她原来在上海家中睡的一张铁床脚高，上床下床都不太方便。为了不让她跌跟头，首长特意叫周同志到家具厂去，特地为她设计定做了一张矮脚的席梦思床。李妈每年生日，首长再忙，哪怕是人在北京，她也不会忘记，也要打电话到上海家中，叫周同志不要忘记到时候买只鸡、下点面、煮点鸡蛋，让大家一起庆祝。李妈比首长先走，是在北京医院走的。当时首长自己也病倒在床上，但她还关照将来要把李妈和她葬在一起，还特地把这事写在纸片上。李妈也是做阿妈的，一个人做阿妈做到这样，是世上少有的福气。

尤：说到福气，我想起来有一次，我还被首长批评过呢。现在想想，也是我的福气。

也是这一年的秋天。一个星期日，我和几个同学一起去颐和园的紫竹园游玩。紫竹园里有个"活鱼食堂"，专门对外供应随要随杀的活鱼宴。也是巧，这天，正好郭沫若先生也去了那个食堂，我们亲眼看见他挑了一条活鱼现杀现烹现食用。那时正是三年困难时期，肚皮都吃不饱，更何况我们都是些正在长身体的小伙子呢！所以，我们见了，不由馋得直咽口水。

于是，我们几个同学一合计，当即以"劈硬柴"（即平均分摊钱款。笔者注）的方式，几人合要了四条活鲫鱼，惬意地打了次牙祭。没想到一结账，我们几个都吓呆了：每条鲫鱼25元，四条一共要100元！100元哪，叫我们几个穷学生哪里付得起！但是，东西都吃下去了，怎能不付钱？于是，我们几个只得硬着头皮，你几元，我几元地凑铜钿。但是，大家挖穿了口袋底，也只凑到几十元钱，这下事情弄僵了。活鱼食堂的负责人见了，十分气愤，以为我们是故意去吃白食的，当场报告了公园派出所，把我们几个人一起叫到了派出所里。经过审问，警察从我们的学生证上知道了我们的身份，就让我们的家长来付这顿鱼钱。一了解，我们几个同学中，要算我的"家庭背景"最硬气，所以警察一个电话打到了后海。后来，警卫处的警卫秘书孙国印亲自来到颐和园，向活鱼食堂补交了这笔活鱼宴的钱，才把我们保释了出来。事情发生后，我知道这个祸闯大了，所以吓得那个星期六也没有敢回后海。

直到再下个星期六，我才硬着头皮回去了。一到后海，我妈见了我当然要骂我。我妈正恨铁不成钢地责怪我时，秘书张珏就找来了，对我说："首长叫你去一趟。"我清楚地记得，当时首长正板着面孔坐在客厅里专门等我呢。果然，我刚向首长鞠了躬，叫了一声"太太好！"首长劈头就问我："顺孚，我问你，你一个月的助学金是多少钱？"听见首长发问，我又羞又愧又慌张，连手脚都不知道怎么放了，只好低着个头唔哩唔哩地老实交代："18元。"首长听了，就追问前天在紫竹园一顿活鱼宴是几个人吃的，一共吃掉了多少钱，我只好老老实实地一一回答。首长听了，又问我："我再问你，你把一个月的伙食费都放到一天吃了，还有29天怎么办？"面对首长的严厉责问，我难过得快要哭出来了，只好连声承认自己错了，还表态说以后再也不敢了，这样，首长才挥挥手，放我走了。不过，首长批评归批评，在我星期日下午临回学校时，她还是让我妈在我的书包里塞了满满一包的面包和水果。大概就是从这天起直到我毕业，每逢星期日下午，首长总要让我妈为我准备上满满一书包食物，让我带回学校去吃。有时遇上做了好吃的东西，首长也总不忘记我，让我妈打电话到学校，把我叫回家来，让我也打一打牙祭。

钟：还有一年，我乡下的女儿也到北京家中来住了几个月。首长知道我们吃穿紧张，就一直拿面包放在我的宿舍里。

尤：首长除了在生活上关心我，在工作与学习上同样关心与培养我。特别是当她听说我对文学写作感兴趣时，她就把自己的一些文学书籍借给我阅读；每期外文版的《中国建设》一出版，她也总要为我留下一本，寄给我看。1970年，我成了家，有了孩子，首长还把每期最新出版的《儿童时代》等少儿读物专门寄来给我，叫我辅导孩子学习。

钟：凡是首长身边的工作人员，都得到她的照顾。像每年夏天到来之前，一般是在端午节和五一国际劳动节，首长就会把早就预备下的衬衣、短裤、草帽等东西分送给北京、上海两地的工作人员。冬天，一般是在元旦前，她就把制服、帽子、围巾、毛衣、手套等分送下去。老管理员钟松年平时喜欢酒，晚饭总要喝一口，再加上他早年家里孩子多，所以经济上总是紧巴巴的。为此，首长对他特别照顾，一直把钞票和小孩子们用的衣物用具、糖果点心送给老钟。逢年过节，首长也总要提前给所有工作人员准备下一份礼品或年货。对于在上海或北京的人，她就亲自打去长途电话，通知对方的管理员去采办与分送。特别是每年的六一国际儿童节，首长更是重视，她总是早早地就亲自列好清单，准备好钱，叫管理员去买礼物，然后给家里工作人员的每个孩子送上一份糖果点心。如果有时间，她还常常亲自动手，把东西分成一包一包的。她经常说："我搞的就是为孩子和人民造福的福利事业，怎能反而把自己家里的事情给疏忽了呢？"

五、珍贵的纪念品

汤：钟阿姨，尤医生，你们家里还有宋庆龄当年送给你们的东西吗？

钟：有。我不识字，没有文化，所以首长平时不太写字画图送给我。这几张照片我一直当宝贝藏着。

喏，这张是首长在外国访问时，在国外叫机要员带给我的明信片，上面有她的照片和她亲笔写的字。

汤：（接过明信片，念："兴宝，这个人你认得否？钟兴宝同志收。"）钟阿姨，这句话是什么意思？

钟：首长特别送给我，让我看看明信片上这张照片像不像她本人。

尤：那次好像是1957年宋庆龄跟着毛主席带领的中国代表团到苏联访问时的事情。（经查《宋庆龄年谱》下卷第1515页至1955页，1957年11

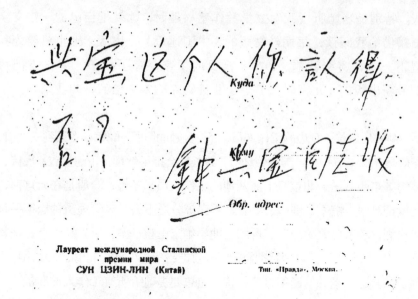

宋庆龄寄给钟兴宝的明信片，上面有宋庆龄的亲笔字

苏联明信片上的宋庆龄画像

月 2 日至 11 月 21 日，毛泽东主席率中国党政代表团赴苏联访问，并参加苏联十月革命 40 周年庆典活动。宋庆龄作为副团长一并随行。这张明信片是苏联印制发行的，正面是宋庆龄在中华人民共和国开国大典上的肖像素描。背面，宋庆龄用红色圆珠笔写了两行字。笔者注）

汤：（拿起另外两张信纸）：这几封信上的落款怎么都是林泰？还有这两个小信封又是怎么回事？上面怎么写的收信人的地址是宋庆龄在北京和上海两地的地址，收信人写的也是林泰？这林泰又是谁呀？

尤：林泰是宋庆龄的化名。这两个小信封，是宋庆龄为便于我们回信而事先放在大信封里的。这样做，是保密工作的需要，到时候我们回信就用这种小信封，便于信能够及时送到宋庆龄的手中。当时外面寄给她的书

信文件每天都有不少，她就想出了这么一个办法，特意做了这两个小信封，还写好了地址和"林泰"的名字，拿这两个小信封一道塞在大信封里寄给了我们。我妈在木渎我家中养病时，宋庆龄先后寄来好几个这样的小信封。

苏州，吴县，木渎镇
青江店民丰险，章牟衔阻工
吴县公房2266号
钟顺生日玄启

宋庆龄致钟兴宝的信的信封

北京后海北河沿46号
林泰同志收

宋庆龄致钟兴宝的信中的小信封（一）

上海淮海中路1843号

林泰同志收

宋庆龄致钟兴宝的信中的小信封（二）

我们用掉了几个。

（笔者注：这封信是宋庆龄看了尤顺孚代钟兴宝写的信后，于1973年4月4日给钟兴宝的回信，信上的内容是张秘书根据宋庆龄的意思写的，下面的落款林泰是宋庆龄亲笔签上去的。信的内容如下。）

兴宝：

你和顺孚的来信都已收到。从信中知道，经治疗，你的身体渐好，又有一间临河的舒适的房间可供居住和休养，这是为你高兴的。

顺孚要买的专业用的医科书，向这里各书店遍搜无着，等将来到北京后再觅购。

祝你一家都好！

林泰

一九七三年四月四日

（笔者注：下面是宋庆龄于1973年5月2日从上海寄给钟兴宝的信，

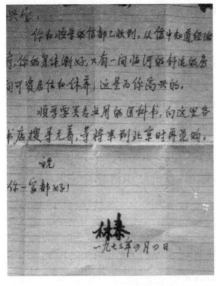

宋庆龄 1973 年 4 月 4 日致钟兴宝的信   宋庆龄 1973 年 5 月 2 日致钟兴宝的信

宋庆龄对钟兴宝的身体恢复情况特别关心，信中两句问候的话，她都亲笔画了线。内容如下。）

兴宝：

　　你信中所说吴县木渎地区经常路有弃婴一事，应该由当地政府处理。

　　近来你的身体好些吗？手脚行动怎么样？有可能来上海一个礼拜吗？请即答复。

　　祝你一家都好！

林泰

一九七三年五月二日

尤：凡是回信都是由我代我妈写的。我妈知道首长一向特别关心妇女儿童的事，所以我在回信时向她反映了当时木渎街上有人家把刚生出来的小人遗弃的情况。

汤：钟阿姨，那年您得了什么病？

钟：肠粘连。小肚皮一直要痛的。还有高血压，经常头晕。我实在做不动了，没有力气。首长就叫我回来好好休养。

尤：那一段时候，妈身体不好，上海市人民政府机关事务管理局打电话来让我把我妈领回去。后来首长来过两封信，问我妈身体好不好。喏，就是这两封信。后来我妈身体好点了，我就又把我妈送到上海去了。首长看她身体情况恢复得挺好，就说你不要回去了，在这里住一段时候吧。没想到这一住就又是 10 年！我妈回苏州老家养病时，宋庆龄亲手给了我妈 1000 元钱，让我妈回苏州看病用，还让我们以后有什么困难再去找她。后来我妈回到她身边后，就把这 1000 元交还首长。首长怎肯要呀，说："算了，给了你就给你了呀！"我妈就把钱存起来了。1000 元呀，当时，一个比较好的工作，工资也只有 30 多元呢。

汤：钟阿姨您是什么时候回到上海的呢？

钟：是收到首长最后一封信后没几天。

汤：宋庆龄托您回去后寻找合适的能代替你的人，您寻到了吗？

钟：寻到了。我一回到木渎，就到光福香山舟山村去看我外甥的妻子阿金了。当时我按规矩，没对她讲什么，只说是去看望她一家。那时候，我外甥刚病死没多久，日子苦得不得了，最小的儿子才 7 岁呢。阿金就靠帮人家做绣花绷子过日子。我问她是否愿意到上海去"帮人家"，她同意。所以我回到木渎后，就马上叫顺孚写信告诉了首长，请首长决定。

汤：宋庆龄对保姆的具体要求是什么？

尤：首长对保姆的要求说简单也简单，说复杂也复杂。第一是女的，年纪在三四十岁之内，身体要好；第二是苏州人，手脚轻巧，最好像我妈一样会绣花做绷子（刺绣时用来绷紧布帛的用具。笔者注），当然，最好是和我们搭点亲的，搭点亲的人要可靠点；第三是要没有文化，不识字的。至于人要老实能干，能在首长家里一门心思工作等，则是最基本的条件。

钟：阿金正好全部符合条件。所以我一回来就选中了她。只是当时去舟山看她时，我不好当面向她讲清楚，只说到上海去"帮人家"。

尤：我在信中向首长介绍了金凤的情况，表达了这是我妈推荐金凤的意见。首长看见信后，让张珏通知上海家里的警卫处，命令警卫处派解放军直接到舟山进行了实地考查。后来警卫处考查及格后，报告了首长，首长再叫张珏通知我、我再告诉了金凤。金凤是 5 月 1 日到上海的，是我亲自送她去的。金凤能够到上海大人家帮忙，每月赚工资，当然高兴。就是当时她家中小孩还小呢，最小的只有几岁。

钟：阿金去了上海后，我心里一直担心她做得来否？再加上首长不是在信上问我能否到上海去住一个礼拜吗？

当时我的身体已经好多了，所以我就叫顺孚把我送到上海家中去看看。没想到首长一看见我就不想让我走了。我问她："首长，您叫我到上海来一个礼拜有什么事情吗？"首长就笑着对我说："兴宝，我看你的身体好多了，所以你这次来了，就不要再回去了。"当时我还是有点担心，所以就对首长说："首长，我的身体还没好彻底，恐怕不顶事。"首长就说："不要紧的，不是已经有新来的顶你的工作了吗？你就在一边指点指点好了，不要你亲自做了。"我从此回到了首长的身边，一步一步地带阿金了。

汤：钟阿姨，刚才您说还有一张画，是什么画？

钟：是首长在"文化大革命"时期亲笔画的一张画，专门送给我的，画的是上海四马路（西摩路，宋庆龄父亲宋耀如于 1918 年逝世后，其母亲倪珪贞即举家搬迁在西摩路 139 号，即今上海陕西北路 369 号宋庆龄的家。笔者注）上老太太家住的那幢小楼房。当时首长送给我时，还叫我猜猜她画的是什么地方。还问我："我这幢楼房比起你乡下的那几间房子要好多了吧？"

汤：这是怎么回事？

钟：唉，当时，我记得是 9 月里的一天，我收到了女儿的来信。女儿在信上告诉我，说我们在香山舟山村的祖传的三间平房，被乡下人自说自话地拆得像马厩一样了。当时我听张秘书读了女儿的信后，气得不得了。乡下的房子被人家拆掉了，不就是断了我的后路吗？以后我老了回去住哪里？这不是明摆着欺侮我长年在外不回去、家里没人吗？所以我气得不得了，一个人偷偷地哭过几次。这事不知怎么被首长知道了，首长就把我叫去，送了我这张画。

尤：首长送我妈这幅画是有意思的，因为首长当时在西摩路上的老屋也被人家住了，住满了人家。首长叫我妈不要为这桩事情想不开，难过。当时她自己也是这样的情况呢。

钟：是的，首长四马路的老房子，住是有人住的，但修倒没人修，破旧得不像样子。首长曾叫我暗地里去看过两次。

1979 年，宋庆龄（前坐者）与钟兴宝、李燕娥合影于上海宋庆龄寓所花园中

六、李燕娥逝世前后

汤：钟阿姨，李燕娥是生病后才住到北京的吗？

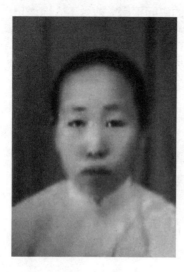

年轻时的李燕娥

钟：是的。李妈到北京是看病的。1979 年 4 月，李妈得了癌症，上海的华东医院不能看了，李家炽（时为上海市机关事务管理局局长。笔者注）打电话给杜秘书（时任北京宋庆龄寓所警卫秘书杜述周。笔者注）建议转到北京医院看。杜秘书马上向首长做了汇报。首长急得不得了，叫她快点查出来得的是什么癌，还马上就派陆同志（宋庆龄北京寓所生活管理员陆森林。笔者注）专门前往上海接李妈。第二天，李局长、陆同志还有医生、护士一帮人就陪着李妈，一道乘飞机到了北京，当

天就住进了北京301医院。北京的医生到底本事大，马上就查出是子宫癌。医生就决定为李妈做手术。首长同意他们做手术。听说还是北京医院的吴院长给李妈做的手术呢。医院里的一举一动，都有杜秘书通过张珏或者我，向首长汇报，所以我都知道。当时首长已经睡在床上爬不起来了，她自己的病也很重了。

汤：当时宋庆龄得的是什么病？

钟：她平常身体一直还好，就是有点关节炎、风疹块。首长平时在家里，总喜欢把窗帘放下来，不让太阳光照进去。她这样做，是因为她的风疹块不能多照太阳光，而且心情一紧张，就要发病。其实，我和李妈都知道，首长这个习惯，是在孙中山先生过世后才慢慢有的。孙中山先生过世，她难过得不得了，她喜欢一个人一声不响地坐在黑乎乎的房间里。所以，每次她外出参加活动、开会，事前都要吃镇静药，往身上搽药膏，有时几夜都不能好好地睡觉。她的血液病是后来才查出来的，就是白血病，一种非常厉害的病。到了后来一两年中，血液病更加严重了，睡在床上起不来了。不过，首长还是一直关心李妈，问长问短。她对我说："李妈没有结过婚，没有人，也没家，更没有下一代，真正苦恼，我不会甩掉她的，总归是要

1973年秋，（左起）顾金凤、张珏、李燕娥和钟兴宝合影于上海宋庆龄寓所花园

中年时代的李燕娥

带着她的。"

汤：李燕娥是什么时候出院的？

钟：大概是六七月份（据《宋庆龄年谱》记载，李燕娥出院时间是1980年6月12日。笔者注），手术后一段时间，李妈一直住在医院里，她喜欢吃鸡，首长知道后让杜秘书到医院里去看她时，带信让她少吃鸡，因为少吃就不会太胖，瘦点对身体有好处。杜秘书后来去时就多带些水果。她出院后就住在北京的家里（宋庆龄在北京的寓所。笔者注）来了，人也瘦了一圈。

尤：据说李燕娥的子宫切除手术是在上海华东医院做的。当时切开肚子一看，已经没办法了。后来就送到北京去了，住在301医院，采取保守疗法。因为发现时已经晚了，没有办法了。

钟：李妈出院后，大家也根据首长的意思瞒着她，只说是子宫炎，怕她知道了精神上吃不消。首长真的关心她，她自己两只膝关节也痛得不得了，还要每天撑着拐杖下楼去看她。到后来，天要冷的时候，李妈的病情加重了，吃不进东西了，有时还恶心、呕吐、肚子胀，面色也不好，一点气力也没有。

尤：后来李燕娥的病情恶化，从美国寄来的高级针剂也已无济于事，难以起到镇痛作用了。最明显的是由于食量大幅度减少，李燕娥那原来两百多斤的体重也日渐消瘦得不成样子了。

钟：还有痛！这痛是全身要命的痛，到后来她痛得实在吃不消，只好整日整夜叫，一直叫不停。天冷了，她要吃棒冰，棒冰买来了，她又吃不进去了。其实，她不是想吃棒冰，而是想借冰来止痛呀！

好几次，首长在阿金的搀扶下，一步一步挪下楼，来到按摩房，坐到李妈的床边，亲自捏捏李妈浮肿的腿，摸摸她皮包骨的双手，甚至还亲自用调羹舀着蘑菇炖鸡汤，喂她吃。可是，她只喝了两调羹，就泛恶心，要呕了，再也喝不下去了。

汤：那么，李燕娥后来是死在北京家里的吗？

钟：不，是死在医院里的。首长听见李妈一天到晚地喊痛，心里也难过得要命，就叫杜秘书派车，又把她送到医院里去了。李妈过世正好是春节，这天早上四点多钟，我正陪首长睡觉，杜述周在外面敲门，我起来开门问什么事，杜秘书就轻轻告诉我："刚才医院来电话了，叫我们去。"我说："那我和你一道去，首长还睡着，就不要去惊动她了。"我跟了杜秘书到了医院，这时候李妈刚刚过世。我们和医院商量，那天是春节，最起码要十数天后才能办丧事。医院答应把李妈的遗体马上送进冷气间。我和杜秘书回到家里，首长还没起床。我也不敢马上就把李妈过世的事情告诉她。早上六点钟，我扶着首长从床上坐起来，再帮她揩好面孔、梳好头，把早饭端给她吃好，再向她汇报，我告诉她李同志已经过世了。当时，首长就流下了两行眼泪。接着，她又问起李妈的寿衣。我告诉她："李同志到北京后告诉过我，她曾带了两件衣服，准备到北京穿的，她是早有准备的，首长您什么时候看一下。"首长说："好的。"过了年初五，医生上班了，首长对我说："你去把李姐的衣服拿出来，请大家一道看看，是不是合适。"后来，医生看了后说，这些衣服都是自己做的，好像都没有穿过，质地也不错。于是就给李燕娥穿了起来。

汤：有没有为李燕娥开追悼会或者遗体告别会？

钟：没有。当时首长自己身体也不好，躺在床上爬不起来，是我和阿金跟着杜秘书他们一起把李燕娥的遗体送到殡仪馆火化的。火化后，我和阿金把她的骨灰盒捧回北京家中。这一切都是首长事先吩咐的。

汤：这时候宋庆龄的身体怎样了？

钟：当时，她就是一直没有力气，但已经有点不大好了。李燕娥过世后，她心里难过，对我说："兴宝，我心里是想要到上海去的，我一家人都交给了李姐，她活着的时候也没对我说什么。"我对首长说："不急的，等您身体好一点，再带您到上海去。"首长说："几时去呀？"我答："只要整理好行李，马上就能走的"。首长点点头说："要走之前先跟我讲一声。"当时首长的毛病还没查出来（指当时尚未确诊白血病。笔者注），没想到后来查出来竟是白血病……

查出来是 4 月 14 日，她当时喊头昏，就睡倒在床上了。她最后是准备回上海的。假如她 2 月份就回上海，5 月份过世时就不会在北京了。首长是一向喜欢上海的。她平时经常要对我们讲笑话，说到北京是去上班，到上海是下班，才是回到自己的家。

汤：关于李燕娥死后和宋庆龄葬在一起这件事，您能详细说说吗？

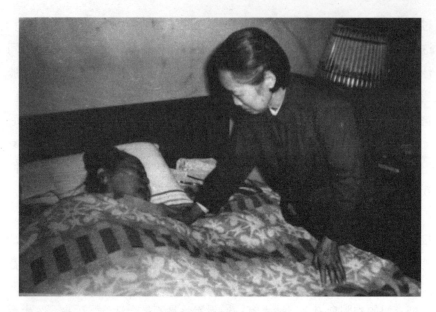

钟兴宝守候在弥留之际的宋庆龄床前

钟：她俩一起葬在上海万国公墓里的宋氏陵园里。她俩并排葬在一起，头朝南脚朝北，墓碑是平盖的，上面都刻有字。

汤：听说和李燕娥葬在一起，是宋庆龄的主意？

钟：是的。首长是一向有这个主意的，她活着的时候，我也多次听她对别人讲过，也对我讲过。她说："我早就答应过李姐了，她死后，是要和我葬在一道的，要把她的骨灰盒安葬在上海万国公墓，这件事，我已和沈大姐（沈粹缜。笔者注）说过的。到时候你要提醒她一声，千万不要忘记了。我记得，万国公墓我父母的坟地上有八个墓穴呢。"对于这件事，首长在她的遗嘱上早就写过的。

就在首长去世前几天，沈大姐从上海到北京时，就带来了上海政府请人画的宋家墓碑原来的尺寸和样式，还带来了李妈的墓碑式样图纸，全部交给病床上的首长过目。首长看后，还说"完全一样，一点不错"，还在图纸上签了字。

李燕娥的遗体火化后，她的骨灰盒是先放在北京的家里的。我记得是2月里的一日下午，沈大姐来到北京后海探望宋庆龄，宋庆龄还请沈大姐一道去看李妈的骨灰盒。当时首长用手摸着李妈的骨灰盒，脸贴在骨灰盒上亲了几次，还流下了眼泪。首长还一再叮嘱沈大姐要为李姐立碑，写上"李燕娥女士之墓，宋庆龄立"的字。

汤： 李燕娥的骨灰是什么时候送到上海去安葬的？还是后来和宋庆龄的一道送回去的？

钟： 是李妈的先送回上海落葬的。大约在按摩房里放了没几天，在 2 月中旬就送回上海先安葬在万国公墓。没想到李妈走了没几个月，首长也跟着一道走了。她俩好像讲好了一道走的。

（笔者注：宋庆龄与李燕娥——一位伟大国母与一个普通保姆之间的故事，令所有了解这段历史的人为之动容，也从一个侧面体现了宋庆龄的伟大人格魅力。现将二人之间的故事简要介绍如下。）

晚年的钟兴宝

李燕娥，1911 年农历十月初十生，广东中山县（今中山市。笔者注）人，出身船工家庭，家里十分贫穷。她从小父母双亡，依靠叔父将其抚养长大，并长期跟随叔父在船上生活。16 岁时，由叔父做主嫁人，其丈夫不务正业，嗜酒如命、赌博成性，经常打骂李燕娥。婚后不久，李燕娥不堪忍受丈夫的虐待，愤然出走，于 1927 年千里迢迢前往上海投靠住在虹口嘉兴路三德坊 10 号的同乡谭妈，后经谭妈介绍，李燕娥来到位于法租界莫利爱路 29 号（今香山路 7 号孙中山故居）的宋庆龄家当保姆。

在担任宋庆龄贴身保姆的岁月里，李燕娥顶住了国民党特务金钱、婚姻方面的引诱，跟随宋庆龄先后辗转于重庆、香港等地，对宋庆龄赤胆忠心，宋庆龄称赞她是"不拿枪的警卫员"。1941 年 12 月 7 日（当地时间），太平洋战争爆发，香港遭到日本飞机的狂轰滥炸。一天，空袭警报拉响后，大批日本飞机飞临香港上空轰炸。当飞机在头顶肆意盘旋时，李燕娥不顾自己的安危，把竹扶梯架在旧墙上，奋力帮助宋庆龄翻越墙头，搀扶到隔壁邻居家里的防空洞避难，从而使宋庆龄躲开了日本飞机大轰炸的浩劫，成功前往启德机场乘最后一班飞机离开香港，前往重庆。

新中国成立后，李燕娥的主要工作是侍奉宋庆龄，帮助宋庆龄传递文档和信函，传达宋庆龄的指示。

李燕娥时时处处以保护、关心宋庆龄的安全为重，几十年如一日，勤勤恳恳地维护着宋庆龄寓所的日常生活秩序，保护着宋庆龄的重要财产。她常年住在上海寓所中的秘书室，看护着室内所有重要的东西，特别是一只非常重要的铁质深褐色文件箱，一直在她的床旁边触手可及的地方。宋庆龄逝世后，在清理宋庆龄上海家里的财产时，一些重要文件，如毛泽东和周总理邀请宋庆龄到北京开会的亲笔信以及孙中山的印章等物，都是从该铁质深褐色文件箱中取出来的。

李燕娥目光锐利，心直口快，发现问题公正解决，毫不讲私人情面，尽心尽力地维护上海寓所的集体利益，为此，她曾被厨师刀劈致伤。1979年，她身患绝症后，宋庆龄两度把她接到北京进行治疗。1981年2月4日凌晨，李燕娥因癌症恶化去世。

李燕娥陪伴了宋庆龄整整53年，与宋庆龄结下了深厚的姐妹情谊。宋庆龄生前一再允诺去世后要与李燕娥合葬，并亲自主持操办了李燕娥的葬礼。1981年5月29日，宋庆龄逝世；1981年6月4日，周和康参加了在上海万国公墓举行的宋庆龄的国葬典礼，他亲眼看到宋庆龄与李燕娥两墓并列而葬：宋庆龄的墓在其父母的墓的东边，李燕娥的墓在西边；墓穴墓碑一样大小，就连材质也完全一样。墓前，绽放着宋庆龄生前喜爱的香樟树、丁香、紫薇、兰花、杜鹃花和郁金山草。

一个普通的女佣与一位伟大的国母以同样的规格、同样的待遇并肩而列，长眠在同一块墓地上，在有着几千年文明史的神州大地上，是旷古未有、独一无二的传奇故事，也闪耀着我们中华民族特有的人性光芒的美丽！

魅力宋庆龄

七、为宋庆龄寄卖貂皮大衣历险记

汤：您在宋庆龄身边工作了近30年，开心的事也肯定有很多吧？

钟：在首长身边，开心的日子和开心的事还挺多的，像我前几天讲过的逢年过节大家聚在一起吃年饭呀，叫大家带小孩去一道过节日、发奶油蛋糕、糖果面包呀，为小张他们办结婚喜酒呀，等等。虽然每到那时候我们要比以往忙一点，但很开心。还有，有时候过六一，首长要带着我们到各种幼儿园、小学堂里去，和孩子一道过节日。还有，每年的三八妇女节，首长要尽量放我们女人的假，在北京时，请我们看电影，还要关照厨房多烧点好菜吃。有时候哪怕她在外面开会很晚才回来，也要和我们一起过个节日、吃顿饭。还有家中来了客人、摆大酒水（即举行规模较大的家庭宴会。笔者注），也是我们最开心的日子。从1953年我到首长身边到"文化大革命"开始，首长在北京和上海的家里是经常要接见大客人、办大酒水的。我清楚地记得，1963年，首长在北京办了一场大酒水，庆祝中国福利会成立25周年。那天，周恩来、康克清等人都参加了招待会。招待会结束，首长还和大家一起跳舞，周恩来还请张珏和他一起跳了舞。

那时，首长养的鸽子生的鸽子蛋多了，首长就会叫我去外面买点染料回来，叫我和李妈先把鸽子蛋煮熟，再分别染成红红绿绿的颜色，再交给她，由她一个人把鸽子蛋拎到花园里去，一只一只分别藏在树底下、草堆里、花盆里、假山石里等各种不容易被看见的地方。等到全部藏好了，首长就叫我们全体工作人员一道到花园里去寻找，谁寻到，就归谁。当然，她藏的时候是谁也不准偷看的。大家在寻蛋的时候，花园里都是笑声、叫声。那时候，首长就倚在二楼的阳台上，笑眯眯地看着我们寻蛋。我块头小，灵活，眼睛又尖，所以每次游戏时，总是我寻得最多；李妈身体肥胖，走路也吃力，所以每次她寻到的鸽子蛋最少，至多只有几只，弄得大家哈哈大笑。

汤：这种大家庭的游戏，真的是开心的。

钟：是的，所以到了后来，首长为了让大家更加开心一点，就把鸡蛋鸭蛋也混到鸽子蛋当中去了，也一样染成红红绿绿的颜色，让大家去找，让大家开心。还有一件我和李妈一道去寄卖商店当衣裳的事，也是很有趣的，我和李妈后来一讲起来，就要笑。

那是"文化大革命"的时候。那时候，首长也被人家贴了大字报，她自己的亲眷朋友被打倒，她想在经济上帮助他们一点，却实在拿不出钱来。她的表弟被上海造反派抄家后，停发了工资，日子苦得不得了，一家人眼看就要饿死了。首长知道后，急得不得了，就把一件外国人送给她的貂皮大衣拿出来，交给我和李妈去寄卖商店当了，换点钞票寄给她的表弟。当时我根据首长的指点，挟着这件上海滩上也不多见的貂皮大衣准备出门时，首长怕我人小力薄，路上碰着强盗小偷什么的，所以还叫李妈陪我一道去。当天，我俩来到上海南京路上一家最大最老牌的寄卖商店。当时，这家寄卖商店已改名为"红卫商店"，里面四面墙头上贴满了革命造反的红红绿绿的纸头，店堂里的营业员也一个个手臂上戴着红袖章，腰里挂着毛主席语录包，对待外头来的客人，脸上没有一点笑意。当时，店堂里冷冷清清的，就我和李妈两个人。我和李妈东张西望了一会儿，才大着胆子把装有貂皮大衣的包裹放到柜台里的营业员面前。没想到，那个手臂上戴着造反红袖章的人打开包裹，一看见这样一件值钱的东西，就朝里面叫起来了。立即，几个男女走出柜台，把我和李妈围了起来。当时，我就知道对方弄错事情了，把我和李妈当成了坏人，果然，店里的人把我俩围起来后，就七嘴八舌盘问开了我们，问我们这件貂皮大衣是从哪里来的，我俩是什么人，我们家在哪里……当时，我俩任凭对方怎么盘问，就是不肯说出真实身份。没想到我们越是不讲，他们越是怀疑，越是发急，到后来，他们居然拉拉扯扯，动手动脚，说要把我俩关起来。李妈被他们逼得发火了，抢过包裹拉着我要走，他们哪里肯放我俩走呀，上来拉牢我俩，就往里面拖；李妈吓唬他们，说我俩是军代表派来执行公务的当差，叫他们让开路，他们根本不相信。结果，店堂里的人越围越多，声音越来越大，引得店外面的人都涌进来看热闹。李妈看实在不好脱身，才只好向他们报了我淮海中路家里的一个电话号码。对方听了，一个电话打到淮海中路家中。李妈报的电话是家里警卫处的，警卫处的军代表就马上带了一个解放军，还带上了单位的证明，开着吉普车赶到寄卖商店。店里的人看见了解放军，看见了证明，这才相信我俩不是坏人，同意让我俩当了那件貂皮大衣。店里那个起先对我俩凶得不得了的人，还把我们送到大门口的南京路上呢！

其实，为首长变卖东西、险乎被人家关起来，这已不是第一次。我也是听李妈讲的。那次是一九四几年，为救济湖南灾民，李妈代表首长拿首长的一只珠宝粉盒去当卖时，也差点被人家当作强盗给抓起来。李妈说，当时要不是一个姓冯的将军接到消息及时赶到，说不定她当时还要白吃人家一顿板子呢！

还有一次，就是我和李妈到古董店里买古董的事。那是1957年，有人到家里来拍电影。那回拍电影时，上海家里有两只孙先生时留下来玻璃大花瓶，大概是水晶这种样子，碧绿翡翠色的花瓶，首长很喜欢。这天，被拍电影的人的一根绳子一带，其中一只倾倒下来，当场磕掉一块。首长很心痛，说花瓶是孙先生的，她拿它们当纪念品，舍不得打碎，问我上海有没有能配的，让我们去打听一下，看看能否配一只。于是，我就和李妈两个人去了。我俩一走就走到了二马路上的广东路古董市场。当时的天气不太冷也不热，我俩就没换衣裳：李姐身上穿件短衫，外头套件绒线马夹；我也是穿着一件花布罩衫。到了古董店门口，古董店的人一看我俩这种穿着打扮不土不洋，就不肯放我俩进去，让我俩到其他地方去参观，说那里凡是老百姓都可以参观。我俩和他说了好长一段时间，说明白我俩是来买古董的，那人才勉强放我俩进去。进去一看，外面厅里摆的全是小摆饰、小家具什么的，珠宝、珍珠、玛瑙这种小东西都摆在里面的玻璃橱里。营业员问我们要买什么，我说先看看，有合适的带点回去，不合适的不要。大概是古董店当我们是坏人，所以暗地里通知了公安局，后来警察都来了。警察把我俩带到办公室，板着面孔问我们，我俩就只好向人家警察解释清楚：我俩是宋庆龄家中的工作人员，是来补买一只古董花瓶的。我俩也没有工作证，只好凭两张嘴巴解释。没想到警察就相信我们了，让古董店的人把我俩领到里面参观。大的古董都在里面，从橱窗到地上全是各式各样的花瓶。我和李妈两个人一起挑选，给首长挑了一只花瓶，大概比气压式热水瓶低一点点，至今还放在上海故居。买下来后，我俩捧着回到家里后，很开心，就像小孩子一样，嘻嘻哈哈地走上楼去。我们把东西给首长看，她看了说："蛮好！蛮好！"我就把我俩在古董店出洋相的事告诉了首长，首长听了，也笑得合不拢嘴。

八、多才多艺的宋庆龄

汤：据说宋庆龄是个多才多艺的人。

钟：这个当然。她中文外文、写写画画都会，还会弹钢琴呢，弹得蛮好听的。

尤：还有养鸽子，也是她的爱好。

钟：她寂寞呀！一天到晚不出去，能一起说说话的人也只有我们几个保姆秘书。

尤：倒也并不完全是这个原因。首长喜欢养鸽子，是因为鸽子还象征着和平和纯洁。

钟：是的。首长是一向喜欢养鸽子的，她在北京、上海两个家中都养了不少鸽子，上海的由周和康养，北京的由安师傅（安茂成，北京宋庆龄寓所的专职绿化员。笔者注）养。好多时候，首长都是亲自给鸽子们喂食的，每当这时，她的脸上总是笑眯眯的，好像鸽子通人性，是她的孩子。她把手中的绿豆一点一点地撒向鸽子，看着鸽子们你争我抢地吃。她还喜欢蹲在地上，把绿豆放在掌心里，让鸽子落到她的肩头和臂膀上，到她手中啄着吃。她熟悉每一只鸽子，还给其中不少她最喜欢的鸽子起过名字。有一只名叫"锅雪"的鸽子，整整陪伴了首长 16 年，她最喜欢它了。后来，"锅雪"老死了，首长很伤心。她叫我从"锅雪"身上拔下来几根好看的羽毛，插在她办公室里的笔筒里，好让她天天看见。有一年 6 月，鸽子棚里飞来了一群乌鸦，不仅偷吃鸽子们的食物，还凶恶地叼啄小鸽子。首长看见后，又气又急，让我马上通知警卫班，想办法把这些讨厌的乌鸦赶走。命令下去后，第二天，刚吃过午饭，警卫班的人就躲在鸽棚周围。等了好一会儿，乌鸦又来了，等它们落在鸽棚顶上，又熟门熟路地钻进了鸽棚后，警卫班的人看准时机就一起扑了上去，用事先预备下的木板闸的闸、关的关，堵住了鸽棚的门窗。冲到鸽棚里的乌鸦被全部抓住后，就送到厨房里去了。乌鸦的肉，被大家改善伙食用了；乌鸦的毛很漂亮，我拣了一大把，做了两把油光乌黑的羽毛扇，一把给了首长，一把自家用。

尤：首长对鸽子的爱，上海与北京两地的工作人员都知道，每当有鸽子死了，她总是要伤心一阵子，总是要关照我妈和李妈把死鸽子深埋在家中花园里，坚决不许吃。1960 年，国家蒙受自然灾害，有几只鸽子不知为什么死了。当时有人建议把死鸽子煮了吃了，首长就是不同意。她亲自动手，拿着铁锹等劳动工具，来到后院，与大家一起挖了一个深深的坑，然后亲手一只一只把她心爱的鸽子深埋于地下。由此可见她对鸽子的爱，情深意长。

不过，有一年，首长差点把她的鸽子全部杀掉。

我清楚地记得，1968 年年底的一天，刚从杭州调回宋庆龄身边没多久的秘书张珏走过鸽棚，看见几个工作人员正在捉鸽子，说要全部捉了杀掉。张珏看见后急坏了，赶紧上前阻止，问："是谁让你们这样做的？"那几个工作人员回答说，是宋庆龄让他们这样做的。他们当时的胆子都大了，连宋副主席也不叫了，直接叫首长的名字！张珏不相信，她一边叫他们慢点动手，一边直接奔到楼上问首长是不是她让他们杀鸽子的。首长承认了，说是她让他们杀鸽子的，全部杀了净心。首长在说的时候，眼泪都在眼窝里转。她还叹着气说，她刚在无线电台里听到广播，说"养鸽子是资产阶级的生活方式，要进行批判"。她听得出这种话是冲着她来的。所以，她又气又怕，就下令让服务员们把所有的鸽子全部抓了杀掉。后来，在张珏的劝阻下，首长才重新下达命令，叫下面立即停止捕杀鸽子。不过，还是有几只鸽子被杀掉了。

尤：张秘书是个韧中带刚、机智勇敢的人，聪明得不得了，这在"文化大革命"中得到了很好的体现。自从周恩来出面阻止了红卫兵冲击后海宋宅的行为后，还是有心存不甘的红卫兵们把明枪换为了暗箭，继续向宋宅进行变相的冲击。他们在北京与上海两地的宋宅门外的围墙上贴上了革命造反的标语，含沙射影地把矛头直指宋庆龄。然而，北京与上海的两个家，是外国友人经常要光顾的地方，它们代表着国家的形象。面对红卫兵们无休无止的无理取闹，当时宋庆龄看在眼里，急在心上。这时候，聪明的张珏就想出了一条妙计，她亲自用电话通知北京与上海两地的警卫班，先把两地的宋宅围墙粉刷一新，然后抓紧时间抢在红卫兵与造反派前面，先用红漆写上大红颜色的革命标语，什么战无不胜的毛泽东思想万岁呀，敬祝伟大的领袖毛主席万寿无疆呀，等等。这个办法真好，有了这些挡箭牌，红卫兵与造反派们果然再也不敢在北京与上海两地的宋宅围墙上乱涂乱写了。

钟：说到首长养鸽子，我又想起一件事。1975年12月底，首长听到周恩来总理病危的消息后，非常着急。这天，赵秘书（邓颖超的秘书赵炜。笔者注）因公来到后海家中，首长自然要问周总理的病情。她问赵炜："总理都想吃些什么？"赵炜告诉首长，总理吃什么都没有胃口，只想吃鸽子蛋。首长一听，要我马上下楼去鸽棚里寻找鸽子蛋。当时已是大冷天了，早已过了鸽子产蛋的季节了，我翻遍了整个鸽子棚，好不容易才寻到了一只鸽子蛋。当我捧着那只鸽子蛋给首长她们看时，赵秘书开心地笑了，说："太好了，我已经找遍整个北京城了，就是没有觅到鸽子蛋。"首长听了，连忙说："那么就赶快给总理送去吧。等以后找到了，我会马上让人专门送去的。"从这一天开始，我就根据首长的指示，几乎一有空就往楼下鸽棚里跑，去寻找鸽子蛋。可是，直到周总理逝世，我也没再找到一只鸽子蛋。后来，首长和我谈起这件事时对我说："兴宝，这事也是蹊跷。说实话，现在确实不是鸽子产蛋的季节，怎么那天偏偏就让你寻着了一只呢？"我听了就脱口而出回答说："那是因为总理人好呀！"

汤：您见过周总理吗？

钟：见过几次。周总理这个人真的没有架子的！他每次到家里来看首长时，总是像老熟人那样和李妈、和我、和大家打招呼，有时候还要说上几句笑话；临走时，他也总是不忘和我们逐一握手说再见。我见到的"大领导"中，周总理最平易近人，最没架子。

尤：首长的多才多艺和风趣幽默是全体工作人员无不钦佩的。譬如说宋庆龄说一口流利纯正的英语，在和爱泼斯坦、斯诺等外国朋友交谈时，她从不用任何翻译，都是自己用英语和他们谈笑风生。不过，每逢其他外国人来访，她却一定要秘书张珏为她翻译。原来，她自有她的见解呢。她认为，与外国朋友交谈说中国话，是为了中华民族的尊严。宋庆龄的英语说得好，英语写作就更好了，在上海与北京两地的家中，她都有英文打字机。一般情况下，她都是尽量自己使用英文打字机写作的。她英文打字打得又快又好，这一点，连秘书张珏也是佩服之至的。

钟：弹钢琴也是首长拿手的，她小时候就学会弹钢琴了。在她指头骨灵活的那些年里，她经常要到书房里弹奏钢琴。她如果想弹奏钢琴了，就会对我说："兴宝，来，把钢琴掀开来。"我打开钢琴盖头后，就把弯弯曲曲的曲谱的簿子摊开，竖放在钢琴上。有时，在首长弹奏钢琴的时候，我就立在一边，看着她的嘴巴，她的嘴巴撅一撅，我就知道要翻一张过去了。她弹的钢琴挺好听，据张珏她们懂音乐的人介绍，那些曲子大都是外国歌曲。有时候，她不要我帮她翻乐谱，那些歌曲她自己都背得下来的。她弹奏钢琴通常是选在星期六或星期日，因为这时家中大部分工作人员都回家过礼拜日去了，首长认为这样才不会影响大家休息。

毛笔字首长也最会写、写得最多了，有不少人都请她写。不过，私下里她经常对我说，说她的毛笔字写得不好，需要好好练习。首长经常不好意思地对我说："兴宝，现在人家动不动就要我为他们写个字，可我这手字实在拿不出去。所以，我只好六十岁学打拳了。"后来，一些朋友知道首长在练毛笔字，就送来了不少纸和毛笔。首长对每一张纸、每一支笔都非常爱惜，从不乱丢。每次写完中间再写边上，直到一张纸实在没地方可写了为止。每次写完字，她总要把毛笔洗得干干净净，笔直地挂起来，然后等毛笔头干了，再拿下来竖插入笔筒里。

首长在生活上的节约，在我们整个大家庭中都出了名的。一次，为了开福利会成立 20 周年纪念会，大家一起拍照片。当时，我亲眼看见她点名让上海来的一个姓黄的女人（据《宋庆龄年谱》记载，是上海电影制片厂的导演黄绍芬。笔者注）给她拍照。拍照时是要打电灯的，打得锃亮。等到照片拍好，送走客人后，我亲耳听见首长对一边的李秘书（李云。笔者注）说："下个月的电费不得了哉。"

尤：宋庆龄除了会书法外，还会画画。现在两地故居展出的还有她画的小鸡小鸭、花花草草呢。不过，首长经常用画来寓意她想说的话。比如，她送过一幅富有含义的画给张珏秘书。

那是 1976 年 9 月的一天，当时"四人帮"马上要被粉碎了，首长把张珏叫去，对她说："张珏，你不是一直想要一幅我的画吗？今天我送你一幅。"张珏一听很高兴，接过那幅画一看，只见宋庆龄在一张 8K 大小的铅画纸上，画了一只正立在一块石头上打鸣的大雄鸡，东方，一轮太阳刚好升起来。首长给这幅画题名为《报晓的雄鸡》，送给了张珏。张珏不愧有文化，一看就马上领会了首长这幅画的含义。这幅画，后来我在张珏那里亲眼看见过。

九、宋庆龄在"文化大革命"中

汤：宋庆龄在"文化大革命"中的日子肯定也不好过吧？

钟：怎么会好过呢？她出身资本家家庭。"文化大革命"开始后，特别是上海福利会有人贴出了反对她的大字报，把她的名字颠倒了挂出来，首长的日子就不好过了。后来，我们就马上搬到了北京。听说是周总理叫首长搬到北京去的。不过，到了北京后，仍旧不太平。我记得是 1966 年八九月份的一个早晨，一群红卫兵突然包围了北京后海的屋子。一时口号叫得哇哇响，口口声声都是要"打倒宋庆龄"，幸亏家中有拿枪的解放军保卫，红卫兵才难以冲进来。但是情况仍十分紧急，到上午 10 点左右，红卫兵更多了，从楼上望下去，至少有几百人。他们在后海家的围墙外架起了高音喇叭，哇啦哇啦地喊着口号。当时，那种杀气腾腾的样子，着实把我给吓坏了。首长倒一点也不怕，她对我说："你别紧张，这些小囡不懂事，你别当一回事。"

尤：后来周恩来总理很快就知道宋宅被围困受冲击的消息。后海家里原来只有一个警卫班，周总理立即派来了一个加强连，分为三班，日夜守卫在家里家外。就在那一天（据《宋庆龄年谱》记载，是1966年8月30日。笔者注），周总理亲拟了一份应予保护的爱国民主人士的名单，排在第一位的就是宋庆龄。为防不测，宋庆龄还命令警卫秘书封砌了大门，只在紧邻卫生部的围墙上，开了一个观察小门。

钟：那一阵，我每天总要收到不少小人写来的信。我都拿它们送给首长看。这种信里讲来讲去只有一个意思，那就是叫首长不要再留那种资产阶级的发型了，不要再穿那种资产阶级的衣服了。真是笑话，这种头发我也梳的，我们乡下的女人都梳的哇！首长在每次看信时，只会苦笑着摇摇头，叹着气对我说："唉——小囡们不懂事呀，我这种发型实际上是我们中华民族的传统发型呀！"她还担心地说："他们可别害了我们的下一代呀！"当时，我还吃不透首长所说的"他们"是谁。后来，江青来看首长了，我才慢慢地明白，这个"他们"就是指江青他们一伙人呢。那天江青穿一身军装，戴一副眼镜，面孔上笑嘻嘻的。当时，首长也笑嘻嘻地握了握江青的手，还叫我为江青沏上了一杯茶。当时，我就站在房门外头，所以她们的讲话我基本上都听见了。江青讲话的声音是尖的，调头也拉得很长，她先说听说首长近来身体不太好，她是代表毛主席来看望首长的；接下来就和首长讲起"文化大革命"的事来了，那种大官的派头，比我们首长还要大。

汤：那么当时首长怎样呢？

钟：当时首长就坐在沙发上听，难得地接她一句话，面孔上也一直是笑呵呵的。到后来，首长实在忍不住了，才对江青说了些对红卫兵的行动应有所控制，不要连累了没有问题的人之类的话。

汤：江青听了什么态度？

钟：当时，首长讲了这几句话，里面好一阵儿没声音。我隔着门往里厢探头一看，只看见江青的面色不好看，板着脸坐在那里。后来，她俩又讲了几句闲话，江青就走了。江青走后，首长一连几天不开心，话更加少了。事情到这个地步，我也有点数了：首长担心的这个"他们"指的是什么人。

汤：后来江青就再也没来看过宋庆龄？

钟：还会来呀？就连我们自家里的人，也变了！一些过去一直对首长很尊敬的服务员，也慢慢地露出了对首长不客气的面孔。隋学芳生病回上海后，那个接替隋学芳的警卫秘书竟然带头要求首长到楼下来，跟大家一起排队吃大伙房的饭菜。多少年来，随着年纪的增长，首长一直单独吃小灶的，已经吃惯了。所以对警卫秘书的要求，首长开始时没有理睬。他见首长不听他的，面子上落不下去了，就带头造反了，挑拨一些没有头脑的工作人员跟他造反。有一日，厨师给宋庆龄烧了一条大鱼。宋庆龄觉得太大，吃不掉会造成浪费，就像原来一样，把其中的一半叫我送给一个工作人员吃。没想到当我拿这大半条鱼端着走下楼找到他时，这个人居然翻了面孔，对我说："我才不吃她那种资产阶级的东西呢！"没办法，我只好把半条鱼端回楼上。首长看见了问我怎么又端回来了？我起先不想告诉她的，大概后来她看见我面孔不活络，就盯牢我追问，我只好把这件事告诉了她。首长听了，一下午坐在沙发上没说话。我问她身上什么地方不舒服，首长说她气得胃都痛了半天了。

汤：那么，钟阿姨，"文化大革命"中，您和李妈是劳动人民，他们总不会冲击到你们的身上来吧？

钟：照冲不误！在北京时，我是一个人在首长的身边，李妈在上海看家。大家都知道的，我是首长私人用的保姆，一向不参加大院里的一切政治活动。但后来我也逃不脱了，每当大院里有组织学习，警卫秘书就通知我去参加，还发给我红颜色塑料薄面的毛主席语录和"老三篇"，要我去参加政治学习。我就对他说，我工资是拿首长的，饭是吃首长的，今天在这里做，我有碗饭吃；明朝我不做，就没有吃的呀。我不肯去，没想到那人有一套，他见硬上不行，就来软的，他抓住我当时还不是国家正式机关工作人员编制这一点，就对我说：兴宝，只要你能参加我们的组织活动，我可以保证让你早日转正成为国家正式机关工作人员。当时我心里就想，我的事情首长会做主的，她比你的官做得大得多呢！首长也一时做不到，你能做到？你对我讲这种话，是骗三岁小孩呢。所以，我仍旧不去，不听他的。不过，我不敢当面得罪他，我就对他说，让我想想，就走了。其实事实也是这样，我自从来到首长身边后，我的工资一直是她私人发的。

尤：是的，我妈的事是直到去年（1982 年）6 月，首长过世后，才由国家机关事务局人事处专门发函解决的。是国务院的文件，上头印有"国发（1982）140 号文件"的抬头，这份文件给我妈定为行政 21 级。

钟：后来不好了。警卫秘书接二连三碰壁后，发火了，就叫造反派来造我的反了。但他们又抓不牢我什么把柄，都是一些鸡毛蒜皮的小事。例如批判我洗衣服用开水，首长的衣服还要开水烫。我说你们不要说首长，洗衣服用开水的是我，首长原本不知道的。你们拎上来的如果是滚烫的开水，一个热水瓶的也就够了；但你们拎上来的是不冷不热的水，一热水瓶的水是不够的，我要倒两热水瓶。这样我不用开水还行吗？但他们还是怪首长洗衣服用热水。后来，警卫秘书在家里造反的事情被周总理知道了，周总理就发火了，就派人把他身上的枪给缴下了，人也马上不知调到哪里去了。国家另外派了杜秘书（杜述周。笔者注）来。杜秘书是个好人，他是军队出身的转业干部。

尤：听说那个造反的警卫秘书被调离后，由组织安排到了北京郊区的五七干校。首长也趁热打铁，整顿内部纪律。她指示张珏，令她立即列出一份名单，把那些不称职的工作人员与服务人员统统调离北京的家。同时，她又与张珏一起制定出几条身边服务员、警卫员应该遵守的内部守则，把这件事通知了国务院机关事务管理局的军代表。从此，北京的家里就太平了。

钟：其实不算太平。首长人在北京，心里一直牵挂着上海的家里呢。上海的家她是全部交给李妈管的。只太平了没有几个月，首长就被他们逼得哭了两次。

汤：哪两次？

钟：一次是首长爹娘的坟墓被人掘了的事。这件事我已经讲过了。还有一桩是首长的表妹跳楼自杀的事。当时，首长知道了也哭了。

汤：就是宋庆龄的表妹倪吉贞吧？

钟：是的。"文化大革命"的时候，大约是1967年，就是首长爹娘的坟墓被红卫兵掘了的那一阵子，她的这个表妹从上海写信给首长，告诉她说，她的屋里全给造反派抄掉了，家当全部充了公，人也被扫地出了门，连个蹲身之处也没有，只能住在弄堂角落里。她曾经到首长在上海的家里去，但是门房不敢开门，解放军在门前拦着，李妈也不敢出来接待她。她还在信上说："二姐呀，我能不能到姐姐屋里去避避？我这是在过什么日子呀？被人吊得半死,打得半死,回转去水也没有喝一口,肚皮饿只好买只大饼吃。"当时，首长在北京，她看了表妹的信，心里非常难过，但一时也没有办法。后来没多久，就听说她的表妹在上海跳楼自杀了，是在九层楼上往下跳的。首长知道后当场就哭了，对我说："我做姐姐的没能救她，她一直来信的，我却没有去救她。"当时，我想说，李妈其实要开开门放她进去避避就好了。但转念一想，这桩事也不好怪李妈的，李妈总归是李妈，她不好做主的！她只要造反派不进去砸首长的东西就可以了。其实，造反派真的要进去敲，不要说李妈了，就是门口站岗的解放军也没有办法的。首长的表妹跳楼自杀的事，对首长刺激很大，她后来还生了一场病。

十、送宋庆龄走完人生最后的道路

钟：送走了李妈，过了几天，大约是年初五，首长坚持着要从床上爬起来，我就只好和金凤一起连搀带扶地把她从床上抱起来，让她走到写字台边上坐下。但她坐又坐不稳，我只好和阿金一左一右抱牢她，不让她跌下来。她刚坐定，就叫我从立柜顶上拿下那只小铁盒。那只小铁盒是上锁的，我见首长要那只小铁盒，就知道她又要修改遗嘱了。

尤：这只小铁盒可不一般哪，里面珍藏着宋庆龄那份写了30年也修改了30年的遗嘱。

钟：首长告诉我，她的这份遗嘱是1953年就写了的。那一年，她刚好60岁。我从1952年3月来到首长身边工作开始，就看到首长在每年的元旦或春节前后，总要修改她的这份遗嘱。我虽然不识字，对于首长每日每夜趴在写字台上写点什么也不清楚，但首长每次修改好遗嘱、拿那份遗嘱放进小铁盒里上锁时，总要把我叫到她面前，用手拍着小铁盒，关照我几句："兴宝，我老千年（吴语，是寿终正寝的意思。笔者注）以后，我要讲的话都在这里了。"或者是："兴宝，你要记住，在我没咽气之前，这个铁盒子里的东西是不能随便让人家拿去的。"在每年春节前后修改遗嘱，已成了她每年必做的事，但只有一次，首长却是破例在中途进行修改的。

那是1966年9月的下半月，上海的红卫兵和革命造反派冲击了首长在上海万国公墓的祖坟，掘掉了首长爹娘的墓穴。事发后没几天，沈粹缜就带着偷偷拍下来的宋氏墓地被毁的照片专门来到北京，把照片交给首长过目。首长看后当天就躺倒了。后来，当她的身体稍稍有点好转后，她就坚持着爬了起来，修改她的那份遗嘱了。当时，我不识字，首长修改了什么，当然一无所知，但我看见首长当时十分难过，眼泪不停地流下来，好几次她不得不停下手中的笔，用绢头揩眼泪。后来，首长走后，我才得知首长那次对遗嘱做了最要紧的修改，提出了她老千年后一定要与万国公墓的爹娘葬在一起的要求。我估计首长这么做，就是为了保护她父母的坟墓从此

保姆钟兴宝
口述实录

不再被人家掘掉。

所以，那次首长又把小铁盒提前拿了出来，我就猜想首长又要修改她的遗嘱了。果然，首长就真的再一次、也是最后一次修改了她的这份遗嘱，前后修改过程大约有两个钟头呢！改好了，首长才吁了口气，亲自把新改写的遗嘱放进小铁盒，再亲自用锁锁上，再看着我把原来的旧遗嘱摆在面盆里用火点燃烧掉，她这才放心。

那年春节过后，由于她的病一日重似一日，夜里不能离开人了，为防止突然出事，我和阿金轮流值班，分日夜两班，先在首长的大床前搭了一张地铺，每人一夜轮着守护在首长身边。首长的身体非常胖，特别是生了这种恶病后，一点力气也没有，连翻个身也没有力气，所以，首长经常无可奈何地长长地叹着气，用手拍拍着床沿。我知道首长难过的原因，为了帮她少难过，透口气，所以也不管什么上下大小了，就爬到她的床上，问她，首长不要急，我为你打撑可好？首长人一阵清醒一阵糊涂，但我说的帮她打撑还是听得懂的，就点点头。我见她答应，就一边爬到她的床上，侧身躺在她的身边，一边用自己的身体顶牢她的后背，为她打撑，不让她再仰面朝天、胸憋气闷。首长当时就感到舒服了，她一边说着"谢谢你兴宝"，一边还吃力地把手绕过自己的枕头，伸过来摸我的头，关心地问我："你有吗？"听到我说"有"后，她才放心地睡去。阿金比我办法多，轮着她值班时，为了能让首长既能随意向左右侧睡，又能使自家腾出身来，她想出了一个好办法：轮番用一条卷起来的被褥垫在首长的后背处，自己腾出身来，守在首长身边……阿金的这个办法好，后来我也学她了。这段时间里，首长的白血病越来越严重了，她经常要浑身突然脱力，头重脚轻。我记得是 5 月 12 日的大清早，首长突然就昏厥过去了，把我吓个半死，马上到隔壁喊顾大夫（顾承敏，北京医院的医生，宋庆龄的日常保健医生。笔者注）快点过来。顾医生奔过来后，马上对她抢救，她才苏醒过来。这时候，首长也知道自己的时间已经不多了。

5 月 13 日傍晚，首长忽然从床上坐起来，两只眼睛怔怔地望着我和金凤说道："明朝阿拉就回上海了。"我和阿金听了，吓得你看看我，我看看你。上海是首长一直想回去的，是她的家乡，有她葬在那里的爹娘。现在，她怎么突然在睡梦里想着回上海了呀？这是不好的预兆，一般马上要走的人，才会有这种糊涂的念头。见我俩不吭声，首长还笑着对我们说："明朝阿拉回上海，我要退休了。"这番话，听得我心酸落泪，我知道首长真的快

晚年的钟兴宝在上海宋庆龄纪念馆

要走了。果然，就在当天夜晚，首长突然发烧，高达 40 度，人也完全昏迷了，两只眼睛紧闭，再也睁不开了。当日深夜，北京医院的医生护士接到顾医生的电话，都赶到家里来了，大家就在首长的床横头摆下了半房间的仪器，开始对首长进行 24 小时的监护，准备随时抢救。楼上首长的房间本来就不大，现在摆下这么多的医疗器材，就变得更加狭小了。再加上医生护士除去留守值班外，剩下来的人为便利工作，都借宿在我和金凤的卧室里，所以，当夜，我和金凤就搬到了楼下的按摩间里，和刚刚得讯赶过来的沈粹缜大姐住在一起。其实，谁还睡得着呀！一晚上，大家都提心吊胆地竖起耳朵，听着楼上的声音。

　　钟： 有件事我要讲出来。就是那天下午，上头派来一位秘书找到我，问我要首长的那份遗嘱。我事先有了首长的关照，所以我说什么也不肯给她。我对她说："首长有关照的，在她没咽气之前，这份东西是不能给任何人的，就是沈大姐也不能给的。"这人急了，求我说："钟阿姨，这份遗嘱十分重要，领导们正要参考着它，为宋主席办后事呢！"但是，我就是不答应拿出来，还固执地对来人说："请领导放心，这份遗嘱丢不了，到时候我自会把它交给沈大姐的。"那个人发急了，到最后就甩出了急令牌，对我说："兴宝阿姨，是康大姐叫我来向你要的呀！"但我心里只想着是首长关照过的，她走后遗嘱只能交给沈大姐，所以我还是不答应，还对她讲："那你叫康大姐来问我拿吧！"来人听我把话说到这份上了，就只好气鼓鼓地回去了。不一会儿，一部轿车开到了后海，那个人当真把康大姐给请来了。同车而来的还有廖承志。康大姐与廖承志一上楼见到我，就直截了当地向我说明了来意，他们确实是要准备根据宋庆龄的这份遗嘱，为首长操办后事的。可是我还是不肯拿出钥匙来，我一边流着眼泪一边向康大姐和廖承志说："不是我不给你们，确实是首长几天前一再对我吩咐的。我必须根据她的遗愿办。"好在康大姐和廖承志都知道我的脾气，所以后来他们非但不再向我要遗嘱，反而表扬我是个忠诚于主人的好保姆。

5月20日，首长再一次奇迹般地清醒过来，用大夫们的话说，这是回光返照。之后，首长就再也没有醒来。5月24日傍晚，刚吃过晚饭，上海市政府机关事务管理局的李家炽来到我面前说道："兴宝，首长毕竟年事已高，我们要做好以防万一的准备。你要考虑好首长里里外外穿的衣服，并且事先就准备好。"我听了，一边答应，一边对李局长提出了我藏在心里很久的一个要求。我说我准备让首长带块小手帕去，到时候就放在首长的右手里，让她一道带去。我生怕他不答应，就告诉他说，在我们苏州上海，有风俗的，在去世的女人手心里塞上一块绣花小手帕，是吉利的，死人拿着呢，一路上会圆圆满满的。李局长听了，就点点头，说："这件事你问沈大姐吧，我个人没有意见，你要弄明天上午就准备好。"当时，沈粹缜与张珏都在场，我就把我的想法告诉了沈粹缜，还把这块我早就绣好的小手帕给她们看了。我绣的手帕上，一只角上绣着一朵首长平时最欢喜的白兰花。沈粹缜大姐看了手帕，连连点头表示同意。首长是足足昏迷了九天才走的。5月29日晚上8点钟左右，首长再也输不进血了，还有一股股血沫从她的嘴巴和鼻子里冒出来，不久她就咽气了。

钟：首长一咽气，沈大姐就对我说："兴宝，他们是党中央派来的人，你可以把钥匙直接交给他们了，不要再交给我转手了。"得到沈大姐的命令，我才到楼上首长的枕头底下去拿小铁盒子的钥匙。没想到摸来摸去，就是摸不到！当时我吓得不得了，不知道钥匙在什么时候被谁给拿去了！后来，我定神一想，首长藏这把钥匙时，只有我和金凤两个人知道，会不会是金凤拿走的？我就连忙去寻问金凤。一问，果然是她拿的，我一口气这才松了下来，从金凤手里接过钥匙，交给了康克清的秘书。当晚 9 点左右，我与金凤抓紧时间，趁首长身体还没完全僵硬，就帮她从里到外揩净了身体，换上了寿衣寿裤。我帮首长梳好头发后，还用眉笔替她描好眉毛，做到了首长活着的时候对我讲的"不要醒醒龊龊地走，要干干净净地面对大家"的要求。最后，我才把那块绣着一朵兰花的小手帕轻轻地塞到了首长右手的手心里……

【采访后记】

宋庆龄逝世后，钟兴宝、顾金凤与所有工作人员根据党中央指示，留在后海，参与了宋庆龄遗物的整理与故居开放前的准备工作。

1982 年元旦前，钟兴宝退休回到老家，定居在苏州木渎镇，与儿子、媳妇生活在一起。

1992 年 2 月 4 日（除夕夜）凌晨零时 45 分，正在亲友家帮助操办婚事的钟兴宝突发脑溢血，经抢救无效，不幸逝世，终年 77 岁。她的儿子尤顺孚把母亲的骨灰盒安葬在家乡苏州胥口香山外塘桥头向南的山坞里，与他的父亲合寝一墓。根据钟兴宝生前愿望，在墓前另立一碑，上面镌刻着"国家名誉主席宋庆龄保姆钟兴宝之墓"16 个遒劲的隶书大字。

不知是偶然的巧合，还是冥冥之中上苍的安排，钟兴宝逝世的日子居然和李燕娥逝世的日子一样：都是农历除夕夜。

1999 年，自 19 岁离婚后未再婚嫁的宋庆龄的秘书张珏去世，终年 86 岁。

保姆顾金凤口述实录

> 阿金，你又哭了？你不要急，有些家务事你不会做，我会慢慢地教你的，你不要怕。
>
> ——宋庆龄

口述：顾金凤

采写：汤　雄

时间：2001 年 5 月 26 日下午 12 点 20 分左右

地点：上海市浦东区上钢六村 ×× 号 ×× 室

【采访者按】

顾金凤是宋庆龄身边的第三个保姆，她从 1973 年 5 月 1 日起至 1981 年 5 月 29 日宋庆龄逝世，在宋庆龄身边工作了 9 年。1982 年春节刚过，顾金凤刚回到上海宋庆龄故居，又应邓颖超的邀请，前往北京，在邓颖超身边担任保姆。由于身体原因，同年 6 月中旬，顾金凤又离开了邓颖超，离开北京。

回到上海后，她先由组织安排在上海市委机关托儿所传达室工作，1985年5月又应工作需要，调到香山路孙中山故居，担任安全保卫等后勤工作，直到1987年退休。2001年5月26日，笔者在上海中国福利基金会与宋庆龄基金会的帮助下，登门拜访了顾金凤夫妇，并在顾金凤夫妇的热情接待与无私帮助下，圆满完成了采访计划。

一、顾金凤来到宋庆龄身边的前后经过

汤雄（以下简称"汤"）：顾阿姨您好！请谈谈您到宋庆龄身边工作的前后经过。

顾金凤（以下简称"顾"）：我是1973年到首长身边工作的。那年我33岁，已经生了五个小孩了。我当时在家里带带小孩，绣绣花，活计是从苏州、木渎的绣品发放站里接来的，绣完了，再交还发放站，赚点辛苦钱。有一日，兴宝阿姨突然到乡下，寻到我家里来了。我知道她新中国刚成立时就到上海去帮人家了，现在听说在上海一个大人家帮佣，每个月能拿几十元工资呢。当时她拉住我的手问我："金凤，肯不肯跟我一道到上海去帮人家？"当时，我心里很为难。到上海帮人家赚钞票是高兴的，但家里五个小孩都小呢，最大的才14岁。

之前，尽管家里人多，但有丈夫每月固定的工资收入，小日子还算过得去。谁知做梦也没料到，晴天里响起一个霹雳：1970年刚立秋，一个灰蒙蒙的早晨，我的丈夫高金福在骑着脚踏车去苏州城里上班的路上，被一部迎面开过来的军车和一部逆向开过来的公共汽车夹在中间，当场被活活夹死在两部车的当中，甩脱我们娘六个独自走了！家中的一根顶梁柱就此坍塌了！当时我上头还有两个阿公阿婆，下面还有五个等着吃穿的小孩，这叫我一个女人怎么过日子呀？我当时又是悲伤又是急，昏厥过去几次。为了活命，为了家里这七八张嘴巴，我只好三更灯火五更鸡，从早到晚趴在绷架上，滚在田地里，与阿公阿婆一道，拼命活下去。当时那个穷呀，真的是一分钱也拿不出来，连买根绣花针的钱也没有。兴宝阿姨找到我时，我真的左右为难。后来我才知道，兴宝阿姨回到木渎，就把我的情况让顺孚写信，寄到上海去，向首长做了汇报。我是各方面都符合条件的。听说首长的条件是，一是要年纪在40以下的孤身寡女；二是不识字的，但是人要吃苦耐劳；三最好是苏州女人，而且会缝缝补补的、手巧的……

当时我阿公阿婆一口同意了兴宝阿姨的建议。他们认为与其在家里等死，倒不如跟着兴宝一起到上海去挣大工资，可以养家糊口呢。但是，我公婆都同意了，我仍拿不定主意，真伤脑筋，我怎么舍得就此甩掉家中五个小孩，一个人独自到上海去呀！我阿姨讲过，去帮人家是不好带小孩的。事后我才听说，当时上海的家里已先后用过好几个保姆，全因为不称心，被解雇掉了。所以，首长叫我阿姨在苏州看看有没有合适的，我阿姨就把我介绍给了首长。首长看见顺孚写去的信后，就马上叫解放军到光福舟山来，对我进行考查了。用当时的行话来说，是"外调"。总之，在这一个月中，先后有两批，每批三四个身穿解放军军装的军人，出现在舟山村，来到我家里，假装看我绣花，向我问三问四。我闷着头做绷子，什么也不知道。当时我们光福公社当地有部队坦克团，还有四号工地，平时一直有解放军进进出出的，谁知道他们是专门来考查我、调查我的呀？做梦也想不到！考察的人到我家里不算，还到大队部去，和我的大队干部秘密商量，后来还和大队干部又一起去了公社革委会。直到4月底，吴县、公社两级革委会的领导一起来到我的家里，和我正式摊牌，我才得知有关调我去上海大人家帮佣的手续已办好了，在那张调令样式的纸片上，当时上海市革命委员会相关人员已经在上面亲笔签名并盖了公章了。当时公社、大队两级干部到我家和我见面时，我就隐隐觉着，我要前去上海帮佣的那个大人家，一定来头不小。要不，各级革命委员会是不会这样重视的。当时，我的心里是既高兴，又紧张，又不舍得，你想想，我怎么舍得就此抛下五个小孩一个人到上海去呢？但是大工资我是想赚的呀！我是真正为难，其中的苦恼，没做过娘的谁也不能体味到！

后来我还是咬咬牙，决定去了。兴宝阿姨知道我的决定后，就叫顺孚买了火车票，陪我一道到上海去。我临动身的时候，心里多少难过呀！当时，我的志林只有7虚岁，他死死地抱牢我的头和脖子，哇啦哇啦哭着说什么也不肯松手，非要跟我一道坐汽车、乘火车到苏州、到上海去，我使硬劲掰开了他的小手，一步三回头地逃一样地走了。那时候，志林哇啦哇啦的哭喊声，听得我心都要碎了，眼泪哪里熬得住。我是一路哭一路跟着顺孚到上海的。我没想到的是，这一去，直到三年后的那年春节，我才有空回舟山探亲……

我自长这么大，还从没离开过家里，没到过上海，连火车也没有坐过。

我记得我是 5 月 28 日那天，顺孚买了火车票陪我坐火车到上海的。火车下来又坐了公共汽车，转了两三趟车，才到了首长的家里。当时看见门前有拿枪的解放军站岗，里面有花园、楼房，派头不小，我就知道这个不是一般人家。我刚在顺孚的陪同下走进去，迎面就走过来一个大块头女人，经顺孚介绍，我才知道她叫李燕娥，年轻时候就跟着首长的。

二、顾金凤眼中的李燕娥

顾：家里上上下下都叫李阿姨（李燕娥。笔者注）李妈。我叫她李大姐。那时候她 61 岁，她 16 岁就跟着首长了。顺孚告诉我，要我以后一切听李妈的指挥，不要你知道的事不要知道，不要你讲的话不要瞎讲，不要你做的不要瞎做。只顾管好自家就是。讲得我心里有点害怕，心想，里面到底住的是怎么一个大官呀？

我是 5 月 28 日到上海的，直到 6 月 1 日才看见首长。当时听说她在生病，睡在楼上。大概是我那三天里做得很好，表现也不错，她们决定把我留下来了，所以首长才肯接见我的。

汤：宋庆龄是怎么接见你的？

顾：6 月 1 日这天早上，李大姐朝我招招手，说："首长叫我领你进去看看。"当时我已经知道首长就是宋庆龄，因为看见墙上挂的首长和孙中山的照片后，我心里就有点数了。所以我就问她："等会我看见首长怎么叫？"李燕娥说："就叫首长好了，首长问你什么，你就答什么。"

汤：当时你紧张吗？

顾：紧张。因为我不知道人家看得中看不中我。进了首长的房间后，好一会儿我才看清房间里。首长正坐在沙发上，两眼盯牢看着我。我连忙按照李大姐的关照，上前叫了声"首长好！"宋庆龄朝我点了点头，然后戴上一副老花镜，上上下下打量着我。她和照片上的一模一样，面相和善，笑呵呵的，我就估计我会被她留下来了。后来，宋庆龄就对我的家庭身世等问了一番，才郑重地对我说："小顾，我这里就像是部队，你来到这里，就等于是当兵了。当兵的有规矩，那就是一切行动听指挥，命令下来了，哪怕天塌下来也要跟着部队走。所以，你到这里后，一切都要像参军当兵一样了，要服从命令听指挥，你做得到吗？"我连忙点了点头。接下来，首长的话就讲到我心里去了，她讲："小顾呀，你刚到此地，肯定想家里的。你不要哭。至于乡下的小人嘛，也在一天一天长大，何况家里还有两个老人在照顾，有地方政府在关心，所以，我劝你也不要过多放在心上。"我知道宋庆龄在宽慰我，所以我马上回答她说："请首长放心，我既来了，就要安心的。"我说完，宋庆龄就让我下楼去了。在楼下，李大姐还特意关照说，首长楼上的房间里，不接到命令，谁也不能随便进去；首长十分注重勤俭节约，屋里的任何东西不经过她的同意，都不能轻易抛弃。

汤：您觉得李燕娥这个人怎么样？

顾：李大姐这个人呀，你不要看她长相粗，实际上心里蛮细的，家里什么事都逃不过她的眼睛。她也是单身，没有生过小孩，听说年轻时嫁过人，后来离了，所以她吃穿不愁。不像我和兴宝阿姨，拿了工资要连忙寄回家去。她毕竟是北方人，不怎么会料理自己的日常生活，自家的衣服鞋子也不会做，要到外面买。明明当月发的粮票还没用完呢，她自己就忘记放在哪里了，我经常听见她对宋庆龄说："太太，我粮票用光了。"

汤：你们三个人的工资都是宋庆龄私人发的，吃也都是吃宋庆龄的，还要粮票干什么？

顾：工资是首长私人发的，但在食堂里吃，我们是都要交粮票的，这是规定。不过，后来首长走后，我的工资就是上海机关事务管理局发的，我也正式转为国家干部了，定行政21级，当时每月的工资是50元。

汤：可惜李燕娥走得早了些。

顾：是的，她走得早了点。有一年，首长私下里对她讲，叫她领个小孩，积谷防饥、养儿防老，所以李大姐领养了一个女儿，只有十来岁，是上海的一个孤儿，跟她姓，取名李X。当时，她们娘俩的一日三餐都由楼下的食堂供应，只有洗洗涮涮等家务活才自己做。当时，她的女儿还小，还不会做，所以，只能由李大姐亲自动手。可是，李大姐人胖呀，洗的时候腰也弯不下来，几件衣服常常要洗好半天，累得直喘粗气。我看不过去，就主动帮助李大姐洗。李大姐为人直爽，脾气也急躁，在整个屋里，除了首长外，她的威信最高。

汤：据我了解，宋庆龄后来非常信任你。

顾：是的。我到上海家里后没多少日子，首长就带我一起到外头参加活动了。她身体不太好，总归要有人陪的。我记得我第一次搀着她去参加活动的地方是上海少年宫。这是我到上海后第一次陪首长外出。从少年宫回来后，首长又用照相机里剩下的胶卷，亲自为我和李燕娥、张珏、钟兴宝阿姨四个人拍了一张合影。从少年宫回来的第二天，我就跟着首长到北京去了（据《宋庆龄年谱》记载，是1973年5月29日。笔者注）。临走前，首长和我们开了个会，她说，考虑到李妈年纪大了，上海家中也需要有人负责照管，所以，就决定让李妈留在上海，全面负责上海家里的事。到那时候我才明白，自己已正式通过了首长的考察和考验，被批准留下来正式工作了。事实也是这样，后来，警卫秘书曾对我说："小顾呀，你不知道，你没来之前，我们已找了好几个人，但首长都不满意，现在你终于能够留下来了，我心里一块石头也可以落下来了。"临出门去北京时，李大姐特意把我拉到一边，咬着我的耳朵轻轻地说："金凤，首长已经看中你了，到北京后，好好干。还有，我每月给你存上一张贴花，以后你用它贴补贴补家用吧。"这几句咬耳朵话，说得我的眼泪也差点流下来。

汤：什么是贴花?

顾：贴花是当时银行的一种存款，每张贴花2元钱。钞票不多，但它是李大姐对我的一片心意呀！何况在当时这2元钱对我来说毕竟是一个不小的数字呢！她肯定是因为我帮她洗衣服、帮她小人洗澡而谢谢我的。李大姐绝对是一个粗中有细的公正的人。

三、晚年的宋庆龄一天也离不开顾金凤

顾：首长在上海、北京各有一个家。北京的家在后海，里面有花园、池塘、假山，还有不少的花和树。石榴树最多，好几棵呢。房子也多，还有走廊，上头梁上都画着红红绿绿的图。北京的家比上海的房子还要大，就连首长最喜欢的鸽子，也比上海养得多，但是首长还是不喜欢北京，认为北京的气候比上海干燥，风沙尘灰也多，特别是一年四季难以吃到新鲜的蔬菜。她一直喜欢上海的家，想定居在上海。不过，她没有办法，这是革命工作的需要嘛。

跟着首长到北京后，看见一些平常只能在画报上与电影里中才能见到的中央高级首长，也让我眼界大开。别看他们官那么大，客气是都客气得不得了，每位首长到家里来，走时都要握一握我的手，向我说一声"辛苦了!""谢谢你啦!"

我连邓小平都看见过的。1977 年 6 月的一个下午，邓小平和她夫人卓琳到北京家里来看首长。在"文化大革命"中吃足苦头的邓小平，比起画报电影中要明显瘦点，但精神蛮好。他们三个人坐在小客厅的沙发上，边说边笑。当时，我就站在一边，听懂了他们谈话的内容。邓小平特别谈到要解放台湾的事，首长听了非常赞同。当时，邓小平夫妇还表扬了首长，他们说首长在国际上的影响是大的，是了不起的。后来，邓小平夫妇在临走时，还特意握了握我的手，卓琳还对我说："你辛苦了。"我听了非常激动，我认为越是伟大的人倒反而越是客气，像自家人一样。

汤：是这样的，越是伟大的人越平凡。到北京后，家里的生活也仍旧是你一个人做吗？

顾：是的。兴宝阿姨自从在上海医院里查出患有肠粘连与高血压等病后，身体一直不好，经常要吃药打针，睡在床上爬不起来，所以平常的生活大部分都是我做的。我最先从兴宝阿姨手中接过的是每天早晨为首长梳头发揩面孔。遇到外出接见或者开会，我为她梳好头后，再帮她挽头发团子。首长最喜欢梳理的头发团子是芭芭头，就是拿头发在后脑勺上挽成一团并带有一个横爱司的那种。我第一次为首长做挽子时，心中有点紧张，只怕做得不能让她满意。首长的一根头发丝也是不能随便扔掉的，看见我要扔掉，她就对我说："身体发肤，受之父母，是不好随便丢掉的！"我没有文化，听不懂首长说的是什么意思，直到她拉开梳妆台上的小抽屉，从里面取出一只信封交给我，看见信封里的一蓬头发的时候，我才知道。从此，我一为首长梳好头发，就把脱落下来的头发一根一根拾起来，放到信封里，不让它们轻易失落一根。

顾：刚开始的时候，像熨衣服、烧咖啡等事情，我都不会，连给闹钟换电池这样的事情我也不会。有时候心里难过，只好背地里一个人哭。首长的眼睛多尖哪，有什么事情瞒得过她？有一次，首长特意把我叫到房间里，笑眯眯地对我讲："阿金，你不要急，有些家务事你不会做，我会慢慢地教你的，你不要怕。"我本来倒不哭，首长这样一讲，我倒又要落眼泪了。

其实，兴宝阿姨把我介绍进去，她自己也觉得轻松不少。首长身体胖，每次上卫生间，总要有人挽的。而兴宝阿姨人很瘦小，力气也不大。一天吃午饭时候，兴宝阿姨先吃好午饭上楼接班，换下我。我刚走到楼下，才扒了几口饭，突然警铃响了。我吓得连忙甩下饭碗就往楼上奔。你不知道，这只警铃是装在首长房间里的，不遇到要紧事情是不会响的。果然，出事了，我奔到楼上一看，只见首长和我阿姨一道仰面朝天跌倒在卫生间！我看见了吓得要命，也不知道我当时什么地方来的力气，冲上去一抱，就把首长抱了起来。我问首长受伤没有，首长摸摸手，拍拍腰，踢踢腿，笑着摇摇头对我说："没有事体，没有事体。金凤呀金凤，你一来就把我抱了起来，你什么地方来这么大的力气？好像大力士。"从此，首长要上卫生间、洗澡或者要外出，就再也不敢劳驾我阿姨了，只要我一个人。

不过，随着年龄的增长，首长的身体越来越差，身体也越发虚胖了，她的行动也愈加不灵活。终于有一天，她一个人撑着拐杖在房间里走动时，拐杖一滑，摔倒了。这一跤可跌得不轻，她仅用左手在地上撑了一下，就造成了左手腕骨折。经大专家接骨，骨头是接好了，但手腕骨依然凸出在外头，整只手腕没有一点力气。首长自从摔断了左手腕骨后，就再也不能离开我了。

在生命的最后几年里，首长在我面前有时候就像个小朋友。

就举两个例子吧。有一次，首长生病了，和我分乘两部汽车到北京医院看病。一路上，首长总是心神不定，歇歇就问一边的大夫："阿金呢？可是在前面等我？"首长最后一趟到外面开会，是在人民大会堂参加有关加拿大授予学位的一个会议（据《宋庆龄年谱》记载，是加拿大维多利亚大

顾金凤（右四）搀扶着宋庆龄会见友人

顾金凤（左一）与康克清搀扶着宋庆龄

顾金凤（右一）搀扶着宋庆龄接见王炳南

学授予宋庆龄荣誉法学博士的活动。笔者注），那天人太多了，我就不能陪着首长一道去了，首长没有办法，只好在临出门时对我说："阿金，你在屋里看电视,看我好不好(指形象。笔者注)。"我心里想,这年的 4 月底,首长已多次发高烧,喘气吃力,心跳加速,她的身体十分虚弱。这趟她一个人带病参加会议,吃得消吗?真叫人担心!所以,首长走后,我就一直心神不定地坐在电视机面前,看电视上的实况转播。别人不清楚,我清楚,那天临出门时,首长又像上次那样请医生帮她打了不少针、吃了不少药,生怕到时候身体撑不住。不过,在电视上看,首长的精神倒还好,她身上披着斗篷(荣

宋庆龄荣获加拿大维多利亚大学授予荣誉法学博士学位时留影

誉博士的礼服。笔者注),坐在轮椅上,还用英语讲了很长一段时间的话呢。接下来,王炳南(时任中国人民对外友好协会会长。笔者注)也上台讲了很长一段话。当然,我是一句也听不懂他们讲的什么,我只是提心吊胆地在电视机前看首长的一举一动,我只关心首长的身体情况,生怕出什么问题。首长回来后,看到我的第一句话就是:"阿金,怎么样?我好不好?"直到我连声说好,她才像个小朋友似的笑了起来。

汤:顾阿姨,听说您的手特别巧?

顾:特别巧谈不上,我会做捏底(苏州吴县地区一种特色布鞋,其鞋底虽薄,但既坚固又绵软,是用布片叠起来做成的。笔者注),这个事情,是我刚到上海的第一个月,被李燕娥先知道的。李燕娥的脚大,大约是她小时候缠小脚时缠僵了,所以,脚背上像鲫鱼背心那样弓了起来,无论哪个商店里,都别想买到她能够穿的鞋子。我看见了,就忙里偷闲,亲手帮李大姐做了一双既合脚、又轻便的布鞋,当时,李燕娥开心得不得了。我到了北京后,仍旧保持着与李大姐的联系,只要她来电话,叫我帮她做鞋子,我总归能够满足她,而且很及时。有一年冬天马上要到的时候,那天,首长来到我的房间,看见我正在做布鞋,她才知道我会做鞋。当时,首长就又惊又喜地问我:"阿金,你原来还会做布鞋子呀!"原来,以前首长

所穿的鞋子，都是请兴宝阿姨做的。兴宝阿姨年纪大了，手脚慢了，一双鞋要做好长时间才做好。所以，首长要我也帮她做一双。我听了，就马上要过首长的鞋样，一口气为她做了三双蚌壳棉鞋。首长穿着新棉鞋很开心，在房间里来来回回走了好几圈。之后，首长脚上所有的鞋子，都由我包下来了。现在，摆在上海故居里的十几双鞋子，不少是我为李燕娥做的。

我还会做点心。每年清明节前，我就到花园里去采来荆树叶，放在碗中冲烂了，再做出一只只碧绿生青、又甜又糯的豆沙馅青团子；米粉也是自家磨的。当时北京家里有一面金山石（花岗石的别称。笔者注）的小推磨，就是用来磨糯米粉的，大部分是黎师傅（北京宋庆龄寓所的厨师。笔者注）一把一把自己动手磨。现在，这面小推磨就摆在北京宋庆龄故居里。我还会做粽子。首长从小就喜欢吃粽子。她吃了我做的粽子，眉开眼笑，说几十年没吃着真正的江南粽子了。有时候，首长还叫人把我做的苏州点心分成一份一份的，在上面附上一张张亲笔写的条子，叫杜秘书开了汽车分送给周恩来、爱泼斯坦、马海德夫妇等人，每张条子写着"这是苏州来的阿金做的，送给大家尝尝"的字样。

汤：宋庆龄除了喜欢吃苏州点心，平时还喜欢吃什么？

顾：首长因为生有荨麻症，经常浑身发痒，一痒起来夜里也睡不着，所以她平时只吃鱼和少量的肉，基本上以蔬菜为主。她最喜欢吃的菜是老玉米烧番茄或茄子、清炒枸杞头、豆腐干炒香菇、虾米肉丁炒酱，而且要酸中带甜才对口味。食堂里的黎师傅会做江南菜，陈师傅会做广东点心，他们要负责整个屋里上下几十个人的一日三餐，平时工作都很忙。首长不想惊动他们，所以，这些家常的江南菜，她经常都是自己在楼上熨衣间里的电炉上亲手做的。自从我到了后，我就给首长当起了厨师。慢慢地，我也摸透了首长的口味。我做出来的菜，首长喜欢吃。

汤：宋庆龄早餐一般吃什么？

顾：首长的早餐一向很简单，早年，通常是两片面包或一个大饼、一杯咖啡，后改为喝茶；后来，她最常吃的是泡粥、馄饨与咸菜肉丝面。首长什么时候想调节口味了，也亲自动手做饭。首长最拿手的是酸辣汤，她常要亲自做这个汤，有时还要用来招待珍贵的朋友。这个汤用鸡血、豆腐制成，咸中带酸，酸中带辣。

我虽不识字，但我的记性很好，首长经常用的笔芯还有几支，纸、笔墨分别放在卧室的什么地方，某某国家的朋友送了什么吃的，他们都放在

顾金凤（后排右一）陪伴宋庆龄会见孩子们。后排左一为杜述周

楼上冰箱的哪个格子里了，我都记得一清二楚。平时只要首长开口要，我就会马上把它们拿到她面前。还有，由于首长年老多病，所以，每次医生上门出诊后，都要留下来近10种药片、药水。我不识字，更不识药瓶、药盒子上的外国文字，只好根据医生当时的关照，把这许多药名和每种药的吃法、用量、外形、包装、样式等死记在脑子里。我把药分门别类放在一个有着一个个格子的纸盒里，完全凭记性，按时、按量拿给首长吃，而且从来没有搞错过。后来医生们知道了，都不得不佩服。首长在85岁之后，记性实在不行了，所以到后来几年，她在接见中国朋友和外国客人的时候，总要指定我站在她身

顾金凤（右一）与康克清搀扶宋庆龄行走

宋庆龄参加毛泽东同志的追悼会（右扶者顾金凤，左扶者杜述周）

边，随时帮她拿东西。有时候，我毕恭毕敬地一站就是半个小时、一个小时。但只要首长要拿什么东西或礼物，我总会一点儿也不错地马上从楼上拿下来，放到首长的手里。

四、自古忠孝难两全

顾：首长对我非常信任，她曾在病重前好几次关照我："阿金，我嘱咐你的话记住了吗？我死后一定要告诉组织上，把我的盒子送到上海……要把我和李姐一道安葬在我父母的身边……"

汤：顾阿姨，宋庆龄在晚年对您的信任，还有您对首长的忠心服务，报纸上都登过，您知道吗？

顾：我不太知道，我不识字呀！

汤：喏，今天我带来一张《人民日报》，1981 年 6 月 1 日的这张报纸上有篇题目为《宋庆龄同志遗言嘱咐：身后骨灰安葬在上海》的文章中，就有写到您服侍宋庆龄的事。我来读给您听听好吗？

顾：好的。

汤（念）：进入晚年的宋庆龄，病魔缠身。她患有讨厌的荨麻症，可怕的白血病，怕见阳光，喜安静。所以，不管白天还是夜晚，她卧室里厚厚的窗帘，总是垂挂着。白天，她还可以把精力集中在永远也干不完的工作上；但一到漫漫的长夜，她要是不服安眠药或心中有事，就几乎整夜整夜地不能安睡。尤其是因病魔的纠缠且毕竟年事已高，她已无力自己上下床，为此，根据宋庆龄的命令，顾金凤在宋庆龄的床前另搭了一张钢丝折叠床，早收晚搭，整夜整夜陪伴着宋庆龄。她俩俨然一对祖孙，总有着说不完的知心话。

顾：是的，是这样的。为了首长，我是自己家也根本顾不到的。1978 年，我 18 岁的大女儿因为家里吃口重，日子实在过不下去了，我就让乡下的阿公阿婆做主，把她嫁给了浙江一个农民。从媒人上门到出嫁，只有两个月。我女儿是家中最大的，从小吃够了苦头，所以，我收到乡下公婆的来信后，就打算抽空在这年国庆节回去一趟，只为送送大女儿，也算尽一点我一个做娘的义务与职责。但是，好几次，当我看见首长一迈一迈（吴语，动作迟缓的意思。笔者注）的动作时，话到嘴边都仍旧被我自己咽了回去。我说什么也不忍心在这个时候扔下首长，说什么也开不了这个口呀！那一阵兴宝阿姨刚巧身体不适，浑身无力，也不能替代我的工作。所以，到最后我还是不得不放弃了回家探亲的机会。我只是向首长预支了两个月的工资寄了回去，让大女儿自己去买点衣服……后来，我这种不近人情的做法，伤透了大女儿的心，直到后来大女儿带着外孙看见我时，她还要埋怨我呢。

后来，首长知道了我大女儿的事后，就开导我说："阿金，孩子们一天大一天了，你可以放心了呀！"我只好回答她说："首长，我不牵挂。"大女儿嫁出去后，几年中，老大、老二与老三也先后结婚成家、生儿育女，做了大人了。说良心话，那时候我真的日里夜里都在想亲手抱一抱第三代。我几个儿子女儿的来信，把我床头柜的抽屉都塞满了。可是，北京的这个

汤：顾阿姨，你在宋庆龄身边工作9年，一趟也不曾回过苏州吗？

顾：除了1976年春节回家探亲一次外，就不曾回过苏州。就是我爹爹过世，我也不曾回去。不是我不想回去，而是我自己后来想想不肯回去的。

1978年底，我的爹爹去世了，电报拍到北京后海，是机要员接的，先交到了杜秘书手中。当时杜秘书很为难，因为那一阵刚好兴宝阿姨旧病复发，卧床不起，首长身边只有我一个人。如果我再在这个时候离开她，势必给首长生活上带来很多不方便。但是，婚丧喜事非小事，何况这是我平时一直挂在嘴边的亲爹呀！所以杜秘书把这个消息告诉我后，当时我就再也熬不住哭了起来。

这时，首长也听说了，她撑着拐杖来到我的房间里，招招手叫我出去，在外面偷偷地塞给我两百元钞票，还对我说："阿金呀，人去如灯灭。你就节哀吧。这点钞票，给你带回去派用场，就算为你家老人添一些香烛钱。"首长对我这样好，我更加不忍心回苏州了。我想，反正人死也死了，我顶多背个不孝的名声，不回去送葬了。多寄点钞票去，赎赎罪孽吧。所以，我又往这两百元上再加上自己平时积蓄的100元钞票，一共300元，一道托杜述周寄到苏州我的爹娘家。同时我又托杜述周顺便帮我回封电报，向我娘家人说明我不能回去奔丧的原因，请家人原谅。1981年春天，我的公爹也去世了。电报发到北京来，正好又是首长因病睡在床上的时候，我同样也不能回家奔丧。直到当年5月首长过世后，我才回家探亲。

五、四个遗孀一个家

汤：看样子，当时宋副主席的身体真的很不好呢。

顾：是的。不过，最讨厌的是风疹块，导致首长什么也不能吃。粉碎"四人帮"那年，首长叫上海的家里空运来上百斤苏州的大闸蟹。一半分送给邓颖超等好朋友，一小半分给了警卫班，自己只留下一小面盆，叫我送去厨房蒸熟了端上楼，就放在楼中间那个小客厅里，叫我们大家来吃。首长有风疹块，不能吃蟹的。不过，那次首长开心，就吃了。我们四个人（宋庆龄、张珏、钟兴宝、顾金凤。笔者注）一共吃掉一面盆的蟹！首长吃完后还高兴地朝着面前堆起来的碎蟹壳说："这样，你们还横行霸道得了吗？"

首长真的有水平的，一语双关呢！张珏先听出来了，笑；我们后来也明白了，也笑了。没过几天，上海家里打来电话，说有人在上海家里的围墙上，贴了欢庆"四人帮"倒台的大标语，请示首长怎么办。杜秘书接到电话后，立即向首长做了汇报。因为自从"文化大革命"以来，首长一直不许人家在上海家外的围墙上张贴大标语、大字报的。这次首长同意了，她爽快地对杜秘书讲："好，这样的标语让群众贴！"

有时候，我想想首长也真的很苦恼的。她年纪大了，夜里实在睡不着，有时候就坐在床上，用指头在被面上划来划去，不知写什么。有时候，她干脆半夜三更爬起来，坐到钢琴间，要弹钢琴。我当然也睡不着了，也只好跟着爬起床，来到钢琴面前，站在她身旁，服侍她翻音乐簿子。平常，首长大部分时候是白天弹钢琴，难得在夜里弹。有时候，她弹完一曲，还要问我："阿金，好听吗？"我就说好听。她就接着问我："那你听懂我弹的是一支什么曲子了吗？"这下僵了，我就只好老实回答："听不懂。"这时候，首长就告诉我，说曲子叫摇篮曲，是外国人作的曲子。我似懂非懂："哦，我知道了，这是一只催眠曲，首长想听了能早点睡着。"我一句自作聪明的回答，反惹得首长哈哈大笑。

年龄不饶人，此话一点不假。首长80岁那年，还能穿着高跟皮鞋一个人在花园里散步，走得快时，我也有点跟不上。但大约是在她进入85岁之后，她的身体情况就一天不如一天了。每天早晨我帮她穿衣服，看见她手上脚上都是浮肿的，发展到后来，假使没有人帮，她一人就没有力气起来了。为此，北京医院专门给她调派了一个女按摩师，每天早晨一上班，就准时来到后海家中，在楼下的按摩间里为她按摩上一个钟头。这时候，宋庆龄就会对守一边的我说："阿金，学着点，这也是本事呀。"我就当真认真真地跟在按摩师身边学本事。也是无师自通，我很快就掌握了几下按摩的基本功。从此，每天在搀扶首长起床前，我就学着那个按摩师的动作，先四肢、后腰背地为首长按摩上个把钟头，直到把她的四肢都按摩得活络了才放手。每次按摩后，首长都说："不错，阿金可以做按摩师了。谢谢阿金，谢谢你！"说到这里，顺便说一句，每当首长身边工作人员为她服务后，她总不忘记说一声"谢谢！"哪怕是给她倒了一杯水，拿了一支笔这样的小事，她都要说一声"谢谢！"首长就是这样客气的人，在自家人面前，没有一点架子。

苏州有句老话，叫两好并一好：首长对我好，我也对首长好。首长那种节俭呀，凡与她接触过的工作人员都知道。她的衣服破了，从不丢，都是让我缝缝补补后再穿；手帕和袜子破了，也要让我用细丝线缝补好后，下次再用；就连外国朋友送来的礼品上包装的彩色丝绸带子，她也要叫我全部收起来，再用熨斗烫平了放起来，以备后用。所以在首长逝世后，治丧委员会的人在整理她的遗物时，发现这一大堆丝带后，都惊呆了，不知道这些带子首长要用来派什么用场。还有，首长爱清洁也是有名的。她每顿吃饭或是平常吃点东西，总要在头颈下围上一块围裙，以防汤汤水水弄醒醒了外衣。就是围裙，她也轻易不弄污糟的，直到她 90 岁那年，围裙上还是干干净净的。

汤：宋庆龄家中的规矩大吗？

顾：是有规矩的。1976 年春节，已 3 年没回苏州老家探亲的我，终于被批准回家过年了。小年夜那天早晨，临走之前，我像所有工作人员一样，事先主动下楼向警卫秘书杜述周汇报。杜秘书点点头，让我先回楼上等消息。不一会儿，杜秘书的电话便打进了首长的房间里，报请首长同意。之后，杜述周就走到了我的房间里。那时候，我带回家的行李都准备好了，并按规定一样样地摊放在床与桌子上，请杜秘书检查。这是首长家里的规矩，不管什么人，只要得到批准回家探亲，都要自觉地遵守家中的这条纪律，离开时要检查行李。就是探亲回来，也要检查行李的。作为身负首长安全责任的警卫秘书，他必须提高警惕，坚决不能让任何危险的事在首长身边发生。

大约是 1979 年，我生了重感冒，鼻头塞，流鼻涕，发寒热 40 度，在自己的房间里爬不起来了。那天，也因生病躺在床上爬不起的首长竟不顾传染感冒，一个人撑了拐杖，轻轻地来到我的床头，把一包包牛肉干、葡萄干、陈皮偷偷塞到我的枕头边，还对我说："阿金，不要怕他，你胆大点吃就是啦。"

汤：他是指谁？

顾：是指杜述周杜秘书。为了保证首长的身体健康，家里早就有规定：不准生病的工作人员随便接近宋庆龄，也不准首长与生病人员随便接触。后来，眼看我的高烧一直不退，警卫班就把我送到了北京医院，住了院。在我住院的四天里，首长天天指派杜述周代表她到医院来看望我，并一再要求他转告医生：给阿金改善伙食，加强营养。医生听了都笑啦："不要急，阿金在此地都有吃的。"这一次我只在医院住了四天，就提前出了院，回到家里，我又急着要上班了，首长就下命令了，要我每天吃过午饭后，无论如何也要休息上一个钟头。可是我躺不下，还是急着要干活。首长见了就真的动气了，指着她门前那张搭起来的临时床铺命令我说："阿金，你就给我在这里睡一个钟头，否则，我要不开心的！"我就只好睡了一个钟头。

汤：那张临时床铺是不是那张折叠型的钢丝床？

顾：是的。在北京的后几年里，首长到底老了，还因为身体有病，假使没有重要的外事接见活动，她平时基本上不出门了，她一天24小时和我、我阿姨三人一道待在小楼上，只有一日三餐，我才下去，拿上来大家吃。有时候，首长想改善伙食，就自己在楼上熨衣间里烧。后来首长烧不动了，就在旁边指点我们烧。

汤：当时，张珏秘书呢？她不也是一个人吗？

顾：张珏是住在楼下的。平时没有写写弄弄的事，是不到楼上来的。有时候，首长也要叫她一道到楼上来吃。当时，屋里只要有吃的，首长都要一分为三，人手一份，让我和兴宝阿姨一道吃。哪怕是一只苹果，她也要亲自一切为三：我一份，兴宝阿姨一份。她把我俩当成她的女儿与孙女！

还有一年，有外宾来，首长就根据那个国家的生活习惯，在楼下宴会厅里摆了几桌羊肉宴。外宾走了，还留下不少鲜美的羊肉。首长当然不舍得扔掉，就根据以往的规矩，由我们内部工作人员平分，各自拿回去。当然，首长对我与兴宝阿姨，还有张珏秘书三个人还是偏心的，每次分配时，她都有意给张珏、兴宝阿姨和我三人多分一些，那次分配也一样。首长还特意告诉我："你和兴宝要和张秘书一样多。"

平时，屋里捉着了胖头鱼，上海飞机运来了大闸蟹或水果，还有冷天热天要分发一些劳保用品，她都一律一视同仁，非常公正的。我也是后来才知道，李燕娥、兴宝阿姨和我三人平时的工资，都是首长个人开销的，平时开销不足的部分，首长就用自己的积蓄。所以，首长对屋里的每一份开销都精打细算，每天都要亲自做账。她身体好的时候，往往在每天晚上临上床睡觉之前，亲自记开销账。几十年来，一天也不改。后来，她年纪大了，有种开销她记不牢、算不准了，我在旁边听见了，就马上报出来。首长听见了就笑着对我说："阿金，你原来是挑担头的吧？"（苏沪一带对从事小商、小贩的菜农的俗称。笔者注）我听了，一时不明白，就对她说："我是绣花的。"首长听了笑得更开心了，说："绣花？我看你是挑担头的，要不是，怎么你连字也不识，账倒算得怎么这样精呢？"首长的开支流水账，一直记到她病危的时候没有办法记了，才停止。现在，她亲笔记录的这几大本开销账，都在北京故居里摆着，供大家参观。

汤：你们一直住在楼上，平时寂寞吗？

顾：寂寞。1980年，上级给配了一台当时市面上不太看得见的彩色电视机，我和兴宝阿姨看见了很开心，总以为这下晚上可以看彩电了。没想首长每天晚上看完《新闻联播》后就不看了。首长对我们说："电视伤眼睛，少看为妙。"平时，除非手边有要紧的文章写，一般情况下，首长看完《新闻联播》节目就要上床休息了。首长90岁那年，脾气也有点变，她常像小孩似的向我和兴宝阿姨撒娇，变得一点点时间也离不开我和兴宝阿姨了，有时房间里只剩下她一个人，她就要按电铃招呼我们，而当我们到她身边后，她倒又什么事也没有了。人老了，经常要想老早老早的事的，首长想得最多的是孙中山。她经常看着我，讲她和他们过去的事。每当这个时候，她都非常开心。

每到礼拜六，家里在北京的工作人员都回去了，屋里就只剩下首长、张秘书、兴宝阿姨和我四个人，当时，李大姐身体已经不好了，到北京来住院。我们五个人当中，年龄排行第三的李大姐，第一个倒了下来。她生的是癌症。

六、李燕娥逝世前后

顾：1979年4月，李大姐突然乘飞机从上海来到北京，要到北京的医院看病。李大姐得的是子宫癌。后来听杜秘书说，她的子宫癌已经到了晚期，要马上动手术。半个月后，李大姐出院了。手术后情况倒蛮好，李大姐在北京只住了半个月不到，刀疤刚刚长好，她就急着回上海去了。上海的家，首长是全部交给她管的。她不放心上海的家。她走的那天，我在院里送她上汽车，她还朝我耸耸肩膀、双手一摊说笑话："看看，两手空空来，两手空空去。"

李大姐回上海后没有几天，就又突然回到了北京。原来，她的癌细胞已向全身扩散了，浑身发痛。为方便在北京看病，李大姐仍旧住在北京家里，首长还特意为她在当地请了两个小保姆和李大姐一道住。没想到李大姐的癌病在北京医院也没有办法治了，配给她吃的药一点用也没有，痛得

她一天到晚地喊痛，声音凄惨得很。到后来，她索性不肯吃药打针了，再也不要看了，只想早点死了。就连首长撑着拐杖亲自下楼到按摩间来看她，劝她几声，她也拿面孔偏向一边，不吭声。首长劝她去住院，她也不听，一个劲儿地说："不去不去，就是不去，让我死了拉倒！"

后来还是去了医院。因为随便什么药也没有用场了，首长托人从外国买来最好、最高级的专门治疗癌症的药，听说贵得不得了，也没有派上用场。所以最后首长听了北京医院专家们的意见，决定再次把她送到医院住下来。那天上午九点多或十点钟的时候，我搀着首长，首长撑着拐杖，来到楼下的按摩间，首长亲自做她的思想工作。起先，她还是说什么也不同意，犟着不肯去。最后，还是在北京医院院长的劝说下，警卫班的解放军半拉半抱地把她弄上了担架，抬上了汽车。李大姐在临上汽车的时候哭着对首长说："我先走一步了。"这是李大姐留给首长也是留给我们大家的最后一句话。因为她这一去就再也没有回来！当时，我搀着首长，觉着首长浑身在发抖。

汤：还记得李燕娥去世的具体时间吗？

顾：记得。是1981年大年夜的大清早。天还黑着，兴宝阿姨就跟着杜述周一道到北京医院去了。天要亮的时候，兴宝阿姨才回来。为了不惊动首长，在楼下，杜述周特意叮嘱兴宝阿姨，不要急着把李大姐逝世的消息通报首长，先让她安静地过上一个年再说。没想到首长耳朵尖着呢，她一直牵挂着李大姐呢，天亮前兴宝阿姨被杜秘书叫出去，她就知道了，就留心听着呢。所以我阿姨上楼后，在路过首长房间时，首长就把我阿姨叫到她房间里去问情况。阿姨只好实话实说："首长，李姐已经离开了我们。刚才，我已和杜秘书一道把她送到太平间去了。"

首长当场就哭起来了，还用手啪啪地拍着床沿，说："恶病致命，恶病致命哪！"那时候，我也跟着她到她房间里去了，她看见我，就问我："阿金，我以前关照你的话还记得吗？"我一时没想起来，就问她说："首长，什么事呀？"她就对我说："唉，就是李姐生前我答应过她，要把她的骨灰盒安葬在上海万国公墓，和我以后葬在一起。这件事，我已和沈大姐说过的。到时候你要提醒她一声，千万不要忘记了。我记得，万国公墓我父母的坟地上有8个墓穴呢。"

汤：李燕娥有没有开追悼会？

顾：没有。第二天，李大姐的遗体就被火化了，首长因为生病躺在床上，就没有开她的追悼会。火化的当天，我就和兴宝阿姨一道捧回了她的骨灰盒。

汤：后来呢？

顾：骨灰盒拿回来后，起先根据首长的吩咐，放在楼梯口的圆桌上。当时，首长还瞿着叫我和兴宝阿姨搀她下床。那时候沈大姐也来了，首长和沈大姐搀着手，一道去看李大姐的骨灰盒。首长捧起李大姐的骨灰盒又哭了。沈大姐就是专门到北京送宋家坟地（指宋氏陵园。笔者注）的图纸的，李大姐死后，她在北京住了几天，就带着李大姐的骨灰盒回上海了。她要根据首长的关照，把李大姐的骨灰盒葬在万国公墓宋家坟地里。这一天，沈大姐来拿李大姐的骨灰盒的时候，首长又捧牢李大姐的骨灰盒哭了，还拿面孔贴在盒子上，当时眼泪都落在盒子上面的绒布上了。

七、宋庆龄逝世前后

汤：李燕娥去世后没有多少日子，宋庆龄也逝世了？

顾：是这样的。送走了李大姐，过了几天，大约是年初五，首长就瞿着从床上爬起来，在我和兴宝阿姨的搀扶下，走到写字台，最后一次修改她的遗嘱了。听说首长的遗嘱，写了几十年了。我到她身边工作时，年年过年前都看见她写（修改。笔者注）这份遗嘱。每次写好，她就亲手把遗嘱锁进小铁盒里，还要对我和兴宝阿姨关照上几句。

汤：她都关照什么呀？

顾：比如说："我过世后，我要讲的话都在这里了，我都安排好了。"还对我说过："阿金，你要记牢，在我不曾走之前，这只铁盒子里的东西是不能随便让人家拿去的。"所以李燕娥走后，首长又拿这只小铁盒拿出来，我就猜想首长又要修改她的遗嘱了。

汤：当时这只小铁盒子放在房间里什么地方？

顾：放在三门大橱的顶上，一直放在那里的。钥匙也是她自己保管的，摆在什么地方，我们谁也不知道。不过，那次修改后，她就告诉我们了。她把钥匙塞在自己的枕头底下，说："钥匙就藏在这里，你们看好了。"

这最后一次修改用了一两个钟头呢。修改好后，她才松了口气，亲手把遗嘱放进铁盒里，再亲手用小锁锁上，再当着我们的面，把钥匙塞在枕头底下，叫我们把小铁盒仍旧放回大橱顶上。然后，她对我们还是这样几句话："阿金、兴宝，我还是那句话，这份遗嘱，在我没咽气之前，你们

魅**力**宋庆龄

是谁也不能给的，我去了以后，你们才可以把它交给沈大姐或者康大姐，千万记住了……"

汤： 修改完这一遍遗嘱后，宋庆龄的身体就不行了、不能做事情了吗？

顾： 还做过几件事的。帮沈大姐写过毛笔字，还到人民大会堂开会发言（指宋庆龄在人民大会堂举行的加拿大维多利亚大学授予她荣誉法学博士的活动上发言。笔者注）。

汤： 顾阿姨，能谈谈宋庆龄在 1981 年春节后病重时的事吗？听说你和钟阿姨两人开始轮流睡在她房间里陪她，是吗？

顾： 是的。

汤： 那么你们都睡在什么地方呀？搭地铺？钟阿姨讲是搭地铺的。报纸上讲是搭了张折叠式的钢丝床。都是夜搭早卷的。

顾： 开始是地铺，后来就搭钢丝床了。是杜秘书关照搭的。

汤： 您和钟阿姨是怎么轮流值班的？

顾： 分日夜两班，每人一夜轮的。

当时首长块头大，面朝天睡觉胸口闷，我阿姨就爬到床上躺在她边上，帮她打撑。后来我就想出来了一个办法，把被头卷紧后垫在首长的背心处，好让她侧身躺。这边睡吃力了，再翻个身，垫在那一边……有一天大清早，首长突然昏厥过去，我和我阿姨急坏了，叫医生来抢救，她才醒过来。

汤： 宋庆龄最后几天有没有糊涂过？

顾： 有点糊涂。是一阵清醒，一阵糊涂。糊涂时就从床上爬起来，说明朝就回上海，还说明朝就要退休了。

汤： 您可听见宋庆龄讲过到北京是上班，到上海是下班的话？

顾： 听到过几次，她是说笑话，说到北京是去办公，到上海是下班回家。

汤： 最后对宋庆龄实施抢救是什么时候？

顾： 记不太清了。大概是 5 月 13 或 14 日。那时候北京医院的医生、护士都来了，抢救的仪器摆了一房间。医生拿管子插在她鼻头里接氧气。

汤： 那时候你们大家都不好再睡觉了吧？

顾： 还能睡呀？就是睡也睡不着了。地方本来就小，人又那么多，医生护士除了值班之外，其他人就借宿在我和我阿姨的房间里。我和我阿姨就搬到了楼下原来李大姐睡的按摩间。后来，沈大姐也和我们一道挤在按摩间里休息。

汤： 据报纸上说，宋庆龄是 5 月 14 日宣布病危的？

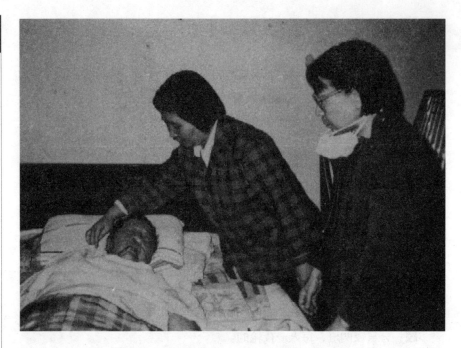

顾金凤在整理弥留之际的宋庆龄的输氧管。右一为顾承敏大夫

1981年6月3日，钟兴宝（前排左三）与顾金凤（前排左四）肃立在人民大会堂宋庆龄遗体前

顾：大概是的。反正那几天她发高烧，一直在40度左右。

汤：当时有哪些中央领导来看她？

顾：有王光美、沈粹缜、廖承志、康克清，还有邓小平，人太多了，我也记不得了。

5月二十几号的样子，首长醒过来一次，后来就再也不曾醒过来。首长逝世的时候，我在楼下。这天黄昏（指1981年5月29日。笔者注）吃过晚饭后，忽然楼上房间里传来急促的脚步声，我就知道不好了，连忙上楼奔进房间，只见首长的嘴巴和鼻头里冒出一股股血，医生护士正在抢救。但终究不曾抢救过来。

八、在邓颖超的身边

汤：顾阿姨，宋庆龄逝世后，您和兴宝阿姨怎么办呀？

顾：我们所有工作人员都留在后海，根据委员会（宋庆龄治丧委员会。笔者注）的关照，把首长的遗物整理起来，打扫卫生。

汤：您参加追悼会了吗？

顾：参加了，在人民大会堂。送到上海去落葬没有参加。因为当时我要和康大姐（康克清。笔者注）一道留在后海故居，和大家一起布置纪念馆。就在这时候，康大姐想请我到她身边去工作。

汤：您同意了吗？

顾：我没有同意。因为当时我也46岁了，有点做不动了。再说，从1976年回过苏州一趟后，我已经5年没有回去了，我想回去看看孩子们。首长活着的时候有安排的，我估计她在遗嘱上也写到了。她过世后，弄好纪念馆，我阿姨退休回苏州木渎，我留在上海香山路孙中山故居工作，享受国家干部的待遇。所以，当时我一心只想求个清闲安逸的日子，不想再当保姆了。后来，1982年春节前一天，康大姐又派秘书来找我了，请我到她那边工作。我推托说自己身体不行，不想再当保姆了，要到上海工作，上海毕竟离我们苏州近呀。不过，没想到过了几天，邓颖超大姐派她的秘书来找我了，她的秘书叫赵炜。赵秘书找到我后，就对我说邓颖超大姐想请我到她身边去工作，问我肯不肯。我知道的，邓颖超是周总理的夫人，周总理人多好呀，但是我还是不曾答应，想了想，仍旧推托身体不好，不想再做保姆了，谢绝了赵秘书。

后来我就在1982年春节回到舟山了。这年，我在乡下过了年，年初六，我就到上海香山路孙中山纪念馆报到了。报到这天下午，组织上找到我，和我谈话，要我到北京邓大姐那边去工作……

当时是李局长（时任上海机关事务管理局局长的李家炽。笔者注）找我谈的。他在转达邓大姐的要求的时候，一再向我保证，不管我在邓大姐那里做多少日子，我在上海的工作岗位，组织上一定会保留着，等我回来上班。组织上找我谈了，我就定心了，所以，我想了想后，就接受了组织上的安排，同意再到北京去，为邓颖超大姐服务。第二天一早，我就乘火车到北京去了。车票也是组织上买的，是李局长亲自送我到火车站上火车的。到了北京火车站，赵炜秘书已经在站前的广场上等我了，把我直接接到了中南海西花厅邓颖超的家中。

那天我到西花厅后，邓大姐一看见我就非常开心，拉牢我的手向身边的工作人员介绍道："这就是宋庆龄身边的小保姆顾金凤，如今，这只金凤凰飞到我身边来了！"西花厅是中南海里的一排平房，我到西花厅后，就住在邓大姐隔壁的一个房间里。当时邓大姐年纪也不小了，身体也不好，早晚都要有人陪护。有时候，我要像以前搀扶首长那样在一边搀扶她，邓大姐总是笑着朝我甩甩手，对我说："阿金别扶，我自己能走。"

汤：您在邓颖超身边一共工作了多长时间？平常主要做什么？

魅
力宋庆龄

1982 年 4 月 5 日，邓颖超与顾金凤（前左一）在游船上

顾：也没有几个月。我算了算，从春节年初八到当年六月离开，也只有四五个月。

我在邓大姐身边的主要工作是和小W（邓颖超身边的女军人。笔者注）两人共同负责邓大姐的饮食起居等生活事务。我和小W每个人一天一轮值班，有时候根据情况换为两天一轮班。到了夜间，我就睡在邓大姐房间隔壁的值班室里。她偶尔有事，就会按她床头或者办公桌上的电铃，叫我进去。不过，邓大姐很少按电铃，一些小事，她都自己处理掉了。像笔墨纸砚什么的，她总是摆放得井井有条，手一拿就拿到了。原来我在首长身边时，是每天早晨起来要为首长梳头揩面的。刚来到邓大姐身边的时候，我同样每天老早就起来了，先自家梳好洗好，就等邓大姐喊。可是，邓大姐从来不要我帮忙，总是一个人老早起了床。我去看她，她已坐在写字台前，练毛笔字了。邓大姐告诉我，这是她做了一生的功课了，她每天早晨起来练毛笔字，只要人爬得起来，一天也不落下。所以，每天早上我敲开邓大姐的房间门，请她吃早饭的时候，她早已自己梳洗得清清爽爽，衣服也穿得工工整整，坐在那里用功了。我只有在邓大姐上卫生间或者洗澡的时候，才有机会服侍她。

汤：邓大姐对人客气吧？

顾：客气！和我的首长（指宋庆龄。笔者注）一样客气的。从来不拿我当下人看待。我在我首长身边工作时，不是跟着北京医院的按摩师学会了几招按摩的本事的吗？所以来到邓大姐身边后，这点本事又派上了用场。我经常在邓大姐夜里看电视的时候，主动为邓大姐按摩。她的小腿至大腿部分一直肿着，一按一个凹坑。我主动为她按摩，是想让她睡个舒服的觉，免得半夜里睡不着。在邓大姐早晨起床的时候，我还特意早点到她房间里去，为

顾金凤（左一）与邓颖超身边的工作人员合影

她按摩全身，以便邓大姐起床便当些。比起我首长来，邓颖超的身体要瘦小得多，所以，我在帮助她洗澡的时候，并不感到怎么吃力。我每次为她服务的时候，她总是一直说"谢谢！""谢谢！"还说："我要不是自己年纪大了，我怎么好意思让你这样呢？我问心有愧呀！"我就回答她说："邓大姐您怎么和我的首长一样，都是这样客气呢？不说这是我应做的工作，您就算拿我当您的孩子，让我尽尽孝总可以吧？"

汤：邓大姐有什么生活习惯吗？

顾：邓大姐早晨起来后喜欢用"熟水"（即烧沸后又冷却的开水。吴语俗称。笔者注）揩面、漱口。所以，每天吃过晚饭，不管是我还是小 w，都知道要备上满满一面盆冷开水，放在邓大姐的房间里，以便邓大姐第二天早晨起来用。

汤：邓大姐平常穿的用的也肯定十分简朴吧？

顾：简朴。她身上穿的衬衣短裤，大都是补了又补的，一把牙刷都不知用了多少日子了，上头的毛毛头都卷起来了，还在用；牙膏挤不出来了，就自己戴上老花镜，用剪刀横里剪开，把留在牙膏皮上的牙膏用牙刷刮下来再用；一块揩面孔用的毛巾，都用得薄得像纱巾了，还不让我用滚的开水浸，只怕烫坏了纤维。一次，邓大姐当着我的面打开衣橱，指着挂在里面的几件衣服告诉我："阿金，你别看我衣服不少，其实，那大多是周总理生前留下的，我不过把它们改一改自己用了。周总理原来外事活动多，他的衣服就一向比我多，他穿不了，就让我改着穿。现在，我穿着他留下的衣服，总感到他还和我在一起呢。"说到这里，我看见邓大姐的眼圈好像红了。

汤：她对你肯定很关心的。

顾：不但是我，她对她身边的工作人员都很关心。比如说，我在隔壁值夜班的时候，总是半夜半夜地看电视，为了不影响隔壁邓大姐休息，我经常把电视的音量开到最低。好几次，邓大姐听听没有声音，还当我上床睡觉了，开门探头进来一看，看见我值班室里还有一闪一闪的电视光，她才知道我是特意关小声音的。所以，有好几次她走进来对我说："阿金，声音开那么小听得清吗？以后，你只管把音量放大就是，别担心我。我眼花耳背，打雷才听得到呢。"有时候，她也要专门到我值班室，和我聊天拉家常。

从我苏州乡下家里的事，老人、小人，到我首长晚年的工作与生活，无所不谈。当她听说我当年为了工作的需要，甩下了家里五个孩子和两个老人到上海工作时，她总是佩服地说："阿金你真是一只从草窝里飞出来的金凤凰。"她还表扬我为革命工作做出了特殊的贡献。当她听到我首长最后一年生这么多的病还坚持为国家工作时，她更加佩服了，说周总理高度评价宋庆龄是"国家的宝贝"（应该是"国之瑰宝"。笔者注）是名副其实的。

汤：平常邓大姐的工作忙吗？

顾：忙倒不忙。我在陪她的那段时间里，没太看见她有过外出开会接见活动等，所以也不太看见惊动过警卫班。只有这年的 4 月 5 日那一天，她才突然想起要坐游船到瀛洲去"透透空气""玩一玩"。事后，我才知道她这次出去坐船，也完全是为了我，是从来没有的！是因为她听我说想回上海的意思之后。

汤：那时候您已经想回上海了？

顾：是的。我到西花厅后，全部遵照的是部队里的纪律与生活。虽说我不曾像小 W 那样穿军装，但我是一个不穿军装的女军人。比起在我首长身边工作的时候，在生活上特别不习惯。

主要是饮食方面，我实在吃不惯。我和小 W 的一日三餐，是随警卫班的解放军一样的待遇：早餐是小米粥和窝窝头，午饭和晚饭不是玉米饼，就是小米饭；菜是大锅菜，而且还都有辣的。特别是玉米饼，初看雪白雪白的，但吃到嘴里，就是木渣渣的。我吃惯了大米和面粉，一下子换吃粗粮杂粮，肠胃吃不消。所以刚到邓大姐身边的两个月里，我只要一吃饭，就肚皮痛。去卫生所里查，说是肠胃炎。起先，我忍着对谁也不讲，我也想适应这种吃法。但是不行呀，实在吃不下去呀！一顿只吃一点点。

记得是 3 月底的一天，我的胃痛得实在吃不消了，就想打退堂鼓，回上海去，但是我又实在不忍心当面向邓大姐提出这个要求，就悄悄地向秘书赵炜讲了我的心思：我实在不适应这里的生活，想回上海去。赵秘书看我人也确实瘦下去了，事实摆在眼前，她也只好点点头。我向赵秘书汇报后没有几天，4 月 5 日那天吃过午饭后，外头天气蛮好，不冷也不热，邓大姐就提出要到瀛洲去乘船，说是到外头去透透空气。

这一个下午，我玩得很开心，我就坐在邓大姐的前面，邓大姐还让我靠着她的膝盖，还为我当起导游，一路上，向我讲解着各处景色和历史掌故。

事后，我才知道，邓大姐是听了赵秘书的汇报后，为挽留我特意做出的安排。赵秘书告诉我后，我哪还好意思再提走的事，所以，我又熬着做了两个月。不过，我最后还是无论如何也适应不了粗粮杂粮。尽管后来邓大姐专门关照厨房间每天为我蒸上一小锅大米饭，但我仍旧吃不惯每顿都带有辣味的小菜，闻不惯大葱和蒜的味道，所以，我只得自备点花生米与萝卜干作为吃饭的小菜。由于长期缺乏营养，我的肠胃炎一日重似一日，5个多月过去，竟整整瘦了16斤！面孔也瘦得落了形。最后，我还是熬不住，向赵秘书讲了，再一次向她提出想回上海去。赵秘书立即向邓大姐汇报，邓大姐只好同意了。

我和赵秘书说好后没有几天就回上海了。我记得是6月16日。这一天邓大姐把我叫到她面前，戴上老花镜，拉着我的手，看着我，好一会儿才叹口气，摇摇头说："阿金呀阿金，看来，我真的留不住你这只金凤凰了。你在我这里，让你受苦了。看看，人都瘦了一圈啦。"当时，我心里实在过意不去，眼泪也差点流出来。我向邓大姐道歉，我说我不应该这样的。邓大姐也难过地摆摆手说："阿金，什么都不要说了，你再坚持两天，等赵秘书物色到人，你就回上海去吧。"第三天，就有一个身穿军装的女兵

1982年6月16日，邓颖超、顾金凤（右一）和赵炜合影于西花厅

2001年初夏，作者访问顾金凤时在其家中合影

魅
力 宋庆龄

来了，接替了我的工作。到了我真正要走的这天中午，邓大姐特意自己掏腰包，关照厨师专门为我做了一桌好吃的江南菜，还专门摆在小会客厅里吃的。当时，赵炜秘书与小 W 代表邓大姐陪我一道吃的。

　　当时我只记得吃到最后，厨师还端上了一盆切开的西瓜。吃过饭，我就走了。我向邓大姐告辞时，她就坐在沙发上，看见我要走了，就从抽屉里拿出两件小玩具与一本书，放到我手里，难过地说："阿金，我们相处一场，真舍不得你走，我也没什么送给你，这两件小玩具和一本书，送给你，留着做个纪念吧。"喏，就是这两件拉绒布做的玩具，一件是匹马，一件是匹驴，头颈间都套着金属做的小铃铛。那本书是《宋庆龄画册》。那天我走的时候，邓大姐还拉着我的手，亲自送到门外，就在花园里，和我还有赵秘书一道拍了个合影，再叫我和小 W 也一道合了个影。

本书作者汤雄（右一）与顾金凤夫妇合影

【采访后记】

　　宋庆龄去世后，顾金凤根据组织安排，到邓颖超身边继续工作，1982年 6 月回到上海，先由组织安排在市委机关托儿所传达室工作，1985 年 5 月，调到香山路孙中山故居做保卫工作。其间，经组织介绍，顾金凤与憨厚老实的无锡籍上海退休工人陈洪发喜结良缘，1987 年 4 月退休。2014 年，顾金凤老伴因病逝世，顾金凤被儿子接回家乡苏州安度晚年。

卫士长靳山旺口述实录

就我们两个人，你就不要这样叫了。你当卫士长，我当副主席，只是分工的不同啊，我们都是同志，还是相互称"同志"的好，大炮你讲是吗？

少尉同志，今朝你授衔升官，我拿钞票请客。你在我的身边进步，我特别开心。要放别人呀，人家办了酒水用轿子抬我去，我也不去呢！大炮呀，好好干，前途无量呀！

——宋庆龄

口述：靳山旺
采写：汤　雄
时间：2004 年 9 月 5 日至 9 月 7 日
地点：陕西省西安市人民大厦客房

【采访者按】

2004 年 2 月，笔者通过西安市离退休老干部管理委员会及中国宋庆龄基金会研究中心（即宋庆龄故居管理中心。笔者注）何大章副主任的大力帮助，联系上了已离休在家的靳山旺，并向他寄去了笔者表达采访愿望的信及刚出版的新作，很快得到了他的热情邀请。2004 年 9 月上旬，笔者应邀前往西安市，见到了时年 71 岁的靳山旺同志，并在他的安排下，在西安市人民大厦进行了一连三天的采访。

本文采访对象靳山旺，是宋庆龄的第一任也是唯一一任卫士长。他行伍出身（毕业于中央公安学院第八系），1953 年受国家公安部八局特派到宋庆龄身边工作，到宋庆龄身边之前，他就已是中央警卫师政保大队分队长；1958 年，他调离宋庆龄身边后，又先后受命分别担任沈钧儒副委员长、刘伯承元帅的警卫与副官；1959 年被调到中央警卫团担任周恩来总理的卫队长。

一、来到宋庆龄身边担任卫士长的前后经过

汤（以下简称"汤"）：靳老您好！您是什么时候、受哪个组织的安排到宋庆龄身边工作的？

靳山旺（以下简称"靳"）：是 1953 年 11 月国家公安部命令我到宋副主席身边工作的。当时与我见面的是时任公安部部长罗瑞卿与八局局长岳欣。当时我是中央人民公安学院（其前身是华北公安干部培训班，创办于 1948 年 7 月，历经华北公安干部学校、中央公安干部学校、中央人民公安学院、中央政法干部学校等时期。彭真同志、罗瑞卿同志都兼任过校长。学院培养出来的干部大部分分配到国家党政重要领导人身边做安全警卫工作。1984 年 1 月，改建为全日制普通高等本科院校。1998 年 2 月，与原中国人民警官大学合并，组成新的中国人民公安大学。笔者注）第八系的学生，我是 1953 年到学院的，当时我正担任中央警卫师政保大队分队长。我们学院分为西城区木樨地与大兴县（今北京市大兴区。笔者注）团河两个校区。组织上通知我时，我正在木樨地培训基地的国家公安部专设的靶场上练习枪法。

那年我刚好 20 岁。当时通知我到公安部报到时，我也不清楚是怎么回事，反正是军令，就马上坐了吉普车去了。当时是任公安部部长的罗瑞卿和八局的局长岳欣向我下的命令，罗部长笑眯眯地对我说："小靳同志，经过

组织上研究，决定派你到宋庆龄身边担任保卫工作。"罗部长还说组织上相信我会干好的，这是命令。我一听是命令，就同意了，事情就这样定了。两天后的一个下午，岳欣就派来了一辆吉普车，与焦万友（出生于陕西省延川县。中国共产党党员。中华人民共和国成立后，任中央警卫师侦察科副科长，情报科科长，第四团团长，警卫师副师长，北京卫戍区司令部副参谋长等职。笔者注）一起，亲自把我和我的行李，一起接出了中央警卫师政保大队，一直把我送到了方巾巷15号，就是宋副主席住的地方。路上，岳局长对我说，我到宋副主席身边的主要工作是负责她日常起居的安全工作，包括外出开会参观时的人身安全等。

我第一次见到宋副主席，心里还是有点担心的。我知道的，她是国母，是生长在大城市、出过洋的贵妇人，我担心我的工作不能让她满意，我这个人平时做事总是粗心大意的。

汤：当时宋庆龄和您都说了些什么？

靳：当时宋副主席正坐在客厅里的沙发上，看到我，就两手一撑沙发扶手，从沙发上站了起来，握了握我的手，说："欢迎你来帮助我工作。听说你在部队里表现不错，打仗勇敢，又立过战功，你来帮助我工作我非常高兴。"我就知道公安部把我的情况都向她介绍过了。

她叫我们在旁边坐下，还叫李妈（李燕娥。笔者注）泡茶给我们喝。说实话，当时我心里还是有点紧张的。当时，卢秘书（宋庆龄的秘书卢季卿。笔者注）拿来一张纸片与一支钢笔，给了岳欣。岳欣就把笔与纸推给我，叫我填一份个人简历表。

填好了，我就当场交给了宋副主席，宋副主席当时看了我的简历表，就表扬我说："不错不错，你的字写得不错嘛！"后来，岳局长他们坐了一会儿就走了，宋副主席就叫卢秘书领着我四处走走，先熟悉一下她们生活、工作的地方。

二、卫士长眼中的宋庆龄

靳：当天晚上，我就被宋副主席叫到一张桌子上吃晚饭。当时晚饭桌上只有她、卢秘书和我三个人。餐桌上四菜一汤：烧鱼、豆腐、青菜、春笋与榨菜肉丝汤，主食是米饭。我没想到堂堂一个国家副主席的伙食竟这样简单。后来，时间长了，我就知道，她的日常生活一直都这样朴素。当时，我坐在宋副主席的对面，感到十分拘谨，所以刚吃完两小碗饭，我就放下碗筷了。宋副主席就说："不行不行，像你这样的年轻人，至少要吃三四碗才能饱，只有吃饱了，才能干工作嘛！还得吃，还得吃。"说着，还亲自起身为我盛了满满一小碗饭。我三下五除二吃完了，她又站起来，又为我盛了一碗，还劝我说："以后呀，我们天天都要在一起吃饭的，你就不要客气了，千万可不要顾了面皮饿了肚皮呀！"她这么一说，我就不尴尬了，就感到她没有架子，和平常人一样。

三、她笑着对我说："你真是一门大炮呀！"

靳：我学东西很快，后来老太太（指宋庆龄。笔者注）也不得不承认，对我说："大炮，你吸收新鲜事物老快的。"那还是和她打康乐棋的时候，她给我起的"大炮"这个外号。1954年元旦刚过，老太太从上海淮海中路的家中楼梯上滑了一跤，不但扭伤了左半身，还摔裂了一根骨头。医生给她用X光做检查时发现，她原本就高的血压更高了。当时，老太太浑身都上了绷带，靠拄拐杖才能在室内走动。这一跤，她足足半年没能出门，那阵子，她每天都要和我们一班警卫员在楼上的过道里玩康乐棋，在书房里下一通跳棋、五子棋什么的。就是在那时候，我学会了打康乐棋，而且打得又准又猛，每打一记，我总要喊一声的。我的嗓门天生就大，喊的声音也大，有时也想要小一点，打着打着就忘记了。就这样，老太太给我起了个"大炮"的外号。

她笑着对我说："大炮！你真是一门大炮呀。"当时我还以为是老太太批评我缺乏修养呢，因为平时她一直要大家提高文明、提高修养的。没想到她是表扬我呢。她说："大炮好，将来解放台湾，就要靠你这种大炮呢！"现在想想，我那叫初生牛犊不怕虎，也真是不懂天高地厚。不过，自从老太太叫了我"大炮"后，她就改不了啦，后来就一直这样叫我了。有时候我和她单独在书房下跳棋、五子棋什么的时候，尽管我不再哇啦哇啦地叫，但她还是叫我"大炮"。

汤：看得出来，这是宋庆龄喜欢您。

靳：她是把我当她的小一辈了。我是一直非常非常尊敬她的，一直称她"副主席"。不过到后来，她反而对我说道："就我们两个人，你就不要这样叫了。你当卫士长，我当副主席，只是分工的不同啊，我们都是同志，还是相互称'同志'的好，大炮你讲是吗？"还对我说："你不要为我叫你大炮而不高兴。你不知道，这个外号，一般人还没有资格叫呢。你知道吗？当年，有些民主革命的保守派和改良派，也曾嘲称孙中山先生为'孙大炮'的。但我却认为这个'孙大炮'的外号起得好，因为一个革命者，一个全心全意为人民利益奋斗的人，总应该是不知疲倦的，总应该是把未来看作是光明的。而那些人为他起这个外号，正好说明了他们自家鼠目寸光，缺乏勇气和信心，缺乏对永远要求进步的人民的同情。大炮，你相信吗？"当时我真的好感动呀，老太太居然把孙中山曾用过的外号用到了我的身上，这是老太太信任我呀。也就从那时起，我忽然感到她就像我自己的生身母亲一样亲近，我决心以后不管山崩地裂，都要誓死保卫她、忠诚于她。

四、宋庆龄教育卫士长做人要有派头

1954年，身穿西装的靳山旺在上海外滩留影

靳：到后来，老太太真的把我当成她自己的孩子一样对待。他一直教我要讲究卫生，还教我做人要学会有派头。

汤：怎么个有派头？

靳：就是要穿得好一点。

汤：你们平时不是穿军装的吗？

靳：有时也要穿西装便服。我到上海后，有一天是礼拜天，老太太放我们几个人到外滩去游玩。走之前，她一定要我们换上全毛西装、系上领带、穿上皮鞋，再打理好各自的头发再去，否则，她就不准我们去了。我平生第一次穿西装，临出门时，我们还各自往头发上涂了些头发油，走在上海街上，真的神气活现的。

后来，就有人叫我们"小开"啦："看，小开喏！""小开"来哉喏！""小开"是什么意思？当时我们听不懂，还当是人家在骂我们呢。

第二天早上吃早饭，老太太就问我们昨日到外滩与黄浦江白相（沪语：游玩的意思。笔者注）得怎么样，我说挺好的，我还是头一次开眼界呢，只是有些上海人不太礼貌，有几个姑娘，我们谁也没有惹她们，她们就骂人。当时老太太就问我："她们骂你们什么？"我就告诉她："她们骂我们'小开'。"老太太忍住笑，又问我们当时是怎么个态度，我就告诉她："我也不客气，以牙还牙嘛，骂她们'大开'，'大开'！"老太太听了，乐坏了，批评我说："大炮呀大炮，这回你可是放错炮啦！你知道什么叫'小开'吗？'小开'是个好名词，只有有钞票有身价的少爷，上海人才叫'小开'的呀！肯定是你们昨晚那一身西装革履，使得人家误会了，把你们当成'小开'啦！"经老太太一点破，我们才知道误会人家了。

所以我后来就开始跟着老太太学说上海话了，以备将来派用场。当老太太出席第一届全国人民代表大会第一次会议（据《宋庆龄年谱》记载，是 1954 年 7 月底。笔者注），带着我们全家到北京时，我已把上海话学得差不多了，也能用上海话和老太太对话了。当时，别说没有空调了，连电风扇也没有，所以那次到了北京后，老太太就应党中央的邀请，住进了北京饭店，也便于参加会议。当时，台湾那边正拼命反共，叫嚣要反攻大陆，报纸上、电台里不时有蒋介石派遣特务在大陆落网的消息传出，身为宋庆龄身边的卫士长，我特别小心，严格执行着保卫制度，老太太自身也一向严格遵守着中央的保密纪律，谨慎小心地验收着外界传送给她的任何物品，包括信件，以确保自身的安全与及时回信，为此，她还给自己起了一些化名与别名，以便她自己能够准确地鉴别与验收。例如"苏西"，那大概是老太太青年时用过的第一个别名；再如"林泰"，也是老太太在给朋友的私人信件中落款署名最多的，后来她和我通信，也都是用这个名字的。她告诉我，"林泰"这个别名是从她的宋庆龄的名字上演化出来的，含义可以这样理解："宋"字下部是"木"，树木多了就是"林"；"庆"字是"祝贺""幸福"的意思；"龄"指年龄和岁数。"泰"字作平安解释，如"安泰""康泰"等，取"庆龄"两字合起来的意思。同时，"林泰"又可作为"宋庆龄太太"这句称呼的缩写。此外，老太太还有一个很少用的别名——马丹。后来，我听杜秘书说，马丹是老太太做地下工作时的别名。我之所以对她的这些别名、代名知道得这么多、这么清楚，都是我的工作职责的需要。

到北京开会的那年，老太太被选为全国人民代表大会常务委员会副委员长，这是新中国成立之后老太太在政治上的又一次进步；就在那段时间的会议上，她还被选为中央人民政府副主席，名字排在李济深、张澜的前面。按理说，老太太的官越做越大，我在她身边工作应该安心，但是，我却感到在老太太身边的日子过于安逸与平淡，有些乏味。不过，我的这种厌倦的情绪刚冒出来就没有了，因为我有了发挥我本事的机会了——老太太终于要带我到外面去转转了！

五、宋庆龄身边的"亡命之徒"

靳：1953年12月下旬，老太太在家中和我们开了一个会，说是要送苏联军队回国，她和彭德怀元帅一起到辽宁旅顺口去欢送。她去，我当然要陪她一起去啦！老太太说，苏联军队为我们国家建设立了功劳，我们一定要热情欢送他们。说到这里，老太太话题一转，就笑嘻嘻地看着我问道："大炮，你说说看，我们应该怎么做才能具体体现我们的热情呀？"我想也没想就回答："这个容易，见到苏联人，我们就笑脸相迎，欢送宴上多喝几杯酒。"老太太一听，不满意，就问我："除了喝酒，还有呢？还有什么？"我想了想，说："还有我想抓紧时间多学几句俄语，像'您好'啦、'欢迎再来中国'啦，等等，到时候与他们多交流。"老太太听了，还是不满意，问我还有没有。我说："没有啦！大致就这些吧。"没想到老太太听到这里，就笑了起来，指着我的头发说："我看，第一个大致就是得把你的头发打理好，再不能整天乱糟糟的像只喜鹊窝似的了，你平时得多注意自己的仪表仪容，这也是我们热情对待客人的一个具体表现，要知道，一个人的衣着服饰与谈吐举止之文明，也是对人的尊重呀！"在老太太身边工作，就要讲究，衣着打扮要端庄整洁有风度，举止言行要高雅得体，平时待人接物更要注意文明适度等。为了这个，我私下里没少向秘书请教，也努力克服和纠正了自己原先不好的生活习惯。

老太太在这方面的要求多着呢。比如吃饭不能说话，不能把嘴吧咂出声响来，否则有失教养；又比如打喷嚏、咳嗽得用手帕捂着嘴巴，因为唾沫星里有病菌；比如平时看人也不能用眼角眼梢，一定要正视平看，要面带微笑有风度，等等。记得我跟她在上海的那半年多时间里，就因为她经常批评我的头发乱糟糟，所以我好几次随她出去时，就连到儿童福利院看孩子前，我都不得不服从老太太的命令，去理发店打理了一下。

汤： 这张照片大概就是您和宋庆龄那时的合影吧？

靳： 是的是的，在大连老虎滩拍的。当时，由老太太、彭德怀元帅率领的中央慰问团前往旅顺欢送苏联盟军的时候，随同前往的还有总政歌舞团。我们的慰问团来到旅顺港口的当晚，彭大将军举行了盛大的欢送宴会，还由慰问

1953年，（左起）隋学芳（宋庆龄的警卫秘书）、靳山旺（中）、刘作鸿合影于北京方井巷

1953年，宋庆龄与靳山旺合影于大连老虎滩

团向苏联军队做了一场精彩的演出。当时，老太太还代表中央人民政府发表了讲话。头戴列宁帽、身穿列宁装的老太太精神抖擞，忍着刚开始发作的眼疾与坐骨神经痛发表了演说，特别是当她说到"现在，当驻旅顺口的苏军准备要离开我们的时候，我们趁这个机会对他们在这里执行任务时所表现的值得效法的榜样表示深切的感谢"时，满场苏军官兵一边热烈鼓掌一边大喊"乌拉、乌拉"。后来开席时，老太太在逐桌向苏军官兵敬酒时，居然喝的烈性酒！

1953 年底，（左起）韩松涛、马副处长、靳山旺、刘仲明、刘作鸿、潘厨师合影于北京方井巷

都是至少 50 度以上的烈性酒。当时我可真担心死了。就从那时起，我更加敬佩老太太了，认识到了她的伟大与重要，因为她毕竟是代表着我们的国家呀！当了国家副主席后，老太太的工作明显多了起来，像视察全国各地工农业生产与人民生活现状等工作，就是以前没有的。旅顺口欢送慰问会一结束，她就又带着我们前往各地视察。她曾在林伯渠、朱明、廖梦醒、沈粹缜、罗叔章等人的陪同下，一起前往东北三省及新工业基地进行视察，那时，她的身体状况还不错，在天寒地冻的气候条件下，行程 4000 多公里，巡视了 50 多个地区和工程，后来在夏天又抱病带着我们前往江南进行视察。当时，我知道，她的坐骨神经痛刚有所好转。在那次前往上海、江苏等地

视察时，根据老太太的指示，我们都脱下了军装，上穿咔叽布的中山装，下穿普通的布鞋子。老太太在临行前的短会上特别提醒大家："我们这回要去的地方不是工厂就是农村，面对的是劳动人民与基层干部，再穿西装，是与我们此行的目的格格不入的。"那次出发前，老太太又和我们开了个会，布置了工作。开好会，离吃晚饭还有些时间，老太太还单独叫我一个人到她楼上的办公室，和我下五子棋。

就那天和老太太下棋，老太太无意中说的一句话，吓了我一大跳。她说："大炮呀，你要知道，这几年来，老蒋一直在叫嚣反攻大陆，一天也没有停止过。当年朱老总在延安时，有一个外国记者模样的人，趁给朱老总端茶送水的机会，偷偷地把一些毒药粉投进水杯中，幸亏老总的卫士警惕性高，当场拿掉了这杯茶水，结果你猜怎么样？一化验，这水中果然有毒呢，而且还是几分钟就能致人非命的剧毒！"当时我听了，心里就"咯噔"了一下。所以后来跟她出去视察工作什么的，我就专门留了个心眼，就怕特务趁人不备，也给她下毒！1955年夏天，我们跟着老太太分别视察了上海国营第一棉纺厂和公私合营仁德纱厂、江苏省松江专区全国水稻丰产模范陈永康领导的农业生产合作社和附近的其他一些农业生产合作社，还有扬州瘦西湖畔的农业水利工程、工地等。这一路上，由于那天下棋时老太太说了特务下毒的事，我的神经一直绷得紧紧的，只要一到地方，我就耳听六路，眼观八方，始终紧随在她的身边不离左右，密切观察着四周所有人的一举一动。

其实，当时我寸步不离老太太左右还有一个目的，那就是不能让老太太踩空、磕绊或摔倒了。我是卫士长呀，我们这班警卫人员都清楚，当时老太太的身体状况很不好：关节炎、坐骨神经痛、荨麻症、麦粒肿（沪语俗称，指眼皮里的脓肿发炎，即睑腺炎。笔者注）等，那两年里折磨得她连觉也睡不好，经常要请医生。特别是关节炎，经常会痛得她连走路都困难。为防止她走路时摔倒，临出门前我还特意在她的拐杖下面裹了一块橡胶皮。当时，每当我看着老太太沿着农村的田埂路高一脚、低一步地慢慢走路时，我真的是看在眼里，急在心中，真想伸出手去扶上她一把，但是又不能。倒并不是老太太要面子，而是她一向把自己的形象看作是我们国家的形象，她对我说过，她要留给公众一个健康乐观、永远年轻的良好形象。这就为难我了，搀又不好搀，不搀又怕她摔倒，怎么办呢？我只好随机应变，看四周没有拍照摄像的时候，快速地把右手插进老太太的左胳肢窝里，恰到好处地帮助她一把，然后见到照相机、摄像机对准她的时候，尽快把手抽出来。事实确实也是这样，当时新中国刚成立，有些边缘地区的农村还十分贫穷落后，都是土路、泥巴路。

最让我提心吊胆的是，老太太每到一处，还要随意走进路边的农民的家里去，引得农民们从四面八方涌过来，挤在屋子里。说笑的、鼓掌的，热闹得不得了。更使我着急的是，当地农民端上来的茶碗、茶杯并不卫生，有的好像还没洗干净。这时候我满脑子里转着的都是朱老总在延安差点被人放毒的事，我真的担心其中有特务、坏人什么的趁乱给我们老太太下毒！可老太太偏偏不管，要与广大劳动人民打成一片，一碗大麦茶上来，她眉头也不皱，端起就往嘴边送。当时，可把我给急死了，在这种非常的环境中，是绝对不能发生任何"万一"的！有道是养兵千日，用在一时，那时候我这个卫士长不派用场什么时候派？所以，我眼看着老太太又要伸手端茶水喝的时候，看准她的手还没伸出去，就抢在她前面，把那杯茶水给抢了过来。

当时我装作自己渴的样子，就抢过人家先端给老太太的茶水喝了几口。然后，我又装出一副喝错了的样子，再喝人家端给我的那杯茶水。等到两杯茶水都喝过了，我这才装作刚发现似的，把第一杯茶水放到老太太面前。

靳山旺（左一）护卫宋庆龄在国内视察工作

魅力 宋庆龄

当时，老太太就装作什么事情也没有发生，继续与周围的人们说说笑笑。直到完成当天的视察任务回到驻地，她才趁没人的时候问我："我说大炮，你今朝一共几次喝错了我的茶呀？"我早料到老太太会这样问自己，就实话告诉她说："我可没喝错，我是担心有坏人在你的茶杯里下毒呢。"老太太就笑了，说："下毒可是要毒死人的呀，怎么你就不怕死呀？"我说："我不怕死。"老太太又问我："我就不明白了，都是一样的人，而且你的

1955 年，宋庆龄在云南视察一个农业社

年纪又这样轻，你怎么就不怕死了呢？"我回答她："我才不怕死呢，当年与胡宗南部队打仗，子弹呼呼地像蝗虫一样乱飞，我都没怕过死呢，照

靳山旺（中）护卫宋庆龄在江苏松江县（今松江区）联民农村合作视察时与当地干部合影

样往前冲。"没想到老太太听了我的话，感动得不得了，眼圈都红了，用手指着我说："你这个人哪，让我怎么说你呢？要是你万一真的倒在我的身边了，叫我怎么向你的家人交代？你要知道，你还年轻，连老婆还没娶呢！"其实，我当然也怕死，不过当时我是这样想的，我的几位同年一起参军的战友，都倒在了阵地上，再也没有爬起来，我跟他们比，是实在不应该怕死的。我这样想的，也是这样回答老太太的。老太太听了，用手指指了指我，又叹了一口气说："你呀你，真是一个亡命之徒。"当时，我还不知道亡命之徒是好话还是坏话。后来我才知道，老太太说我是亡命之徒，不是批评我，是表扬我。当时，我也不和老太太争，就把自己心里想的干脆都向她说了出来。我还和她"约法三章"：以后，凡是到那些秩序混乱、人员拥挤的地方视察，她必须注意自己的人身安全，轻易不能动用人家送上来的茶水。就是实在渴了，要喝的话，也必须先让我喝，让我检验后，才可上嘴。

宋庆龄（前排左一）去旅顺视察前与随从合影。后排左一为靳山旺

汤：宋庆龄听了，当时同意了吗？

靳：她不同意。她说："不来事的，不来事的，我是人，你也是人；我有一条命，你也有一条命，而且你的命还年轻呢，我是绝对不能让你去

做这种事的。"

她还说，这样做要是被群众看出来了，影响不好。我见她就是不答应，就有点火了，我对她说："这事鬼都不知道呢！刚才，不就是神不知鬼不觉地就过去了？再说就算被人家发现了，也至多是我拿错了嘛！"我发急了，老太太才不吭声了。就这样，在我与老太太之间，就达成了这样一个默契，直到我离开她，这个秘密也没有取消过，哪怕后来宋庆龄出访印度、缅甸、巴基斯坦等国时，我们仍这样默契。

汤：再说说您跟随宋庆龄出国访问的事情吧。

靳：我们跟着老太太视察完江南后没多久，就出国访问了。1955 年是老太太外事活动最繁忙的一年，从这年的 12 月中旬起到第二年的 1 月份，她带着我们先后出访了印度、缅甸、巴基斯坦等国家，其中还因身体不好，生病了，在云南休养了两个星期。说是休养，其实也没有空闲过。在这两个星期里，她还带着我们连续视察了晋宁县、阿拉乡、云南纸烟厂等 10 个地方。

其实，老太太早在 20 世纪 50 年代初，就以中央人民政府副主席的身份，到印度访问过。印度总理尼赫鲁在 1954 年也到北京访问过，当时老太太和周恩来都到机场迎接他，毛主席还举行国宴招待尼赫鲁呢。当时，老太太

靳山旺（左一）护卫宋庆龄访问巴基斯坦

靳山旺护卫宋庆龄访问印度

靳山旺（后排右六）保卫宋庆龄（前排右二）出访印度时合影

还邀请尼赫鲁和他的女儿到家中吃过饭。这是老太太在到印度访问前告诉我的。在到印度去之前，我因为工作表现好，中央警卫师以彭德怀元帅的

魅**力**宋庆龄

名义，把我提升为少尉，还举行了授衔仪式。当时，我真的高兴。没想到我人在警卫师还没回去，老太太就知道了。当我回到方巾巷时，家中楼下的小餐厅里已摆开了一桌宴席，餐桌上除了有平时不多见的大鱼大肉外，还有几瓶红葡萄酒！原来，老太太早就知道了这个好消息，专门为我办了庆功宴，叫厨师做了一桌好菜，要为我庆功呢。

我刚回到方井巷，一看见这阵势，就傻眼了。当时老太太就叫大家都坐到一起喝庆功酒，她也喝了，还非要我也喝几杯。在喝之前，老太太还第一个向我敬了酒，然后才告诉大家："今天是靳三旺同志的喜庆之日，刚才，他已去授衔了。现在开始，他就是中国人民解放军的一名少尉军官了。这是党和人民对靳三旺同志努力工作的回报，也是我家从来没有过的一件喜事，我家终于出了一位中国人民解放军的军官了。"说完，老太太第一个喝了杯中的葡萄酒，还建议大家一起举杯，为我的进步而干杯！当时，我真的是又高兴又激动，知道自己的努力没白费。

那顿庆功宴，我喝了好几杯酒。那天，除了大门外站岗的警卫外，家里所有的人都出席了，就连钟松年也没例外，对我说了一箩筐的好话。直到现在我还记得，当时，我的月薪是部队里发的，一个月70来元。授予少尉肩衔后，一下子涨到了92元6毛呢。这对家有双老、还没成家娶媳妇的我来说，太需要了。当时，老太太还对我说："少尉同志，今朝你授衔升官，我拿钞票请客。你在我的身边进步，我特别开心。要放别人呀，人家办了酒水用轿子抬我去喝，我也不去呢！大炮呀，好好干，前途无量呀！"

靳山旺授衔后的留影

在授衔前，罗部长和岳局长就单独把我找去了，告诉我说老太太从本月底起到下个月，要带领高级代表团，对印度等三国进行访问。这是她自新中国成立以来第一次外事访问。还说："有关你前一段在宋副主席身边的工作表现，组织上都已清楚，希望你再接再厉、反骄破满，继续做好宋

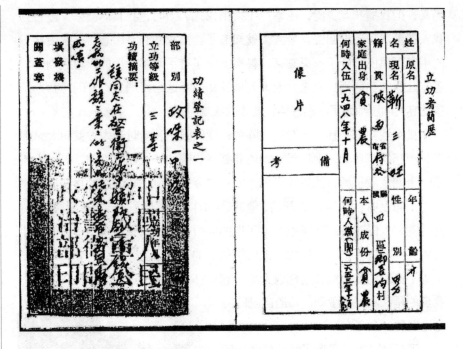

公安部警卫师颁发给靳山旺的立功证书

副主席在出国期间的一切安全保卫工作。”罗瑞卿部长还亲自对我提了三点要求，就是在老太太出访期间，要我保证做到三点：一是要我百倍警惕，绝对保证宋副主席的日常安全；二是要我时刻想到自己的身份，一切行动听从宋副主席的指挥；三是要我主动维护宋副主席的形象，即我们国家的形象，严防国际上一切敌特分子破坏与捣乱。罗瑞卿和岳欣局长接见我的第三天，也就是授衔的第三天傍晚，刚吃过晚饭，也就是老太太和我们即将出发的前夜，我又接到了岳欣局长的电话，说首长要接见我。我想罗瑞卿部长不是前天刚接见过吗，怎么今天又要接见了呀？电话里我不能多问，我就马上赶到了北京饭店。我怎么也没有想到的是，当时除了罗瑞卿外，周恩来总理也在场。周总理是专门为宋庆龄出访三国之事接见我的。这时，周总理已经知道我的情况了，他微笑着握了握我的手问我：“听说你是整个中央警卫师中最年轻的一位卫队长，是吗？”对于这一点，当时我自己也不清楚，是岳局长回答的。周总理听了，就连连点头，向我伸了伸大拇指：“了不起，小小年纪，就已为中国革命建功立业了。不过，小靳呀，我还得以一个长辈的身份吩咐你几句，你要知道，这回，可是宋副委员长第一次出国访问，而且是单独率团，工作很艰巨，任务很重大呀！你可一定要竭尽全力地配合她、协助她。我相信，你小靳是会不辱使命、圆满地完成任务的。"

汤： 看来，中央对宋庆龄首次出访是十分重视的。

靳： 是的。当时，老太太出访时所带的行李，远比当时在国内视察时要多得多。1955 年 11 月底，我们就跟着老太太出发了。出国前，我们先到云南昆明视察了半个月，直到 12 月 16 日才乘坐飞机出国。那种飞机号称"空中霸王"，是超音速飞机。飞机从昆明机场起飞后，就直接飞往印度新德里市了。在飞机上，老太太就坐在我的前边一排，她问我："大炮，你了解印度吗？"当时我就想到了去年印度歌舞团到北京演出、我陪老太太一起去看演出的事了，我就回答老太太说："印度人的歌唱得好，舞跳得更加好，印度舞全世界闻名。"老太太又问我："还有吗？"我想了想，就想到了尼赫鲁。我就回答："还有尼赫鲁总理，去年他到北京来访问，当时，你和总理还一道去机场迎接他，后来，你还邀请他和他的女儿英迪拉一起到方巾巷家中吃中饭呢。我认识他，他不一定认识我。"老太太听了还不满意，就笑着又问我："还有吗？"我实在想不出来了，只好老老实实回答："没有了。"老太太就马上给我补课了，她告诉我："印度是世界上人口最多的国家，仅次于我们中国。我们两国的关系，不仅仅是因为我们一山之隔是近邻，而是有着一定的历史渊源，历史上我们两国就开始通商了，不断交流经济和文化。别的不讲了，就讲我们国家各地各种大小庙宇里供奉的阿弥陀佛，只要你留心看，就可以看出这些菩萨身上的穿着衣束，都明显地带着印度服装的特征。"说到这里，老太太又将了我一军，问我："大炮，你知道什么叫'潘查希拉'？""潘查希拉"这个名词我从来没听过，所以回答不出。从云南昆明到印度新德里市，只有一点点路，飞机只飞了没多久，就到了。由于这次要出国的时间长，大约要两个月左右，所以我们带了很多行李。

当时我们出国时，天气也非常寒冷了，都穿棉衣了。飞机到新德里市，是白天，我从机窗里往下看，只见机场两边已站满了前来欢迎的印度群众，到处是红红绿绿的鲜花与彩旗。我清楚地记得飞机是当天下午 4 时 45 分降落在新德里机场的。印度人对我们老太太的光临非常热情，尼赫鲁亲自到了机场。我们一下飞机，他就把几个鲜花的花环套在了老太太的颈脖上，这是印度人最隆重的礼节。当时，欢迎的人们大喊着"金大巴，金大巴"，什么意思我当时听不懂，后来老太太告诉我，这是印度话"万岁"的意思。

靳山旺 1967 年时的照片

到新德里市后，我们代表团就住在印度的首都新德里官邸。

靳：出国前，我在填写《出国人员审查鉴定表》的时候，一边的老太太建议我把我的名字中的"三"字改为"山"，她说你这个三旺的名字有点封建迷信的色彩，不好，如果改为山旺就好了。她还一边用笔在纸上写着，一边向我解释：改成大山的山，这含义就更好了。山的生命有多长，山上常年绿树青坡、鸟语花香的，永远旺盛着，改成山旺这个名字，意义就比原来更大了。老太太出过洋、留过学，当过孙中山的秘书，她的学问就是高，我一听，当时就表示马上改，现在就改。我就在这份登记表上把三旺改成山旺了。当时老太太见我同意了，还用手中那支红绿双色的彩色笔，在上面写下这样几个字，叫我收起来，还说："过去测字先生给人家起名字，也得这样写下字据的。今天，这几个字就算我给你改名的证据吧。"喏，老太太当时给我改名字亲笔写的字，我一直当宝贝似的藏到今天。

汤：听说当时廖承志也跟宋庆龄一起出国访问的？

靳：是的。我们是中华人民共和国的高级访问团嘛。当时一起出访三国的还有陈翰笙（时任外交部顾问、中印友好协会副会长）、郝若瑜（时任公安部公安八局副局长）、刘骥平（时任国家机关事务管理局局长）、林德彬（随团翻译）等高级首长，廖承志是老太太的干儿子，他最活跃了。他一直和我开玩笑，把我叫儿子的，有时候他在大庭广众下也这么称呼我。当时他也是 50 岁左右的人了，比我大了二十七八岁呢，而且他这个人总是那么逗人的，一有空，就要和我们说笑话。所以，平时我也总把他当成自己的父辈对待。说到这次出国，真正有趣的事情是我代表老太太出席会议并发言。

那是在当晚梅陇部长（当时的印度国防部长。笔者注）的女儿主持的

山旺同志纪念

宋庆龄

宋庆龄为靳山旺改名时亲笔写的字

魅**力**宋庆龄

游园晚会上的事。那天忙了一天，身体本来就有病的老太太实在吃不消了，不能出席了，就让我代表她出席，我就出席了。梅陇部长的女儿能歌善舞，晚会上，她带领着一大帮姑娘小伙子们，代表她们的国家向我们献上了一支支歌舞，还硬拉着我一起上台唱歌跳舞。我哪会唱歌跳舞呀，直摇双手，没想到晚会快结束时，人家梅千金突然袭击，要我讲话，说欢迎宋副主席的侍从给我们讲话！

当时我慌了，要想逃，可是大家拼命鼓掌，起哄，非要我讲几句。嗬，这个侍从可不好当，我可不能给老太太丢人，就只好上去。幸好平时我跟着老太太学到了一些皮毛，所以临上场时我急中生智，把老太太平时所说的包括在来时的飞机上所说的那点知识，全给用上了。我说："印度是一个人口占全世界第二的大国家，仅次于我们中国。印度是世界文明古国之一，公元前三百多年形成统一的奴隶制国家。1950年1月26日宣布成立印度共和国，为英联邦成员国。我们两国的关系，正像尊敬的尼赫鲁总理去年冬天访问我国时说的那样，'从历史的天快亮前开始，两国就一直非常友好了'。这次，我们来到贵国，受到了贵国人民空前热情的欢迎与接待，现在，我谨代表我的领导宋庆龄和我自己，向你们表示最最真诚的感谢……同时，我还要代表我的领导宋庆龄，热烈欢迎你们前往我们中国观光、访问。"

其实，看过宋庆龄发表的那篇文章的人（1955年12月19日宋庆龄发表在《人民日报》上的题为《在印度副总统举行的欢迎宴会上的讲话》。笔者注），想必一定会发现我当时在引用尼赫鲁总理的那句话的时候，并不完全准确，例如我把"黎明"说成了"天快亮前"，把"一直就在完美的友谊和相互和谐的气氛中共处着"就简单地说成了"两国就一直非常友好了"。当时，我随口说的这些话，还真蒙混过去了，梅千金她们听了都一个劲地鼓掌叫好呢。

汤：你们是什么时候结束在印度的访问的呢？

靳：是1956年元旦后的第一天，1月2日。当时，我们在印度访问了整整17天。在离开印度时，老太太还在新德里的广播电台里讲了话。

17天时间很长的，我这个卫士长要做到平安无事不容易。这17天里，我的心是一直悬着的！就是这年的4月份，我们的一架飞机在飞往万隆参加会议的途中，遭到了美蒋特务的破坏，造成了灾难性的后果。还有，后来在我们出访途中还真的碰上了一件危险的事故呢。

六、宋庆龄空中历险记

靳：当时我们访问完新德里等城市后，便坐飞机直飞孟买市了。孟买是印度西部的一个大城市，有"金融之都"之称。当时登机不久，我就发现老太太和廖承志等首长忽然不说笑了，都在低头看着一张报纸。我注意后，就从自己的座位上也找到了一份《南洋日报》。这张报纸是印度当天出的，是一份由印度华侨主办的报纸，所以上面的中文部分我基本都能读懂。我一看，就看见这张报的头版头条上用大题目标印着一行又大又粗的字，大意是"热烈欢迎国母宋庆龄弃暗投明，台湾民众在等待着您的到来"，怪不得老太太生气都不说话了。报纸上还有几条新闻，更是说得像真的，说孙夫人不必犹豫不决，到时候自有蒋家的人员在半途上接应，等等。完全是胡说八道！不过，当时我一看神经就立马紧张起来了，这些话，不是分明暗示台湾方面随时可能劫机夺人吗？当晚，我们到孟买市后，就住进了孟买市省长官邸的二楼和三楼，而且不知怎么搞的，大家都是分开来住的：老太太住在三楼上，她的房间门外是一条走廊，走廊前面就是一个小客厅，进入老太太的房间，必须先经过这个小客厅。而我们却住在走廊的尽头的几个房间里。特别让我担心的是，客厅的一边就是客人上上下下的两扇电梯门。电梯上下多忙碌呀，要是万一真的有坏人前来劫持老太太，上了电梯一拐弯，就可以直冲老太太的房间了。

当时我一看，就更加紧张了，哪还敢休息呀！我立即找到郝若瑜与刘骥平，紧急商量预防万一的方案。郝若瑜和刘骥平也不敢疏忽大意，我们连忙一起找来印度方面的保安人员，向他们摆明事实，紧急商量保卫措施。当时，我第一个提出方案，要他们在大楼外围加强保安人员，这外围的安全保卫工作，由印度方面全面负责。而我自己就值守在三楼过道的小客厅里，负责监督三楼和电梯里的人员的上下与进出。应急方案定下后，我就把小客厅里的两张沙发并在一起，然后再把怀中的手枪上了膛，卷了一件大衣稳稳地坐在沙发上，刚好正对着两扇电梯门。我准备这天晚上就不睡了。《南洋日报》上刊登的那几篇文章，把我浑身的神经都绷紧了，那几年，台湾老蒋一直在叫嚷着要反攻大陆，他们暗中破坏活动也更多了，那年 4 月份发生的"克什米尔公主号"事件，公安部已经下了定论：这次谋杀事件确系蒋介石在香港的特务所为。（"克什米尔公主号"事件发生于 1955 年 4 月。当时中国政府收到亚非会议邀请后，决定派出以周恩来总理为团长的代表团参加在印尼万隆举行的亚非会议。周总理原计划于 4 月 11 日乘坐荷兰航空公司的包机"克什米尔公主号"，从香港启德机场起飞，前往万隆。但"克什米尔公主号"在当天离开香港 4 个多小时以后，大约在下午 6 时 30 分左右因爆炸失事，机上我方 8 名成员和 3 名外籍人士全部罹难！所幸周总理临时改变计划，从昆明取道仰光到达雅加达，这才幸免于难。笔者注）

联想到"克什米尔公主号"事件，我哪还敢睡觉呀，连眼睛也不敢眨呢。老蒋已狗急跳墙了，什么事都干得出来。老太太要真让他们劫去，我也就不要回去了。不过，要整整一夜睁大眼睛不睡觉，这滋味真不好受。当时我才 21 岁，正是贪睡的时候。上半夜还可以，到了下半夜，那两眼皮就像涂了胶水似的直往下耷拉，脑子里一阵清醒一阵糊涂。起先，我还看看窗外孟买市的夜景来解乏，可一会儿就厌了，还是想瞌睡，所以，到了后半夜，我就站起来原地跑步，这才总算克服了瞌睡。不过，印度方面的保卫工作也做得不错，我们上楼后，就再也没有其他人上去过。

汤：当时宋庆龄知道您在外面值班吗？

靳：她是第二天才知道的。不知是郝和刘哪个告诉她的，说靳山旺一夜一人坐在小客厅。所以第二天晚上，客人走后，老太太就专门到小客厅来看我了，要我回房间去睡觉，还说没事的。我怎么好听她的呀，我当然不肯睡。在沙发上有时也可以眯一下的。老太太见劝不回我，就和我聊天。

她问我："大炮，听说这次出来，罗长子（指罗瑞卿部长。笔者注）拿（沪语，"把"的意思。笔者注）你的手枪给换了？"看看，她什么都知道的，我什么也瞒不过她的。我就告诉她说是的，换了，是六轮的，美国货，最新式的。老太太要看看，我就给她看了。没想到老太太也会玩手枪呢，退膛上膛什么的，都懂。当时老太太笑着对我说，她玩手枪的时候，我还没有出生呢！她是当年在美国时就学会的，防身用的。就在这天夜晚，我不但知道老太太年轻时会打小手枪，还知道她会开汽车呢。她告诉我，当年她在经受了广州的惊吓之后，就趁那年在美国的时候，向朋友学会了这两门基本功。

在孟买，我两个晚上没敢睡觉，就一直坐在小客厅里，当时老太太还一清早就让服务员给我送去了文旦，叫我吃。文旦是清凉败火的。当时我两天两夜没有合眼，嘴角上长出了火泡。

我们是在印度过的元旦。一过元旦，也就是 1956 年 1 月 2 日，老太太就带着我们乘坐飞机离开印度新德里，前往缅甸去了。当时是印度的拉达克里南南副总统到机场欢送我们上的飞机。没想到就在飞机飞往缅甸仰光的途中，意外发生了飞行事故，那才真的是有惊又有险呢。

我们那天坐的是"空中霸王"，是荷兰制造的一种载客飞机。那天，当飞行到中途的时候，忽然，我第一个闻到机舱里有一股橡胶烧焦的气味。起先我还没在意，但后来连老太太他们都闻到了。当时，代表团成员中有人的面孔都吓得变色了。老太太虽说没吭声，但她的双眉也明显地皱了起来。与此同时，飞机的引擎发出了异样的轰响声，机身也开始剧烈地颤抖起来。当时，我嘴上不说，心却吊到了嗓子眼儿上，我知道上次失事的"克什米尔公主号"，就是这种"空中霸王"！我当时马上就闻出来这橡胶烧煳的味道是从驾驶舱里散发出来的，所以我就连忙走进驾驶舱，一看，果然出事了：几个正副驾驶正忙成一团，紧张地瞪大眼睛在寻找哪里烧煳了。我追着问他们到底出什么事了，是什么烧煳了，他们才告诉我："不知怎么搞的，飞机只能平飞，不能上升了。""不能上升？那么能否降落呢？"我连忙问他们。当时我想，不能往上飞，就赶快降落吧。他们就告诉我："降落是没问题的，只是不知什么烧起来了，得迅速排除。"

为避免大家紧张，我一回到客舱就装作没事地对大家说："没事、没事，飞机出了点小毛病，马上就排除。"话这么说，可是机舱里的橡胶烧煳味却越来越浓了。大家虽然都不说话，但眼睛却都直直地瞪着一帘之隔的驾驶舱。当时不知是谁问我哪里出了毛病？我一边说"小毛病，小毛病"，一边就坐到了老太太身边，想安慰安慰她。我就笑着轻轻地对她说："首长你不要怕，现在飞机正好飞在大海上，飞得也不高，下去正好浮在海面上，就是到时候要沉下去，你也不要急，到时候，你只要憋住气，我揪住你，就再也不怕沉下去了……"

当时她什么也没有说。后来，故障的根源很快就找出来了，机长马上出来告诉我们，是飞机的两只螺旋桨的橡皮圈不知什么原因烧起来了。但有一点肯定的，那绝对不是老蒋的特务捣的鬼，而是"空中小霸王"螺旋桨中的橡胶垫圈老化了，硬了，在摩擦中冒出了火星，引起了焚烧。后来，这鬼飞机就马上降落在加尔各答市的机场抢修，大家才长长地松了口气。

飞机很快就换上了新的橡皮圈，又飞了起来。不一会儿就到了缅甸的首都仰光市。当时北京正在下大雪，仰光却像夏天一样，我们一走下飞机，就感到热浪扑面，机场上满是黑压压的欢迎的人群。欢迎的人群中有不少姑娘穿着白色的上衣和一种叫作龙其的红色裙子，她们先上来向我们献花，都是一大束一大束的新鲜的玫瑰花，献给我们每人一束。后来老太太告诉我，这是缅甸妇女在祭神和迎接贵宾时才这样穿着打扮和做这样的礼节。当时，缅甸总统秘书吴巴盛（音译。笔者注）、昂山将军夫人都庆枝（音译。笔者注）都到机场来欢迎我们。当时，我比在印度还要紧张，因为来之前岳欣局长就已悄悄告诉我了，我们代表团还没出发前，公安部就对缅甸境内的情况做了全面的了解，得知台湾的国民党机关向缅甸境内派遣了不少特务和情报人员，在缅甸还有不少国民党的残余军队。为此，公安部通过外交途径，请缅甸方面在我方代表团访问期间，将具有危险性和重大嫌疑的国民党特务逮捕和清理。事后，我也得知，缅甸警方当时确实做了不少安全保卫工作，据说在首都仰光，他们就逮捕了二百多名国民党特务和嫌疑人。后来到了仰光后，缅甸方面负责安全保卫的官员也对我说："请你们放心，国民党的特务嫌疑人被我们抓起来了，掸邦和中国没有什么重大的利益之争，所以你们在缅甸是安全的。"我们下了飞机，老太太在机场发表讲话后，我们就分别坐着汽车驶往仰光市去了。当时我和老太太坐在一辆汽车里。从机场到仰光市内，车队要经过很长一段路，听说缅甸政府组织了十万人夹道欢迎，路两边人山人海，因此行车更加缓慢。

七、中国卫士和缅甸总理比赛吃辣椒

靳：我们一到缅甸，就出席了仰光市长和缅甸反法西斯人民自由同盟举行的欢迎大会。当时仰光市政大厅前站满了手里拿着印有和平鸽图案的旗帜和彩色氢气球的缅甸人，当老太太在吴努（当时的缅甸总理。笔者注）的陪同下走进市政厅大厦时，所有氢气球都被放了，升到了天空中。吴努先讲话，接着是老太太讲话。老太太讲完后，全场一起鼓掌。我看了下手表，鼓掌要3分钟左右呢。当晚，我们出席了巴宇（当时的缅甸总统。笔者注）举行的欢迎宴会；第二天又访问了吴努，在总理官邸与吴努共进午餐。当时老太太身体有些不舒服，所以在那两天只是在外参观风景。我们在4日一起前往珠宝市场等景点参观。缅甸的风光也很好，有弄栋湖、茵莱湖，

卫士长靳山旺
口述实录

还有大金塔，我们都去参观了。大金塔是仰光、也是缅甸最大的塔，塔高100多米，有东、西、南、北四个大门，从哪一个大门走进去，里面都是大红的柱子。台阶也特别高，夹在两边的大红柱子当中。我就扶着老太太顺着一层层台阶走上去。大金塔四周围绕着无数用石头和木头建造的小塔，每个小塔里都有着一尊尊玉佛。在那里，我们还跟着老太太看到了佛牙，听说这是从我们中国迎接过来的。缅甸人对我们中国的佛教非常崇拜的（根据佛教典籍记载，释迦牟尼涅槃后火化，留下四颗牙齿，其中一颗传入中国。虔诚信仰佛教的缅甸人民，长期以来抱着一个虔诚的心愿，要见一见、拜一拜在中国的佛牙。早在900多年前，缅甸名王阿那佛陀就想将佛牙从中国奉迎回到缅甸，但没有如愿。1955年4月，吴努总理向中国佛教访缅代表团提出请求，希望迎请佛牙到缅甸做一个时期的巡行、供缅甸人民瞻仰。经过周恩来总理和中国政府的协助，1955年10月15日，中国佛牙终于奉迎到了仰光，缅甸人民的千年夙愿一朝实现，顿时全城轰动。当盛着佛牙的金塔从飞机抬上特制的金漆大法轮座椅时，法螺与锣鼓齐鸣，诵经歌赞的声音像海潮一般汹涌。然后佛牙金塔由总统，总理，大法官，上、下议院院长，佛教协会主席抬上特备的彩车，在市区巡行一周后，送到吉祥石窟内供缅甸人民瞻仰。据有关史料记载，宋庆龄是缅甸奉迎佛牙后第一位到访的中国国家元首级领导人。笔者注）。

后来我们还访问了故都曼德勒和缅甸最大的名叫掸邦的首府东枝，游览了掸邦著名的莫莱湖，还访问了缅甸第三大城市毛淡棉，出席了当地华侨为我们举行的欢迎茶会。老太太在缅甸访问很高兴，整整访问了21天，这和吴努总理他们的热情接待是分不开的。说起吴努总理的热情，真差点使人受不了。特别是吃"印度人哭"，我差点就输给了他们呢！

汤：什么是"印度人哭"？

靳：就是辣椒！

事情是这样的。1月4日，正巧是缅甸的国庆节，当晚，吴努总理以私人名义，邀请我们到他家里吃晚饭。没想到刚开席，吴努便端出了一盘鲜红的辣椒，对我们说这是一盘"印度人哭"，还问我们之间谁敢和他一样吃？

后来翻译说，这是他们缅甸人的一种接待客人的礼节。哪个吃得多，就是对对方的尊重，是热情！当时，说实话，我们大家都不敢吃，这么辣的东西，谁敢吃呀？而且还是这么一大盘子呢！就在这时候，隋学芳见我们大家都不敢比，就站出来了，说"我敢吃"。这家伙肯定是不想让大家没面子，所以站出来的。当时，坐在一桌上的除了老太太、廖承志外，我和郝若瑜、刘骥平等都在，加上吴努总理一家子，坐了个满满当当。当时吴努就问隋学芳："你能吃几个？"隋学芳说："总理阁下吃几个，我也吃几个。"翻译刚把他的话翻译过去，吴努总理就笑着说他能吃 14 个，还说比赛的时候是任何东西也不能吃的，包括水也不能喝一口。

隋学芳这家伙倒是很要面子的，说什么也不肯认输，就说："我吃 16 个。"这时，我不好意思了。我是卫士长呀，我怎能在这个时候缩着不吭声呢？所以我也马上向翻译说，我要参加这场吃辣椒比赛，也要显示我们中国人比你们缅甸人还要热情。当时，翻译把我的话翻译过去后，大家就一起鼓起掌来了。比赛开始了。吴努先吃，他一口气吃了 3 个，然后坐在那里看我吃。当时，我就拿起一支辣椒放进嘴里了，可是只咬了一口，一股辣味就像一串火似的，直往口鼻腔里钻，辣得连我这个从小就吃惯了辣椒的人都吃不消，泪花都辣出来了，我一闭眼，硬起头皮三口两口地吃了下去。第二个，第三个……一盘辣椒吃完了，很快又端上了一盘。当时，整个晚宴的气氛已经像开了锅，鼓掌声、喝彩声闹得不得了，其中要数廖承志的嗓门最大了，对着我拼命喊：儿子，加油！儿子，加油呀！我一连吃了 5 个。这时我们带去的翻译林德彬翻译说不可以不咀嚼就吞咽，否则要算违犯规定。我听了，只好一个一个嚼着吃。后来，吴努自己先吃不下去了，吃了 14 个，就连连摇头，宣布自己不行了，最后，我硬是吃下了 18 个"印度人哭"。吴努看见了，当场就向我伸出大拇指，说我了不起，是大王，吃辣椒的大王！

当时，廖承志就对吴努说，说我岂止是吃辣椒大王，还是神枪手与战斗英雄呢！吴努听了，更加佩服了。

汤：当时宋庆龄怎么个态度呢？

靳：鼓掌呀！她也开心得不得了，一直鼓掌。后来她也表扬我说："大炮，我还从来没见到你这么能吃辣椒。"我对她说："什么这样能呀，我也是没办法呀，我总不能就这样输给人家吧？"

哈哈，当时我胃里都烧起来了呢。

八、卫士长智护宋庆龄

靳：我陪着老太太在茵莱湖上游览的时候，还救过老太太呢。（经查有关资料可知，茵莱湖位于缅甸北部掸邦高原的良瑞盆地上，为缅甸的第二大湖，缅甸著名的游览避暑胜地。湖面海拔 970 多米，南北长 14.5 千米，东西宽 6.44 千米，三面环山，来自东、北、西三面的溪流注入湖中，向南汇入萨尔温江。茵莱湖湖水清澈，阳光直射湖底，湖中生活着 20 多种鱼，有着丰富的水产资源。在茵莱湖上，漂浮着一片片的水上菜园，它们叫"浮岛"。这些浮岛可以随着湖水的涨落而升降，也可以像船一样划来划去。岛上的蔬菜既不会因湖水暴涨而淹没，也不会因干旱无雨而干枯。湖上的渔民、浮岛上的菜农、上学的儿童都驾着一种仅几十厘米宽的小船来往于湖上，就连和尚们出门化缘也时常乘这种船。而他们划船用的工具是以两只脚来代替的。当年，陈毅元帅游览茵莱湖时被这种奇景所吸引，写下了"飞艇似箭茵莱湖""碧波浮岛世间无"的诗句。茵莱湖中央有个固定的人工岛，上面建了一座缅甸风格的佛塔。塔身金光灿灿，与碧绿的湖水交相辉映，秀美而庄严，信奉佛教的湖上居民络绎不绝地前往朝拜。塔的周围设有市场，人们从这里买回各种食品和日用品。许多渔民菜农也把鲜鱼和蔬菜运到那里去出售。每五天在湖上分儿处举行一次水上集市，进行商品交易。那里还以出产精美的丝织品而闻名遐迩。笔者注）

当时在缅甸政府的安排下，我陪着老太太坐上了一艘只有几十厘米宽的艇尾装有动力的小游艇，往湖中驶去。当时昂山夫人也陪老太太坐在一起的。昂山夫人是缅甸已故独立运动的领袖昂山的夫人，我们在缅甸访问各地的时候，她始终全程陪同老太太。昂山夫人在缅甸的威信是很高的，所以当她俩并肩出现在公众面前时，人们总是十分热烈地欢迎她们。茵莱湖的当地人，一般是把四根高脚木桩的房屋建在湖畔或岛边的浅水中，每家人家的家门前都有小船，一出家门就以船代步。所以，这里的人们从小练就了以脚划船的硬功夫。当地人认为，用脚划船速度快而耐久，并能腾出手来撒网、抛叉，一个人在船上作业，可以行船捕鱼两不误。节日期间，湖上居民还举行划船比赛。

然而，我没有想到的是，游艇一驶出湖湾，速度就眼见着加快了，风声呼呼，水花都飞溅到艇上来了。幸亏我们每人的身上都穿着救生衣，否则衣裳都要被扑面而来的浪花打湿了。

当时，游艇开得太快了，好像要飞起来了，失去控制了。还有扑面而来的风，噎得我们几乎透不过气来了。当时正是寒冬，我亲眼看见前边老太太的脸色发白，冷得嘴唇也发紫了。到后来，快艇越开越快，老太太张开两手，死死抓住只有几十厘米宽的船身，紧紧闭上双眼。当时我就坐在她的后面，我也害怕了，害怕老太太万一支撑不住，磕伤了身体，所以当时我就连忙腾出右手用力扶住了老太太，大声在她耳边说："不要怕，不要怕，没事的，没事的！"后来，老太太对我说："当时你叫我不要怕，我怎么能不怕呢？你自己也是一只旱鸭子呀，要掉到湖中只怕自己先沉下去了呢！"（据载，宋庆龄这次出访印、缅、巴三国，在缅甸逗留的时间最长：从1月2日到1月23日，整整21天。其间，除却大量公务外，她还参观、游览了大金塔、仰光大学，访问了缅甸的古都曼德勒，并在风景如画的东枝和茵莱湖上体验了该国各少数民族的生活和风俗习惯，还欣赏了南部海港毛淡棉市的风景和特色。由于时间关系，她还没来得及访问缅甸的葛鲁和安邦这两个城市。笔者注）

　　与访问印度与缅甸相比，宋庆龄在巴基斯坦的访问时间是短了些，从当年1月24日下午到2月2日，只有9天的时间。也许是吃多了缅甸的水产，所以当时她的荨麻症发作得特别厉害，她必须尽快回国医治了。当时，我们的飞机是降落在巴基斯坦的卡拉奇机场上的，当时巴基斯坦的总理（穆罕默德·阿里。笔者注）带人到机场欢迎我们。当天下午，我们就住在巴基斯坦的她斯兰堡市国家公寓里。当时，她斯兰堡市还不是巴基斯坦的首都。这时，别人都不知道，只有我和廖承志知道，老太太的荨麻症已经发作得很厉害了，浑身长满了像水痘一样的红块，使她浑身痒得不得了，每天都要周身涂上药膏。所以在巴基斯坦的卡拉奇和拉合尔两个城市访问时，她痛苦得不得了，但又不能表露出任何难受的神情，现在想想，老太太也真是不容易的。我们是1月28日接受了两个城市的市长的招待与宴请，1月29日，出席了卡拉奇市长举行的全市欢迎会。当时的会上，阿里市长还授予老太太"卡拉奇公民权"的称号，并赠送给她一把金钥匙。这把金钥匙是放在一个银盒子里的。在巴基斯坦接受宴请的时候，我比在前两个国家时还要紧张，因为这个国家当时经济形势明显要比缅甸与印度落后，我生怕老太太瞎吃吃坏了，特别担心有危险分子混杂其中并在饭菜中投毒，所以，在参加拉合尔等城市市长的宴请时，我除了始终站在她的身后外，就是眼巴巴地等着老太太请我坐到她身边，这正是我与老太太的私下约定：遇到令人不放心的宴请，一律由我先饮用，待5至10分钟确定安全无事后，方可允许老太太饮用。

　　那次在卡拉奇市市长的宴请中，偏偏人家特别热情，同桌的市长大人亲自为老太太夹了一种海鲜类的菜请她品尝，这是他们巴基斯坦用来招待最高贵与最亲密的朋友的一道名菜。当时老太太十分为难，她倒不是怕人家会在菜中投毒，而是怕她一身奇痒的泡泡块块，她只怕吃了这种菜后会发作得更严重！当时，老太太就看了我一眼。我嘴上不说，脑子里也好像装了一台电风扇，呼呼地转个不停。后来，我也顾不得什么了，连忙从身边口袋里掏出一个药瓶子，一边当众摆到老太太的面前，一边装模作样地捋起袖管看了看手表，然后当着大家的面对老太太说道："宋副委员长，您该服药了。"老太太多么机灵呢，她听我这么说，马上就明白了。这时，一边的翻译林德彬也立即明白过来了，抓紧机会对一边的卡拉奇市长翻译："尊敬的市长先生，真对不起，孙夫人已过了规定的服药时间了，她得马上服药。"卡拉奇市长一听，这才知道是怎么回事。我们老太太还客气地对人家说："这可不礼貌呀，如此美妙的食物，我还没品尝呢。市长先生是否同意我让我的侍从坐在这里代表我呢？"人家卡拉奇市长当然同意啦。就这样，我不但及时地帮助老太太渡过了又一个难关，还堂而皇之地坐下来吃了一通美食。

我们代表团是2月5日回国的，因为当时老太太身上的荨麻症不但已蔓延到了颈脖处，而且已开始向她的左脸部蔓延了，致使她不得不换上了那身高领子的上衣，遮挡住露出颈部的红泡泡。当时代表团主要成员会议商量，一致决定事不宜迟，尽快告别巴基斯坦。就在告别巴基斯坦前，宋庆龄还坚持着在巴基斯坦电台里，向巴基斯坦政府与阿里总理发表了广播演说。不过，2月5日我们坐着的飞机并没有直接回国，而是在缅甸的东枝悄悄地降落了。因为老太太要在东枝治病，东枝有治疗荨麻症的医学专家。再有，东枝离昆明近，看了病后回国也近。

九、忍痛离别宋庆龄

靳：1956年这一年中，共有70多个国家的客人访问了中国，其中包括政府代表团、贸易和文化代表团，以及以私人身份来访的朋友。而老太太除了长达两个月的时间出访了印度、缅甸与巴基斯坦外，还于当年的8月15日，带着我们访问了印度尼西亚。在出访印度尼西亚的十几天里，老太太共在印度尼西亚华侨欢迎会、雅加达民众欢迎会及印度尼西亚共和国电台等发表了五场演说，累得她的荨麻症又发作了。我也忙得团团转：因为举凡涉及老太太一切安全的大小事情，都得由我一个人安排，到后来，只要外出活动，老太太就好像对我有了一种依赖性。3 年多的朝夕相处，老太太和我之间无形中形成了一种心领神会的默契。出访印度尼西亚归来，已是 8 月了。按往年，老太太是要带着全家人回上海，在上海过夏天的。新中国成立之后，老太太总是根据北京和上海两地的季节气候与温差，调节着自己的居住地。正常情况下，秋冬季她住在北京，春夏两季住在上海。这也正好吻合了她的工作特点，因为每年 10 月 1 日国庆节，她必须到天安门城楼上去参加活动。

汤：您是什么时候离开宋庆龄的呢？

靳：离开是一直想离开，可是老太太对我那么好，我实在不好意思开这个口呀！当时我只想让老太太辞退我。我这个人也很坏的，为了让老太太辞退我，另外换人，我就想办法让她讨厌我。所以，后来我明知道老太太不喜欢身边有人吃大蒜，而我偏偏吃。后来，我听说当时史良、李德全（冯玉祥夫人。笔者注）、沈粹缜等朋友来看望宋庆龄时，闻到了我身上的大蒜味，她们都感到十分惊奇，认为我这个卫士长真的不懂事，在老太太身边居然吃大蒜，而老太太也任由我吃。李德全还向老太太问过这样的话，意思是您怎么就允许这个警卫员在您面前吃大蒜呢？没想到老太太听了对她说："只要对身体有好处，他要吃就让他吃去吧。"当时，她们就感到老太太对我真的好，特别宽容。后来，我就把自己的心事向郝若瑜说了，他是我最信得过的朋友。郝若瑜听了，就向我提了一个两全其美的建议，说我只有上军校继续深造，老太太才不会因此而伤心，才会同意我离开她。他的办法是不错，可是，当时军校刚招了一批新学员，就是自己当时就报名，也来不及了呀！组织上肯定不会同意的。再说因为军校也是不会随便在都已开学几个月的时间里，又中途插进新学员的，就是有这个机会，也得一年半载后才会有。当时我一心要走，也顾不得了，就决定拿这个借口，以组织上破例招生为由，跟老太太去说。我记得是在 1957 年年底的时候向老太太说的，当然完全是瞎编的理由。我对她说："宋副主席，最近组织上找我谈了，打算把我送到军校去学习。"没想到老太太一听就说："这是好事呀！"还说："你在我身边提了职，还从我身边送出去读书深造，这也是我宋庆龄的光荣呀！"我知道她一时没有弄明白，就提醒她说："可是我去了，就得暂时离开你了。"她听了这才明白过来。当时，老太太好一会儿才答应我的。她说："那又怎么办呢？你还年轻，前途远大着呢，我总不能因此而成为你的绊脚石呀！好在读书只不过两三年的时间，是暂时的。"最后，她反过来劝我："大炮呀，你就安心地去深造，安心地读书吧。我这里再不方便，也会自己克服的。只是你毕业后，就马上回来，我等你。"当时，我感动得眼泪都差点流下来。我骗了她，她还这么相信我。

事后我才知道，当时幸亏我与郝若瑜事先串通了，因为当天老太太就打电话给郝若瑜，向他核实。否则，我只怕我不但走不了，还从此会给老太太留下一个弄虚作假的坏印象呢。老太太是一向最恨弄虚作假的人的。我临走的那天，她还特意吩咐厨房的师傅做了几个拿手菜，在家中摆了一桌酒宴，欢送我上军校深造。

回到警卫师一个星期后，我被组织上安排到沈钧儒身边当警卫。

汤：后来您又见到过宋庆龄吗？

靳：见过。那次，国务院在中南海清正殿召开国务会，我明知很可能会见到老太太，但还是不得不去呀！果然，就在清正殿门口，我和刚走下"吉斯"的老太太撞了个正着。当时，我正一手搀扶着沈老，老太太一眼看见我后，就惊讶地问我："哎呀，大炮，你不是上军校去了吗？怎么在沈老身边工作了呀？"幸亏我早有心理准备，见状，我一边上前向老太太请安，一边不动声色地骗她说："军校暂时不去了，领导让我先在沈老身边帮几天忙后再去。"老太太听了，不但信以为真，还对沈老介绍道："沈老，小靳同志是个非常好的同志，当时放他走，我还真不舍得呢。"当时，老太太还问我结婚了没有呢。

靳山旺夫妇年轻时的合影

十、宋庆龄在"文化大革命"中

靳：有关老太太在"文化大革命"中受冲击的事情，都是人家后来告诉我的。听说当时运动开始后，在上海的家的外面，每天都有红卫兵造反派造反，贴大标语，喊口号，闹得不成样子，谁也没有办法。当时老太太只好亲自下楼坐到了警卫秘书的办公室，找孙国印谈话，叫他出去劝劝。因为当时一直有外国朋友去家中访问老太太，怕这样闹的国际影响不好，孙国印说他也没有办法。更使老太太伤心的是，就连自己家中的一些工作人员，也明里暗里地背叛她、不理睬她了。后来，周总理保护老太太，把她叫到北京，保护起来。没想到北京的形势比上海好不了多少，那个孙国印在家中造了反，要兴宝阿姨也每天下楼去和他们一起学习毛主席语录，早请示晚汇报什么的，甚至还要逼老太太也下楼去参加学习。发展到后来更加无法无天：孙国印带着几个人把家中原来挂着的图片什么的都取了下来，换上了毛主席语录与最高指示；就连铺在楼梯上与楼上居室里的地毯，也一起卷了起来；老太太养的鸽子他也要统统杀掉，说这些都是资产阶级的东西；他还逼老太太和大家一样去楼下食堂排队买饭，吃一样的东西。老太太实在没办法了，就报告了周总理。后来，周总理就马上对孙国印采取了非常措施，把他抓了起来，押出去重新安排工作去了，并另外派了杜述周杜秘书去。

听说当时周总理还叫邓颖超动员老太太干脆搬离后海，搬到中南海里去住，请老太太在"文化大革命"期间千万不要随便离开北京去上海。后来，就听说老太太家在上海的祖坟也被红卫兵造反派给挖了！1968年夏天，我调任中央办公厅政治部党委书记。这时，我有了儿子和女儿，大的叫靳利平，小的叫靳茹萍。大儿子利平当时只有8岁，一天，他从家对面那个半瞎老爷爷那里讨来了一对小鸽子，欢喜得整天捧在手里不肯放，连晚上睡觉也搂在被窝里。我看到鸽子就一下子想到了老太太，她最喜欢鸽子了，我就连哄带骗地从儿子手中要过了那对小鸽子，第二天就赶到后海，把这对鸽子送给了老太太。后来，在通信中，我还把一张两个孩子的近照寄给了她。照片寄去不久，老太太的回信就到了。

靳山旺的儿女靳利平与靳茹萍童年时的合影

1969年4月中旬，我被抽调到中国共产党第九次代表大会会务组工作。在整理材料时，我惊讶地发现大会主席团乃至所有代表的名单中，都没有老太太的名字。当时我表面上不动声色，内心里却在为老太太抱不平。所以在5月25日傍晚，我利用工作的便利，把一大包装有"九大"的政治报告、党章、相关学习文件及十几枚发给会议代表的毛主席像章偷偷地带出了会务组，同时还写了一封汇报自己近阶段工作情况的信，一并交给了我最信得过的张友，托他捎给老太太。也被我猜了个正着，当时老太太正受到江青等人排挤，连列席"九大"的资格也没有。想必她当时也为不能及时了解大会精神而着急呢，忽地见到我捎去的这一

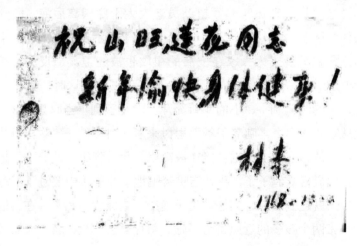

1968年宋庆龄致靳山旺的贺年卡，上面有宋庆龄的亲笔题字

堆会议材料，肯定是高兴的，所以她很快就给我写了一封回信。

大炮同志：

　　昨晚你托张友捎来的政治报告、党章和学习文件、像章等都收到了。十分谢谢你！

　　见信你为"九大"的准备工作忙了一个时期，一定很辛苦了。

　　送给我的小鸽子已经当了妈妈，过些日子，等我关节痛好些，请你带孩子来看那只鸽子，并且现在的园子有些桃花，树木都有叶子，好看些了。

　　祝你和一家都身体健康！

林泰

1969-5-26

1969 年 5 月 26 日，宋庆龄给靳山旺的亲笔回信

靳山旺同志:

　　据三月六日信,知最近情况,
现送三十元备用。

　　由于接济一些人,帮助他
们读书,经济上不允许我多事帮助。
这是很抱歉的。

　　此祝

近好

宋庆龄

一九七九年三月十日

1979 年 3 月 10 日,宋庆龄给靳山旺的亲笔回信

靳山旺同志:

　　信和书先后收到。致谢。

　　从信中得知一些你的近
况。盼在新的工作岗位上一
切顺利,为厂为国家作出贡献。

　　节日接忙。不多写了。

　　祝

节日快乐!

林泰

一九七九年九月廿九日

1979 年 9 月 29 日,宋庆龄给靳山旺的亲笔回信

见老太太为能及时看到这些文件而高兴，我当时心里也非常高兴，总算能为老太太做些事情了。之后，我又接连几次把"九大"的文件送到后海老太太的手中。1973年春天，我做梦也没有想到，我也突然受到了政治冲击，把我一下子从一个中央办公厅政治部党委书记，打成了被监督劳动的对象。

十一、卫士长横遭政治迫害

靳：这场飞来横祸，要从1970年的庐山会议说起。中共九届二中全会，是1970年8月23日在庐山召开的，原来在开幕式上没有安排林彪讲话，但林彪突然抢先发言，为设国家主席大造声势。陈伯达打印和分发马克思、列宁、毛泽东论天才的语录。林彪、陈伯达在会上坚持要设国家主席，毛泽东坚决不同意。汪东兴在华北组有个发言，也同意陈伯达设国家主席的报告；而时任中共中央办公厅副主任兼政治部主任的开国少将王良恩，也在东北组做了个发言，同意陈伯达设国家主席的报告。这份简报很快让毛泽东看到了，毛泽东立即把汪东兴叫过去，严厉批评了汪东兴，责令他在大会上做检讨。汪东兴为此向党中央做了检讨，那份"6号简报"被定性为"反革命的6号简报"。九届二中全会上出现的政治斗争，在中央办公厅内部引起了震动，特别是在"九一三事件"后，中央办公厅副主任兼政治部主任王良恩的自杀，是发生在中央办公厅内部的一件大事。1973年1月，中共中央办公厅召开党委扩大会议时，责令王良恩就庐山会议上同意设立国家主席的发言与"6号简报"做检查。因为王良恩在庐山会议期间主持着会议记录和简报的编辑工作。当时，身为中共中央办公厅政治部党委书记的我也参加了这个会议。

会议一共开了5天，有人揭发王良恩反对江青、康生，汪东兴就此做了检讨，但他始终说这个"6号简报"登了他的发言，但并没有在印发前经他本人看过，而且把一些不是他说的话算在他的头上。于是，江青大笔一挥，在批判王良恩的简报上做出了"他危害党中央，危害毛主席，在中央办公厅落井下石，陷害汪东兴，企图篡夺党的机要大权"的批示。江青的批示使王良恩不再属于"蒙蔽上当"的角色，而是"荣升"为"林彪的死党"。在江青做出批示的第二天，王良恩便在住宅里的卫生间中上吊自杀了，当时年仅 54 岁！在批判和揭发王良恩的时候，由于我没有参加庐山会议，所以始终没有发言。于是，专案组李 X 一伙就认为我是为王良恩出谋划策、篡党夺权大做舆论准备的狗头军师，对王良恩设国家主席的建议"百依百顺"，对我进行了为期 5 个月的揭发、批判。就这样，我无辜受牵连，被打发到江西去劳动改造了。当时，我还身有疾病：痔疮严重发作，连大肠都漏出来了。我向办案人员提出要求，能否推迟发配江西，让我治愈后再走，可恨那一伙人冷酷无情，根本不理睬我。1973 年早春，天冷得要命，我没办法，只好离开了北京，单身一人去了江西的"五七干校"。1973 年至 1978 年，我在江西省进贤县"五七干校""劳动改造"了整整 6 年！这 6 年中，我还和老太太通着信，老太太也不怕受牵连，还回信给我。说实话，没有谁比老太太更了解我了！我出身贫农，对革命赤胆忠心，对毛泽东与共产党一向无限忠诚，老太太相信我是决不会做出什么篡党夺权等大逆不道的事情的。当时，我的大儿子靳利平已识了点字，会写信了，所以有时他会把北京家中的情况写信告诉宋奶奶（宋庆龄。笔者注）。

老太太尽自己最大的力量帮助着我们一家，她不但亲自写信给靳利平，鼓励与安慰他们母子，有时还硬从自己有限的工资中扣出几十元寄去，给予他们母子经济上的援助。有时，老太太公务忙或身体不好，来不及给靳利平回信，就委托张珏代她回信。这封信就是老太太在 1975 年春节前回给利平的信，信上还盖着一枚公章，上面是"宋庆龄副委员长住宅秘书室"的字样。

靳山旺在江西"五七干校"劳动时留影

魅**力**宋庆龄

"大炮"同志:

谢谢你的收听大才收到的因会费去年11月四上海来试打血管针。卫1971年我发高烧，一个女大夫就给我服了24粒的过敏性药片，使我两年辉辉不舒服。工作有关素擦吗素，吃药都不好彻底治好过病，难些看了许多医生。书吃去了很多的病毒！后来我决定回上海打血管针，让体的病毒都排出这种针等又要打2小时半。现主刚打了一个疗程。发现那些有些好转，但须要休息。针新打在两阴半背上，所以筒都肿了，不能多写字。请原谅。

奇吃你一你都健康 新年快乐！

等我好些再给你们。

杉寿
1973—1—1

1973 年 1 月 1 日，宋庆龄给靳山旺的亲笔信

小靳同志:

你二月六日写的信和附来偷弟弟的照片都已收到。

首长近来气管炎，健康恢复原，让我们给你写回信，等复原后再自己写信。她知道你爸爸和妈妈的健康情况表示关心並希望他们早日恢复。

祝

你一家春节快乐！

一九七五年二月七日

1975 年 2 月 7 日，宋庆龄寓所秘书办公室回复靳利平的信

1977 年春天老太太因病回到上海治病时，靳利平写信给老太太后，老太太也给他回了信。

靳利平：

二月七日写的信收到了。感谢你们一家对我的春节祝贺。

我现在上海治病。希望回到北京后看到你们。 此致好意至

祝你们新春好！

林泰

一九七七年三月十四日

1979 年 3 月 14 日，宋庆龄给靳利平的回信，上面有宋庆龄的亲笔签名（化名）

中央办公厅的"五七干校"在江西省进贤县。那里离南昌市 40 千米，到了夏天，气温非常高，中午时分，水稻田里的水被太阳晒得烫脚杆，站都站不下去。温度计放在太阳底下，一会儿工夫刻度就升到了极限。大家开玩笑说，把玉米饼子贴到墙上都能烤熟。进贤县的天气还特别怪，一过中午，风就好像被老天爷收起来似的，连柳条都不动，人就像在蒸笼中一样，即使是躺在床上不动，汗水仍然浸湿了竹凉席，滴淌到地下，哪怕再困再累也会被一次次热醒。在烈日下干活，汗水更是从全身往外涌，水刚喝下去，马上就从汗毛孔里蒸发出来了，湿透了衣裳，贴在身上非常不舒服。所以，当时干活时大家都不穿上衣，而是将白色的肥料袋拆开，像披风似的披在肩上，并戏称为"五七战袍"。当时我怎么也想不通，实在不理解自己为什么一下子变成了革命冲击的对象，始终不明白自己错在哪里。但我从来没有为自己叫过一声冤、喊过一声苦，因为和含冤九泉之下的王良恩等一大批领导与战友相比，我算走运的了！我相信总有一天历史和事实会洗掉蒙在我身上的不白之冤。后来的事实证实了我当时的分析与

判断：尽管王良恩在 1973 年被江青集团定性为"反党分子"，但党的十一届三中全会后，党中央马上就为他平反昭雪了，而我也终于在 1981 年获得平反。

在进贤县劳动改造的时候，当时干校有规定：凡是参加劳动改造者，两年才能回家探一次亲。所以，我在 1975 年才获准回北京探亲。这一天，被太阳晒得黝黑的我带着自己劳动的成果，终于踏上了回北京的路程，但是我心中装着老太太，所以我在中途路过上海时，特意下了火车，专程前往上海淮海中路看望她。那两年中，我几乎每天都在思念着她，怀念着当年在她身边工作的那 4 年多幸福的日子，并一直为自己当时年轻气盛冲撞她、惹她生气的往事而难过，也为老太太的身体健康担心，牵挂着她的政治命运，我有一肚子的话儿要向老太太说。杜述周以前见过我，认识我，所以二话没说就把我迎到了主楼下。老太太听说我到了，非常高兴。

当时看见她时，她的头发更白了，还有点乱。她老人家已经是 82 岁高龄了呀！她明显老了，连面部也有些浮肿。真是岁月不饶人哪！当时我一眼看见她，只叫了一声"宋副主席"，望着行动举止已有些迟钝的老太太，就再也说不下去了。说出来也不怕丢人，我当时哭了，是第一次当着老太太的面哭。当时我身上还挎着大包小包，里面装的是我在江西亲手种的花生等地方土特产。我把给老太太的一份放到她脚边，告诉她这些都是我在江西种的，请她尝尝。这时，她才知道我还没回北京，她问我："大炮你还没回家？"我实话实说："因为我想你，就先来看你了。"当时，老太太戴上老花镜，看看我，说："你在江西吃苦了，人都黑了、瘦了呢。"她不问也罢，一问，我刚擦干的眼泪又冒了出来，我就像一个在外面受到人家欺负的孩子回到了家、看见了自己的爹娘一样，委屈地真想哭上一场。这时候我看见老太太的眼睛里也有泪光，但没有落下来，她只是笑着对我说："哟，多坚强的一个人，怎么现在变得这样娘娘腔了？"这天我与老太太说了好多好多的心里话，政治上的，家庭的，朋友的，都谈。我感到那是我自从结识老太太以来俩人说话说得最多的一次，就连后来留下来与老太太共进午餐时，我们还说着。就在这次长谈中，老太太也毫无保留地把家中发生的一切都告诉了我，把她的心里话告诉了我，她甚至叹着气，好几次埋怨我说："大炮，当时你要不走留在这里就好了，我也不会受那些惊吓了，你也不会去吃这些苦头了。"

吃好饭，我就告辞了，当时老太太还送了我两条当时中央内部特供的

"熊猫"牌香烟，我至今还记得：一条是长包装的，一条是方盒子包装的。我要客气推让，反被老太太笑着说了几句，她说："你就不要跟我假客气了，这么多年，你这杆烟枪呀，早变成老枪了！"我临走时，老太太还要送给我30元钱。可是我怎么也不肯拿。因为上午聊天时，我已知道她老人家自己的工资也不够用。她虽说拿的是高薪，但她还要抚养永清、永洁俩姐妹呢。隋学芳（宋庆龄的警卫秘书。笔者注）老兄中风躺倒后，她就把永清、永洁接到身边抚养了。她除了要承担着永清姐妹俩在北京读书、生活的一切费用，还承担着李燕娥、钟兴宝、顾金凤三个保姆每个月的工资，我怎么还拿得下她的钱？直到1978年粉碎了"四人帮"，我才结束了在江西进贤县农村长达6年的劳动改造，回到北京。但是我还没有完全得到解放。这年5月，当我从中央警卫团转业时，中央办公厅政治部在我的转业证明上就明明白白地写上了"不准分配到党政机关，只能分配到工厂"的字样。于是，我只得怀着一肚子的冤枉，带领全家离开北京，回到了家乡陕西。陕西省政府把我安排在西安新华印刷厂，任命我为该厂的党委副书记、副厂长，当时我只有45岁。我一到新华印刷厂工作，就及时地写信向老太太做了汇报，并寄去了当时厂里印刷的一些政治书籍，我知道，老太太对这些信息最关注。

十二、老太太昨夜托梦给我了

靳：1979年，我结束了在江西省进贤县"五七干校"的劳动，担任了西安新华印刷厂党委副书记与副厂长。我经常把厂里刚印成的各类政治书籍往北京后海号里寄，送给老太太参考阅读。我和老太太之间始终保持着通信联系。

1979年9月，正是我们西安临潼石榴收获的季节。这天，我终于有了公费出差北京的机会了。当时接到中央办公厅通知时，第一个跳入我脑子里的念头，就是可以趁机探望我日思夜想的老太太了。那时候，虽说我担任着工厂的副职，但由于政策迟迟没有落实，每月工资只有120多元，家中还要培养3个孩子上学读书，还要赡养没有分文收入的父母亲，所以经济上总是那么拮据，以致我一直想去北京看望老太太的想法成为泡影。现在好了，中央办公厅终于来信了，催我到北京参加贯彻党的十三届三中全会精神的会议，这样，久藏在我心底的愿望可以实现了。那天我一到北京，就提着装有不少临潼产的石榴与新书的提包，直奔后海。令我感到高兴的是，又是4年没见了，老太太倒不像1975年见到她时那么憔悴，而且思维与谈吐举止也比那时敏捷得多，想必是她获得政治上的解放后，身心宽松了的缘故。她笑嘻嘻地问我："大炮，这次请你来京开什么会呀？"我告诉她："贯彻落实党的十一届三中全会精神，实行机构改革。"当时，我还不知道中央这次把我召去北京开会的真正用意，后来我才知道，原来，贯彻落实十一届三中全会仅是一个方面的内容，而传达中共中央办公厅的"两个凡是"才是主要内容。

当时老太太还羡慕我呢，她说："我真眼热（沪语：羡慕的意思。笔者注）你，你十八九岁就入了党，可我八九十岁了，还在党的大门外，一些党内的重大活动与机密，都不能及时了解，心里总有点那个……"当时我就劝她："话可不能这么说，宋副主席。这可是党中央的远见，是中国革命的需要。"那几年，我学习了一些有关介绍老太太的文章、讲话后，思想认识也深刻了，我告诉她："我看过你好多著作。其实，你在思想上早就入了党。我在这里再次向你表个态，我一定不会辜负你对我的期望的，不管到了哪里，我都会沿着你当年给我指引的方向，为党为国家做贡献，不给你丢脸。"老太太听了我这番话，很开心，还说"谢谢你"，表扬我变得"会说话了"，"觉悟也提高了"呢。

汤：自那次见面后，您就再也没有见到宋庆龄？

靳：再也没有！老太太是在我平反的那一年逝世的。我永远记得那个日子，1981年5月29日，老太太活了90岁。当我知道消息时，当场就忍不住心中的悲痛，哭了起来。第二天，我就收到了从北京拍来的加急电报：宋庆龄治丧委员会请我立即前往北京，参加老太太的善后工作。我第二天就坐飞机前往北京，直奔后海。当时，后海家里都是人，整个楼下都住满了人。6月2日上午9时整，我凭着治丧委员会发放的吊唁证，从人民大会堂北门进入吊唁厅。当时老太太睡在鲜花当中，身上盖着中国共产党党旗。老太太临终前终于被批准加入了中国共产党。我跟在大家后面，向像我老娘一样敬爱的老太太深深三鞠躬，向她做最后的告别……

汤：那么你们几个卫士长、警卫秘书后来都怎样了？

靳：隋学芳是1987年逝世的，他在病床上瘫痪了20年，死的时候64岁。

靳山旺 同志

宋庆龄同志治丧委员会

定于五月三十一日至六月二日，在人民大会堂为中华人民共和国名誉主席宋庆龄同志举行吊唁，瞻仰遗容。请于六月二日上午九时至十时半前往参加。

宋庆龄同志治丧委员会
一九八一年五月二十九日

（进人民大会堂北门）

此证是参加第一天吊唁的车证，在大会堂北门下车东门上车

宋庆龄同志治丧委员会发给靳山旺参加吊唁活动的通知

杜述周是 2004 年 2 月 28 日在北京因病逝世的。弥留之际，插着氧气管的他还一字一顿地嘱咐家人，一定要把他几十年收集珍藏的宋庆龄与孙中山的

2004 年 5 月，靳山旺留影于北京宋庆龄故居

2004 年 5 月，靳山旺与张友合影于北京宋庆龄故居

文物无偿地捐献给宋庆龄研究会。

孙国印是从国家机关事务管理局退休的。老太太过世的那年的冬天，我在西安的家中做了一个梦，梦中看见老太太穿着一身黑色丝绒镶银边的连衫裙，对我说："大炮，我的房子漏雨了，有点凉。"这个梦特别清楚，

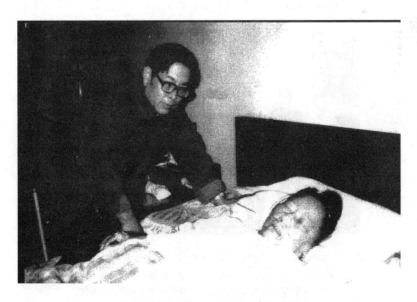

杜述周守护在弥留之际的宋庆龄的病榻前

卫士长靳山旺
口述实录

我记得特别牢，醒来之后就再也没有睡着。我做了这个梦后，一直觉得心中好像总搁着这件事情。我想会不会是老太太托梦？她的墓地漏雨了？进水了？当时，我们陕西正在下雨，上海会不会也在下雨？所以第二天一早，我就忍不住给上海万国公墓的宋庆龄陵园管理会打了个长途电话，建议那位前不久我在护送宋庆龄入土为安时认识的山东籍的张师傅去墓地上检查检查，看看老太太墓地那里有什么问题。张师傅当时就去检查后给回电话了，他告诉我，他在检查中未发现宋庆龄的坟墓有什么问题，不过这几天上海确实下了几天的连绵小雨。

2004年2月，北京宋庆龄故居办公室副主任何大章（左一）探望病中的杜述周

1980年宋庆龄与身边工作人员合影。前排右起：杜述周、宋庆龄、厨师黎传、张珏；中排右起顾金凤、钟兴宝；后排右起：（三位穿白色服装的为北京饭店厨师与服务员）刘凤山、张友、刘玉宝、安茂成

魅力宋庆龄

永远鸣响的"大炮"

自 2010 年上半年开始，总有一种不祥之感萦绕在笔者的心头，因为一直保持着联系的宋庆龄的卫士长靳山旺忽然之间在生活中淡出了，打他的宅电或手机，不是"因故停机"便是无人接听。我知道，靳老在年初查出了结肠癌，但我总是固执地相信，任何病魔都不敢与他纠缠，因为他是一个正直、善良而又勇敢、坚强的人。

得知靳老患上结肠癌是 2009 年底。大年初一我向他电话拜年时，他还声音洪亮地告诉我："结肠癌是癌症中最无须可怕的癌症，剪去一截，即万事大吉了。"他让我不必为他担心。

但随着时间的推移，尤其是面对靳老所有通信工具中断的现实，埋藏在我心底的忐忑越发浓烈，并终于迫使我不得不使用传统的方式，用纸与笔向远在西安的靳老寄去了一信，向他请安问好。

2010 年 11 月 23 日上午，消息终于来了，靳老的儿子靳卫平打来电话，他在千里之外语音沉重地告诉我，其父因结肠癌转移，引起肝、肺功能衰竭，已于当年 8 月 31 日上午 6 时零 5 分在西安陕西省人民医院安详辞世，享年 78 岁。

噩耗余音尚存，视线顷刻模糊，我久久哽咽无语，以致卫平弟还以为我已不再接听电话。

在这里，只想补充一点靳老离开宋庆龄后的人生履痕。

1959 年至 1960 年，靳山旺奉命调离宋庆龄身边后，先后以卫队长的身份，负责过周恩来等中央领导人的安全保卫工作。他没日没夜地工作着，赤胆忠心地保卫着中央首长的日常安全。靳山旺丰富的工作经验与果断的工作作风，获得了周恩来总理的表扬。1960 年底，靳山旺离开中央警卫团干部大队，受命前往河北省石家庄步兵学校学习。1962 年至 1968 年任中央警卫团宣传科副科长。1968 年至 1973 年任中央办公厅政治部党委书记。1973 年至 1978 年在江西省进贤县中央办公厅"五七干校"劳动。1978 年回到陕西任西安新华印刷厂党委副书记、副厂长。1981 年至 1984 年任陕西省止园饭店党委书记、总经理。1984 年至 1988 年任陕西省人民政府机关事务管理局党组书记、局长。1989 年至 1993 年任陕西省人防办办公厅副主任。1994 年离休后，靳老继续从事社会活动，任陕西省文化交流协会副会长与省企业信用协会名誉会长。

靳老一直心系家乡，为家乡的经济发展不遗余力。他先后曾对府谷县宾馆、县医院、县中医院、县职业中学的建设给予了支持。为府谷县清水乡、王家墩乡的民用电争取资金，解决了农民的用电问题，并为两个乡各创办一所希望小学。2001年回故乡时，他看到群众因旱灾造成生活困难，立即以府谷老区经济发展促进会的名义向长沟大队每户农民赠送面粉一袋……

2008年金秋的一天，晚上9点多，我忽然接到靳老打来的电话，说他与夫人等应本市相关部门邀请，正在苏州观光。闻讯，我连忙携夫人一起前往本市苏苑饭店，见到了靳老夫妇俩。真是相见甚欢呀！近5年不见，我们有着说不完的话，说来说去，围绕的主题仍是宋庆龄。

然而，谁又能想到这竟是我与靳老的最后一次见面呢？

靳老去了，但是他那赤胆忠心保卫首长、赤诚相见对待朋友的高尚品格，永远留在人们的心中。

他是一门永远鸣响的"大炮"！

秘书刘一庸口述实录

北京的天气干燥，风沙很大，你适应吗？皮肤是否感到干裂与痒痛？

不要急，学一点，是一点，以后慢慢就熟练了。

——宋庆龄

口述：刘一庸
采写：汤　雄
时间：2007 年 4 月 1 日
地点：上海市肇家浜路青松城上海老干部活动室

【采访者按】

前国家名誉主席宋庆龄一生中共用过十多位秘书，有文字秘书、警卫秘书、生活秘书。其中文字秘书又分为中文秘书与英文秘书。本章是采访她的中文秘书刘一庸的记录。

经前期调查，当时曾在宋庆龄身边担任文字秘书的仅有李云、刘一庸两位尚健在。李云当时已是 91 岁高龄的老人，且正因病在上海华东医院治疗，谢绝采访。而刘一庸虽说也是时年 83 岁的老人，但通过电话前期接触，感到她老人家思维敏捷、口齿清晰、声音洪亮，是唯一可以采访的对象。

怀着对历史与后人负责、及时抢救革命历史遗产的态度，笔者想方设法地采访到了刘一庸老妈妈，并把湮没在历史尘埃中不少鲜为人知的故事乃至即将永远成为历史误会的真实情况挖掘与抢救了出来。

2007 年 4 月 1 日汤雄于上海青松城采访刘一庸时留影

一、似乎冥冥之中历史总在召唤着笔者

刘一庸（以下简称"刘"）：你想向我采访哪些方面的东西呢？

汤　雄（以下简称"汤"）：就是电话中我跟您提起的，我总感到宋庆龄和您之间似乎有些小误会。

刘：那都是过去的事了，我不想再提。

汤：我在为写本书做案头准备时，再次查阅了 2006 年广东人民出版社出版的《宋庆龄年谱长编》。其中第 1708 页上确实刊登着宋庆龄 1966 年 9

月或 10 月间写给李云（时任中国福利会秘书长。笔者注）的一封信中的一段文字，就是这段："本来我要刘某某写信，不料她拒绝，我不得不自己写信了。"还有李云秘书长发表在 2002 年第 3 期《炎黄春秋》上的一篇题为《跟随宋庆龄走过最后三十年》的回忆录中，也有这样的文字。

明眼人一看就知道，这里的"刘某某"不是别人，就是宋庆龄生前的文字秘书您。有关这段您拒写书信的往事，我还在多种版本的史料上看到，所以更加富有了真实性，也使广大读者对晚年的宋庆龄更加充满了同情，对当事人"刘某某"也就是您产生了误解。

刘：这都是以讹传讹。

汤：我在做案头准备时就思考了，产生了疑问：我发现您是在 20 世纪 40 年代就入党的老党员，有着一定的政治思想觉悟，当时又在宋庆龄身边工作了近 3 年的时间，怎么会忽然拒绝为宋庆龄执笔写信了呢？为什么其他的文字工作您没拒绝，而唯独这次拒绝了呢？为什么在其他文字记载中，从没见到您与宋庆龄之间产生过任何矛盾和冲突呢？当时，您老拒写的这封信，究竟是什么内容？您又为什么要拒写呢？

刘：当时确实不是那么一回事。

二、刘一庸来到宋庆龄身边之前

汤：刘妈妈，您是什么时候到宋庆龄身边当秘书的？

刘：我是 1964 年夏天到宋庆龄身边工作的。根据国务院秘书处规定，列为宋庆龄编制内的文字秘书为两名。当时，宋庆龄身边有两个文字秘书，一个是张珏（1914—1998，浙江海宁人，1963 年 4 月担任宋庆龄的中文秘书。笔者注），20 世纪 60 年代初期就到她身边工作的；一个是早在一·二八事变后就经何香凝推荐到她身边当秘书的黎沛华（1899—1972，广东番禺人。笔者注）。宋庆龄一向擅长英文，不善于中文写作，再加上年龄逐渐增长，她身边需要擅长中文写作的文字秘书。但在特定的环境与条件下，她选用文字秘书乃至贴身保姆，都有着她特别的用人标准，其中有一条至关重要，那就是必须是单身女性，黎沛华与张珏两人都符合条件。1963 年，张珏的父亲（张宗祥，1882—1965，前清举人，著名书法家与经史学者。笔者注）从杭州发来一封电报，说他身患重病，急需张珏回家。张珏是家中的长女，当时宋庆龄的中文文字工作，基本上都是由张珏完成的。黎沛华已66岁了，有高血压，经常头昏眼花，需要看病休息，已不能胜任文字秘书工作，所以当时宋庆龄不舍得放张珏走，因为当时宋庆龄已70岁左右了。但没办法，她还是只好让她回浙江去了。当时大家在北京，所以1964年元旦一过，宋庆龄就回到了上海。回到上海后，宋庆龄起先半年多时间里没用秘书，一直由黎沛华挺着，直到半年多后，李云（时任中国福利基金会秘书长。笔者注）向她推荐了我后，我才去报到的。

当时我在保健院当人事秘书。就是中国福利会直属的国际和平保健医院，也是宋庆龄创办的。其实，早在1963年4月初，宋庆龄到我们保健院视察时就物色上我了。当时我刚与丈夫离婚不久，是个单身女子，正好符合宋庆龄选择秘书的标准。当时组织上和我见面时，江兆菊（时任国际和平保健医院院长。笔者注）就告诉我了。所以后来李云向宋庆龄一推荐，她马上就同意了。

当时"中福会"的领导找我谈话，要调我去宋庆龄副主席身边当秘书，征求我的意见。我知道宋副主席是经常要到北京去工作的，所以我当时就有顾虑了。因为当时我家中还有两个女儿呢！我舍不得孩子。后来经过组织上的工作，我就服从了组织的安排。我记得是1964年9月1日上午，我是跟着宋庆龄一起乘坐专机前往北京的。当时同机的还有秘书黎沛华和保姆等。

三、在宋庆龄身边的工作

刘：宋庆龄很幽默，她把张珏称为"北京的秘书"，把我称为"上海的秘书"。到她身边工作不久，她就亲切地叫我"小庸"了。她待人很客气，一点架子也没有。

当时我的主要工作是接接电话、写写文章。当时北京家中装有两部电话：一部是内线，直通国务院秘书办公室；一部是外线，它们都设在楼下的秘书办公室。一有外线电话，大都是我们秘书先接的。当时我的主要工作除了接听电话外，一是替宋庆龄执笔起草例行公文；二是写信打字；三是读报念文件。当时宋庆龄已是年逾古稀了，视力与思维明显减退，执笔写信、写公文，大都由我代笔，常常是我写完初稿后，念给她听一遍，她满意了，再由她亲笔签名后，再交内勤送邮局；只是遇到重要书信或公文，才先由她口述、我再记录。写出初稿交给她后，她还要戴着老花镜一字一句地审阅修改，直到完全满意为止。还有每天为她读报。她眼睛花了，家里来了文件与书信，她能自己看的就自己看，不能自己看的就让我念。特别是她因病不能起床读书、看报的时候，她就都让我为她念。我普通话说得好，她不太会说普通话，所以当时她常说听我读书、念报倒也不失为一种学习普通话的好机会。但英文我是不如她的。她年轻时在美国女子学院（美国佐治亚州梅肯市的威斯里安女子学院。笔者注）读过书，英文是她的强项，所以，有时遇到需要翻译的文件什么的，她就亲自对我进行英文的读写方面的指导，她还经常鼓励我说："不要急，学一点，是一点，以后慢慢就熟练了。"

1964 年 10 月，中国第一颗原子弹爆炸，成功地进行了第一次核试验。当我把发表在第二天《人民日报》上的头条新闻读给宋庆龄听时，宋庆龄高兴地说道："太好了！我国国防科学研究有了高速的发展，帝国主义就不敢随便欺侮我们了。"说着她还笑着对我说，"小庸，今天你打电话，明天我请客，请廖梦醒、顾锦心（时任中国福利基金会第一任秘书长，全国人民救济总会负责人之一，中共党员。笔者注）她们一起来谈，提高认识，使我们平凡的工作也能像白鸽一样，为和平与发展飞得更快些！"后来，当我把报纸上发表的关于内蒙古草原上龙梅与玉荣姐妹俩的英雄事迹读给她听后，她特别感动，当天下午就和我商量合作起草了《培养坚强的革命后代》的文章，阐述了培养坚强革命后代的重要性。眷清的稿件由工作人员专程送到《北京周报》后，很快在 1965 年 5 月 5 日的头版上发表了。当宋庆龄听说国家好干部焦裕禄的光辉事迹后，她又感慨地对我说："像这样的好人、好干部多有几个，妇女和儿童就会更幸福了，人民就会更和谐了，国家改变贫困落后面貌也会更快了。"

四、在宋庆龄身边的生活

秘书刘一庸口述实录

刘：宋庆龄在生活上也很平常，和常人一样。刚到宋庆龄身边工作时，我和所有人一样，都格外地谨慎，因为她毕竟是国母，是国家副主席。但时间一长，我就很快发现，她是一个容易接近的人，没有一点盛气凌人的做派，也从没有任何颐指气使、高高在上的举止。"文化大革命"前，中午她都是下楼到小餐厅和我和黎沛华三人一起吃饭。我们三人一起吃饭，也是沟通交流的机会，工作上的事，生活上的事，我们都谈。"文化大革命"开始后，造反派的人曾说："黎沛华与刘一庸都属于被改造的旧知识分子，她们没有资格陪同首长共同进餐，让别人每天端菜端汤地侍奉着，她们应好自为之，主动离开宋庆龄。"宋庆龄平时经常在家宴请宾客，但她有节俭的习惯。有一段时间，宋庆龄和我们一起共进午餐，菜肴较之工作人员要丰盛些。我们三人用餐时，是用公筷的，再加上宋庆龄饭量小，每顿都只吃一点点，所以每顿都会留下不少菜肴。宋庆龄生怕吃不了造成浪费，就经常让我把几乎原盘未动的菜肴端给工作人员们吃。没想到就这一条，也成了后来家中造反派们批评宋庆龄"资产阶级思想严重"的"罪名"。在北京工作的那段日子里，因组织纪律的约束，所以变得机械而又刻板，我们工作人员两个星期才放一次假，上街理发、买点东西。平日听钟声作息，按时用餐，大锅吃饭。夜晚，我、黎沛华与女保姆钟兴宝，都随着宋庆龄一起住在二楼上。二楼有大小六个半房间：朝南的那个房间是宋庆龄居住的；我和黎沛华分住在朝北的两个房间里，另一间是洗衣室；钟兴宝则住在那半间可以直通宋庆龄卧室的小套间中，以便宋庆龄晚上有事可以随时召唤。在家中，钟兴宝也算每天最忙的人了：宋庆龄爱清洁，每天都要洗一个澡后才休息。兴宝在测好水温、帮助宋庆龄洗毕擦干后，再通知我们洗。她对我们下属都很好，对每个人的家庭情况也都很了解、很关心。她经常让我上街代她买回练习本、铅笔和红蓝画笔等文具，分别寄送给隋学芳和我在上海的孩子，并要我在写信或回上海时告诉孩子们要从小好好学习，做好孩子，长大做好人。

当时，黎沛华已经68岁了，真用得上年老体弱多病那句话了，她因经常生病，经常要三天两头吃药休息，无法处理大量的文字工作。但她对我很热情，我遇到不熟悉的事向她请教时，她都能毫无保留地告诉我，给我的工作带来了不少便利。

快到1966年春节的时候，我想总可以借春节那几天长假，回上海与两个阔别已久的女儿团聚了。然而，就在这年2月1日，《人民日报》发表了批判田汉的历史剧《谢瑶环》的署名文章；2月2日至20日，在林彪的支持下，江青在上海召开"部队文艺工作座谈会"，会后写出了《林彪同志委托江青同志召开的部队文艺工作座谈会纪要》，全盘否定了新中国成

魅力宋庆龄

立以来的文艺工作；2月3日，彭真主持召开"文化革命五人小组"扩大会议，拟定《"文化革命五人小组"关于当前学术讨论的汇报提纲》（即著名的"二月提纲"。笔者注）；12日，中共中央将该汇报提纲批转全国，作为批判运动的指导性文件。不久，这个提纲就被毛泽东否定和批判。当时，处于中国政治旋涡中心的宋庆龄副主席更忙碌了。她除了要频繁地参加国务外事活动外，每天还要至少花八九个小时阅读大量的文件与报刊，以便跟上瞬息万变的政治形势。以往每隔两三个月，周恩来总理或邓颖超总要前来北京的家中看望宋庆龄，并就宋庆龄的健康状况与工作情况，单独向我和黎沛华询问、了解。"文化大革命"开始后，周恩来夫妇前来北京家中的次数明显减少了。

当时，作为到宋庆龄身边工作才一年多的我已明显感到跟不上她的思维了，例如在协助宋庆龄赶写那篇题为《孙中山——坚定不移、百折不挠的革命家》一文时，我就因不熟悉孙中山早期革命经历而难以使宋庆龄满意。事后我才知道，宋庆龄不得不致函爱泼斯坦，请其帮助修改这篇草稿。1966年11月12日是孙中山先生诞辰100周年纪念日，宋庆龄要赶在这天之前，出版《孙中山选集》与《宋庆龄选集》两本书。为此，她整整提前了一年，开始准备这项工作，这又使我平时的工作量翻了几番。当时宋庆龄就感到身边缺少了一个英文秘书，因年老多病，她实在难以应付这大批量的工作。工作这么忙，所以1966年的春节我没能回上海。我在北京工作的近3年时间里，除1965年曾随宋庆龄副主席回上海过了一个春节外，其余时间都在北京，都没有见到我的两个女儿。当时，宋庆龄好几次曾建议我把两个女儿接到北京来，干脆在北京上学。但是我自己都对北京的生活不习惯呢，怎舍得把两个幼小的女儿也一起接来呢？北京的风沙大，吃的也不习惯。说实话，当时我确实很想调回上海，在上海中国福利会我毕竟有很多原来一起工作的同事。宋庆龄一向把我当知己的，有时候家里请客，她常要我坐到她身边，或叫我代表她向来客敬酒。但我总是不能爽快地答应，这使得宋庆龄对我感到很无可奈何。其实，我之所以不能从命，自有我的"小九九"，我想，我现在在大家眼里所得到的一切地位或尊重，都是靠着宋庆龄得来的，万一以后我不在她身边工作了，离开了这棵"大树"，我以后怎么办？

五、刘一庸和宋庆龄之间的感情

刘：长期的朝夕相处，使宋庆龄和我成了无话不谈的好朋友，有些在当时看来是大逆不道的"反动话"，她也敢当着我和黎沛华的面说出来。当她听到要打倒刘少奇时，她就皱着眉头说道："我看刘少奇不是什么内奸、工贼……我们交往多年，他人一直很好，不应批斗、打倒。"当她听说有一段时间外面有大字报要打倒周总理时，她愤然不平地说道："周总理是创国、建国最早、最辛苦、最有能力、最有功劳的人，也是对国内外强权斗争最有贡献的人，他日理万机，为国为人民操劳，现在居然要打倒他，中国要到哪里去呀？人民怎会答应呀？唉，我看是有人在胡闹……"宋庆龄在关心国家大事的同时，还经常了解中国福利会各单位运动和业务进展情况，利用"五一""六一""国庆""元旦""春节"等节日，写信慰问和表扬、鼓励全会职工。平时，凡遇单位领导去北京开会，她也总设法将他们请到家中了解情况，并请大家在家吃饭，以资表扬与鼓励。如1965年深秋，卫生部在北京召开全国计划工作会议，当宋庆龄听保健医生力伯畏说在给北京医院的会议通知名单上有中国福利会国际和平妇幼保健院的名额时，她开心极了，随即让我写了一封祝贺信，并代表她去参加了会议。同时，她还请我代表她向参加会议的同志发出邀请，请有关人员来家会见并吃饭。我至今仍清楚地记得，当时宋庆龄请了卫生部钱信中部长；上海市卫生局的代表、妇幼处华嘉增处长；保健院陈美朴副院长；保健院的顾问、妇产科专家教授、上海第一医学院王淑贞院长；上海市第六人民医院儿科专家胡志远教授等，并派车让我专程到会场迎接他们。宋庆龄在家举办宴会、请客吃饭有个特点：一般是要求客人准时出席，不必提前或无故推迟；用完餐，她就马上送客，亲自把客人送到客厅门前就止步。

譬如有一天适逢天气晴朗，宋庆龄在北京家中请诸多代表吃饭，就是请到北京开会的上海妇幼医保卫生战线上的代表那次。当时宋庆龄兴致很好，相互之间的问话交谈几乎没有停过。当时王淑贞院长还感动地对我说："真想不到，宋副主席在日理万机的同时，还这样关心国际妇幼保健院的工作，更想不到国家副主席如此亲切关怀、鼓励我们，我们真没理由不把工作做好，把国际妇保健院今后的医疗、教学、科研的发展提得更高。"

我和宋庆龄的关系一向很好，感情也很融洽。刚到北京时，她经常关切地问我："北京的天气干燥，风沙很大，你适应吗？皮肤是否感到干裂与痒痛？"还送上一小瓶甘油，叮嘱我洗澡后抹在皮肤上，可以防止干燥。还有，她常对我说，多吃水果也能预防干燥。她除了吩咐工作人员在中餐后食用水果外，还单独给我和黎沛华配备了晚上吃的水果。她还告诉我，每天多食用些水果，可以预防便秘，这是她的经验之谈。我是河南人，从小就喜欢食用面食、大蒜与韭菜。宋庆龄是上海人，她不喜欢吃这种食物，嫌吃了口臭，不好近人，也不喜欢她身边的人吃。但我就例外了。她除了嘱厨师每天早晚专为我做些大饼、包子之类的食物外，还在每天中午增做馒头。特别使我感动的是，她还特许我每周吃一次韭菜、吃一次大蒜。我有自知之明，一次也不吃。我每天都要和她面对面商谈工作呢！还有，她还送过我衣服。1966 年 11 月底（据《宋庆龄年谱》记载，是 11 月 12 日。笔者注）孙中山 100 周年诞辰到来前的一天，我和黎沛华陪沈粹缜大姐在逛北京商场时，沈大姐为我和黎沛华及自己各挑选了一件漂亮的丝绸面的棉袄料，说这是宋庆龄特意关照买了送给我们三人做新衣服的，以备孙中山先生诞辰百年纪念之日穿。我和黎沛华都愉快地接受了，并请名店的裁缝师傅赶制了出来，然后在孙中山百年诞辰纪念日那天分别穿着在身，出席了大会。

宋庆龄为了排除家里工作人员在生活上的枯燥、单调感，每周末都要在家中放映电影，后来"文化大革命"开始了，才停了一阶段，后来仍然放映。当时，上级给家里配了一台当时市面不多见的 12 寸黑白电视机，就放在客厅里，供大家晚饭后观看。沈粹缜每年都要到北京宋庆龄家中住上一个较长的时期，陪伴宋庆龄的晚年生活，是家中的常客。每年北京开两会期间，她总要应宋庆龄之约来家中住上一两个月的时间。国务院和上海市委都认为这种做法很好。空闲时，宋庆龄常和大家做一种猜谜抢答的小游戏。由她出题，让沈粹缜、黎沛华和我三人抢答。"文化大革命"开始后，宋庆龄的工作更忙碌、更紧张了，每天如果不开会就要花八九个小时看材料。当时她有什么话，还是跟我说，譬如她对红卫兵要求所有妇女剪头发表示不理解，对红卫兵要捣毁孙中山铜像和冲击宋庆龄寓所的过激言论表示担忧。尽管周恩来总理于 8 月 30 日亲自开列了一份应予保护的干部名单，并把宋庆龄名列在第一，但宋庆龄仍被大墙外昼夜不停的高音喇叭声与语录歌声扰得心神不宁，坐卧难安，忧心忡忡，特别是院门外那对石狮子被红卫兵视为"四旧"而涂上了红色的油漆后，她对我说："我真担心有一天红卫兵会不顾一切突然冲进家里来，像抄章士钊的家那样，翻腾个天昏地暗。"

六、宋庆龄终老也未解开的一些误会

刘：后来，"文化大革命"真的搞到北京家里来，北京家中也与外面一样，乱了。每天都是开会学习，早请示晚汇报，就连我和黎沛华也要去。黎沛华身体不好，不能去，但我是共产党员，我必须去。最后警卫秘书还把目标瞄准了宋庆龄，叫我向她传话，要求她不得再开小灶，一天三顿也不再每天由保姆端上楼吃，他要宋庆龄下楼和工作人员一起在食堂排队，吃大锅饭。

当时我就住在楼上，到了晚上，宋庆龄总是担忧有人会冲进家里来，她总吩咐我通知警卫排，把楼上楼下仔细检查，并务必把前后门落栓紧闭，确保不让红卫兵与造反派们冲进来。有时都已半夜了，外面偶有动静，患有严重失眠症的她也要叫醒我，叫我下楼去看看。她还常吩咐我前往国务院机关事务管理局去看大字报，看看造反派们张贴的有关她的大字报的内容，要我看了回去后，马上如实向她汇报。我和她之间的那个误会，就发生在 1966 年的 9 月初。

汤：就是那个说您拒绝为她写信的误会吧？

刘：是的。那天，宋庆龄把我召去，对我说："小庸呀，你替我执笔写一封信给国务院办公室，上海 369 号的房子，再也不能让她们住了，再住就完全破损了，不能修复了，得让她们全部搬出去。"当时我听后第一个念头是这封信是无论如何也不能写的。当时 369 号（即上海陕西北路北京西路口的宋家花园，是宋庆龄的父亲宋耀如在新中国成立前买下的，是一幢西欧乡村别墅风格的建筑，曾住过宋庆龄的父母亲，也曾住过宋美龄与宋子文、宋子良姐弟们；倪太夫人逝世，在这幢西欧乡村别墅里举行了隆重的宗教告别仪式；1949 年 7 月，宋庆龄在这里创办了上海第一个新型托儿所——中国福利基金会托儿所。笔者注）住的都是我们福利会的工作人员的家庭。张佩珠院长、陈维博主任、邹尚录处长等四五位"中福会"

领导的全家，还有李云一家也住在那里，我怎么能写信让国务院叫她们搬出去呢？

当时，我的思想斗争是很激烈的，我想，这封信写给国务院办公室，涉及"中福会"党政领导，合适吗？再说，宋庆龄的这个意见国务院办公室会批准吗？如果自己就这样无原则地贸然行事，既是对自己的不负责任，也是对首长的不负责任呀！所以我就马上对她说："首长，这封信我们不能写的。"她当时一愣，问我怎么不能写？我就向她建议道："首长，这封信直接写给国务院办公室不太好，也太突然了一些，我们何不换一种方式来表达呢？例如直接向上海'中福会'反映。这样，既不伤害同志之间的感情，也好让组织上有所准备呀。这封信，我看这时可不能写，还是稍微等等再说吧。"没想到宋庆龄一听，马上就误会了，她对我说："由我签字，你怕什么？我叫你写，你写就是嘛。"但是，我还是坚持自己的看法，不肯写。我想这封信一写，我就把大家都得罪了，以后我还怎么回上海呀？宋庆龄签字没错，但信毕竟是我写的呀，大家都知道我是宋庆龄的秘书呀！当时，我认为宋庆龄这样做是欠考虑的。

她见我就是不写，就生气了，拿过纸与笔，说："你不写，那我写！"就不理我了。

其实，作为一个40年代就参加中共地下党的老党员的我，自无条件选调到宋庆龄身边工作后，除了这一次拒绝写信外，再没有任何违背她的指示的事情。我在宋庆龄身边工作的近3年中，处处小心谨慎，以党的利益为重。还有一次，我也没听她的，是生活上的事。那次，她要送一双高跟鞋给我，我婉言谢绝了。当时她有点生气，认为我不听话。其实，我是党员，谁见过共产党员穿高跟皮鞋呢？再说，到宋庆龄身边工作时，国务院秘书办公室早有纪律：作为在中央首长身边的工作人员，是不能私下随便接受中央首长馈赠的礼物的，我怎么能违背纪律呢？又怎么能把这些话都如实向她汇报呢？我只收过她一次礼物，就是那件棉袄料子。当时我只当是沈大姐送我的，所以我收下了。后来，在孙中山诞辰百年纪念日的前夜，宋庆龄又向我与黎沛华每人赠送过一件新棉衣。我收了一件棉袄料子就足够了，所以棉衣我还是谢绝了。可能就是我不肯收她送给我的礼物，她也对我有看法。当时我真是左右为难呀！平时宋庆龄要求我陪同她一起散散步、打打康乐球、宴请来宾时坐在她身边陪客敬一杯酒等小事，我都生怕违反纪律呀，也都严格按照组织原则，单独用内线电话向国务院秘书办公室做汇报的。上级不同意，我就不能擅自做主。遗憾的是她误会了。国务院秘书办公室的领导们曾单独向我表示过，你所受的委屈，组织上都知道，也都理解。其实，有关我在这个特定的环境下所受到的委屈，李云秘书长也明白：我是共产党员，宋庆龄是党外民主人士；我是她介绍后再由党组织决定调到她身边去工作的。按规定，她的一切行动都得听从宋庆龄的指挥与调动。所以，在这对矛盾上，我始终处于一种两难的境地。李云在后来单独和我通电话时，也安慰过我，鼓励我打消顾虑，放心工作，力争把工作做得更好，让宋庆龄副主席满意。

汤：后来那封反映上海宋氏老宅的信写了吗？

刘：写了，是宋庆龄写的还是黎沛华写的，我就不知道了。反正是寄出去了。当时国务院秘书办公室接到宋庆龄的这封信后，就马上向上海市委做了反馈，在上海市人委的直接关注下，市房地局对陕西北路 369 号宋家故宅进行了彻底大修。

（笔者注：此事可从时任中国福利会党支部书记、儿童工作研究室负责人、后任中国福利会副秘书长的吴之恒 1966 年 12 月 29 日就陕西北路 369 号房屋问题致宋庆龄的请示信为证。摘要如下。）

> ……在市人委和房地局的支持下，进行彻底大修，工程量较大。自 7 月份开始后，工程队工人同志积极性很高，修理工作做得较细，质量很好。估计 1 月底可以竣工。
>
> 我们考虑到竣工后的房屋保养问题，最好有人居住，以免群众对房屋修好后无人居住有意见；同时，也可以使房屋保持通风整洁，有利养护。我们的想法是，使用一部分房屋，楼下正房不用。耿丽淑同志曾提出过希望仍回原处居住，如果可以，再配上两家人数较少的人家住在一起，更好。这些想法是否可以，请给指示。

从吴之恒这封信中不难看出，当时宋家故居确实遵从宋庆龄的意愿进行了大修，而且让居住在里面的四五家人家搬了出去。

1966 年 11 月，首都各界万人集会纪念孙中山诞辰 100 周年，多位党和国家领导人出席了活动，我作为秘书陪同宋庆龄出席了大会。这天，凡是与会者，每人都能领到两枚纪念章，一枚是孙中山头像的，一枚是毛泽东头像的，并一律佩戴在左胸前。在步入会场时，细心的宋庆龄一眼就发现我胸前佩戴着的两枚像章有高低：我把那枚孙中山纪念章佩戴得略比毛泽东纪念章低了一些。当时，她就低声提醒我："像章的位置佩戴得不准确，至少在今天，你这样做是不对的。"我听了，除了马上纠正外，还不得不佩服她在政治上的敏锐与细致。那天在大会上，宋庆龄做了有关纪念孙中山的长篇演讲。这篇演讲稿是我和她俩人磨合了好多个日夜才完成的。

七、离开宋庆龄的前前后后

刘：1967 年之后，无产阶级"文化大革命"进入了炽烈状态：当年的 1 月初，在张春桥、姚文元的策动下，以王洪文为首的造反派组织召开"打倒市委大会"，夺了上海市党政大权，掀起了所谓的"一月革命"风暴；一、二月间，宋庆龄父母在上海万国公墓的墓地被砸毁，墓盖、墓碑、石栏等地面建筑均被拆毁。这些事，都有记录了，我就不多说了。

当时，全国掀起了一股"清理阶级队伍"的风波，并迅速波及北京的家中，由于当时我和黎沛华总是不听从单位造反派的警告，仍与宋庆龄一起在楼下的小餐厅里共同进餐，所以警卫秘书第一个把"清君侧"的恶毒目光盯住了年逾古稀的黎沛华。【据相关史料记载，黎沛华 17 岁毕业于广东省立女子师范大学。第一次国共合作期间，她在国民党中央妇女部部长何香凝创办的武汉妇女党务训练班培养妇女干部；组织伤兵救护会和看护训练班；发动妇女参加国民革命。1927 年蒋介石、汪精卫先后在上海、武汉发动反革命政变，她在武汉被列入黑名单，但受到了何香凝的保护。南昌起义后，她又陪同何香凝到广州，协助创办仲恺农工学校，并随何香凝赴菲律宾、新加坡筹募办校经费。一·二八事变后，她积极参加由宋庆龄、何香凝等共同筹办的国民伤兵医院的工作。后由何香凝推荐，担任宋庆龄的秘书。8 月 13 日，日军进攻上海，她跟随宋庆龄、何香凝投入抗日救亡的工作。年底，宋庆龄、何香凝先后离沪去香港、九龙后，她前往兰溪。上海解放前夕，她又应宋庆龄之召去上海，筹建中国福利基金会托儿所（中国福利会幼儿园前身），并任所长。1950 年，她先后任中国福利基金会人事室秘书、中国福利会办公室秘书。她经常跟随宋庆龄来住于北京与上海两地，在两地寓所做秘书工作。她是政协上海市徐汇区委员会第二、三、四届委员和政

协上海市第三、四届委员。笔者注】

就因为黎沛华在第一次国共合作时期担任过国民党中央妇女部秘书，她就被警卫秘书无限上纲，列为第一个从宋庆龄身边驱逐出门的对象，成为北京家中逢会必批的"潜伏下来的历史反革命"。当时黎沛华68岁了，且又体弱多病，她无论是精神上还是肉体上，都再也抵挡不住这样无休无止的折磨，尤其是为了不因此而牵连上宋庆龄，在被迫无奈下，她不得不含着眼泪向宋庆龄提出了告老还乡回上海的要求。当时宋庆龄是说什么也不同意她回去的，认为她本是独身，回去也是一个人，还不如在北京好。但是黎沛华只怕发展下去，节外生枝，进一步连累了宋庆龄，所以她坚决要回上海，最后伤心地离开了她曾忠心耿耿服务了几十年的宋庆龄。临走时，宋庆龄把《孙中山选集》和《宋庆龄选集》两本书交给黎沛华，托她回上海后把这两本书当面交给杨小佛。是我把黎沛华送到汽车上，看着汽车开走的，当时我心里也非常难过。黎沛华答应我一到上海，就去探望我的女儿并及时把两个女儿的信息通报给我。1972年4月初，黎沛华因脑血管病在上海家中猝然离世。当时我们也在上海，但我因为脸上长了一个疮，没能亲自去殡仪馆为她送行，只是托人送去一个花圈，以示纪念与哀悼。宋庆龄也因为生病睡在床上而没能出席黎沛华的追悼会，她只是痛心地把在追悼会上拍的几张照片，寄给了北京的廖梦醒。

从上海回到北京后，也就是送走黎沛华没几个月，警卫秘书仍旧没有放过我，平时只要看见我和宋庆龄仍在一起用餐与办公，他的脸色就不好看，看我的眼光里充满了敌意，好像我也是什么阶级敌人。同时，他对宋庆龄的迫害又升了级，他坚持要宋庆龄放弃个人小灶，去大食堂与所有工作人员一起排队吃大锅饭。在他的影响下，过去一直对宋庆龄很尊敬、很热情的服务员、警卫员，也开始对她轻视、冷淡起来了。在这种恶劣的环境下，为了保护宋庆龄，不让她真的被警卫秘书逼着去和大家一起到楼下去食堂排队吃大锅饭，我不得不放弃了陪伴宋庆龄共进午餐、晚餐的习惯，下楼去食堂排队用餐了。从此，宋庆龄一个人就在楼上卧室里的小圆桌上独自用餐，直到粉碎"四人帮"，她因年事已高、必须有人陪着共同进餐为止。

"文化大革命"中，身为国家副主席的宋庆龄的国务与外事活动没比以前少，我刚陪同她接受了挪威王国新任驻中国特命全权大使递交的国书，并与对方进行了友好的谈话，紧接着又马上让我了解、掌握瑞士的概况，因为瑞士新任驻中国特使要来递交国书了，宋庆龄要接见特使。刚接见完瑞士特使才 10 天，又要准备接受越南新任驻中国特使递交国书。就是这样，警卫秘书还不放过她，还要造她的反。

（笔者注：有关警卫秘书孙国印升级迫害宋庆龄的事实，在宋庆龄致函时任中央人民政府办公厅副主任、全国妇联常委、全国人大常委罗叔章的信中可窥一斑。从信中不难看出，当时孙国印对宋庆龄的迫害已到了公开化的程度。摘录如下。）

……谢谢你给我看的大字报等。特别有兴趣的是江青同志一篇讲话。我应当向她学习。

前天因听你跌了一跤，我十分挂念。自己因脚痛不能去看你，就派钟同志来代我向你问候。我不知道她怎么样和你讲到家事，使你不能正确了解这里复杂的情况。就是×××那人不好，挑拨是非，鼓动服务员造反，不肯好好工作等！等你来这里时，我讲详情吧……

当时我就担心他们会把反造到我的头上，我家庭出身本来就不好。果然不出我所料，警卫秘书在赶走了黎沛华之后，就开始向我下手了。从上海传来消息，按保健院造反派们给几位院领导"论资排辈"：院总支书记是第一号走资本主义道路的当权派；院长是第二号走资派；保留着中国福利会办公室主任职务的我则是第三号走资派。尤其我本就出身于一个破落的地主家庭。上海保健院的造反派始终和北京家中的造反派们保持着联系，他们开始在北京家中的大会小会和个别谈话时向我施加压力，给我戴上了一顶"阶级异己分子"的大帽子，要我"自觉地揭发领导和检查自己"，要我"坚定地站在毛主席的革命路线上"，等等。当时，上海的中国福利会里的几位在职的领导，也都先后被冲击了。这个消息传来后，使本来就已提心吊胆的我更加坐卧不安了：王文瑞、张佩珠、陈美朴她们都被"打倒"了，那么，我的两个女儿由谁来管了呢？她们过得怎么样了呢？特别是当时全国乱成一团，一批社会上的闲杂人员与小流氓浑水摸鱼，我的女儿们会不会成为小流氓们骚扰欺侮的对象？

我当时越想越害怕，整夜整夜难以成眠，我想回上海保护女儿的念头，也越来越强烈了。但我不能违背党的组织纪律原则，更不能在宋庆龄患难之际甩手一走了之：近两年的朝夕相处，我与宋庆龄已结下了一定的感情，我已把宋庆龄看作了自己的长辈。为此，在向宋庆龄提出辞行返沪之前，我曾背着宋庆龄，与时任杭州浙江大学教师的张珏通了几次电话，向张珏提出了请她尽快来北京接替我的工作的建议。我知道，张珏自1964年回杭州后不久，她的父亲张宗祥就过世了。当时她独身一人，在杭州大学英语系任教，她完全可以在没有任何后顾之忧的情况下，重新回到宋庆龄的身边来工作。而宋庆龄也多次有意无意地在我面前提到过张珏，希望她早日回到她身边来工作，也多次指示让我主动联系张珏，请她尽快处置好杭州的工作，返京回到她身边。我记得是1967年5月1日刚过，终于，张珏从杭州打来电话了，对我说她决定近日动身赴京。在获悉张珏将在近日重返北京的消息后，我就怀着复杂的心情，正式向宋庆龄提出了辞行返沪的要求。我走的那天，宋庆龄亲自搀着我的手，把我送到二楼扶手边。当时我还安慰她说："我会遵照首长的意愿，待孩子长大能够一切自理时，再回到首长的身边。在这期间，如果首长有急需，只管吩咐，我保证在第一时间以最快的速度赶回来……"

汤：张珏是什么时候到北京工作的？

刘：张珏第二次回到宋庆龄身边工作，和我离开北京前后仅相差了两三天。她回到宋庆龄身边后，就再也没有离开宋庆龄，直到宋庆龄逝世为止。她是在宋庆龄身边担任秘书工作时间最长的，前后大约有十五六年。

我返回上海后，因"中福会"和保健院的党政领导都受到冲击，所以我一个人也没有看到。造反派的头头命令我在"中福会"学习两个星期，说："先让她洗洗脑子，好坚定地站到毛主席的革命路线上来，支持革命造反派的工作！"两个星期后，我才得以回保健院工作。但是没多久，我还是被造反派们戴上"第三号走资派"的大帽子，靠边劳动了。其间，我仍秘密地与宋庆龄保持着书信联系，直到工宣队、军宣队进驻医院、整个形势也较前大为转变为止，我才敢公开与宋庆龄通信。1967年期间，宋庆龄曾悄悄地回过一次上海，当时她还派人给我送来一封亲笔信和一些送给孩子们的糖果、糕点，她在信中邀请我和两个孩子一起到她的家中与她共度五一国际劳动节。

五一节那天，我们母女三人在宋庆龄家中玩了很长时间，也谈了好多的话。宋庆龄把北京家中工作人员重组的情况告诉了我。当时她看见我的两个女儿后说："原来她们还这么小，难怪小庸你在北京不能安心工作了。"

还托我在医院里找一个保姆。她对我说："兴宝现在身体也不好，不如你在的时候了。你在医院能否帮我找一个年轻、身体较好的？我要的条件你是知道的。"第二天，我就把应邀到宋家做客共度五一节及宋庆龄交办的事宜等，一并向工宣队的负责人周云礼做了汇报。我们马上一起商量，排列合适的人选。遗憾的是，我们把全院的女同志都排过来了，只有电话接线员杨雪芳同志可以考虑。杨雪芳在她丈夫逝世后，也是一人带了一个10岁的孩子在生活。但她家是个男孩子，比女孩子调皮得多。当时我们就想，如若让她去北京，肯定会在孩子的教育和管理上存在问题和困难，最终也会使杨雪芳难以安心在北京长期工作，所以一番商量后只好以毫无结果暂时作罢。我即把上述情况如实写信向宋庆龄做了汇报。没多久，宋庆龄回信了，她在信中告诉我："兴宝已设法找到了她的一个亲戚前来相助，问题已有眉目，人可以不要再找了。"

时隔不久，我又接到宋庆龄的信，约我去淮海中路的家中去，主要商讨她从北京带来的一盒刀叉等西餐用具的修理与镀光的事。这套西餐刀叉用具均有陈旧、褪光等现象，她想委托我拿到我上次去过的上海的那个电镀厂修理与镀光，当时我答应试试看。因为自从工宣队、军宣队进驻单位后，各项工作都在恢复中，这套西餐刀叉用具随同医疗器械一起，让后勤方面的人一起送到专门的工厂修正与镀光，应该问题不算大。没多久，我就把修正、镀光一新的西餐刀叉用具送回了宋庆龄的手中。宋庆龄看见这套修整如新的刀具，很高兴。一个星期六的傍晚，宋庆龄让服务员老刘捎给我一封短信，说是她有一段时间没和沈粹缜大姐见面了，挺想念她的，想约她到淮海中路的家中玩玩与谈谈，星期天下午2点钟，盼我与沈大姐准时赴约。我即把宋庆龄的短信内容转达给了沈大姐，并准时于星期天下午2点钟与沈大姐结伴来到淮海中路。原来，早在星期六，宋庆龄就知道上海市妇联将给她送去一只大蛋糕，她一个人不舍得独享，就捎了个短信给我，

1973 年，刘一庸在上海留影

特意把沈大姐和我请去分享呢！这只香甜美味的咖啡大蛋糕，我们三人整整享用了两个小时，也谈笑了两个小时。事后，宋庆龄高兴地对我们说道："沈大姐，小庸，今天我真高兴，就像上次我们在北京一起的时候差不多。"后来，宋庆龄返回北京后，仍和我保持着通信联系，从字迹可以看出，她也是先请张珏代笔、她最后签名的。

汤：从你们这样密切的往来看，当时宋庆龄对您的误会早就理解了，消除了。

刘：应该是这样的吧。

【采访后记】

"文化大革命"结束后，刘一庸被组织上任命为中国国际和平妇幼保健院副院长，还增加了外宾的接待工作，1984年退休。退休后，在时任中国福利会秘书长朱可常同志的组织、领导下，刘一庸积极筹办了由巴金、叶公琦为名誉会长，朱可常、刘元璋为正副会长的上海儿童世界基金会，刘一庸先后担任该会副秘书长、理事、长宁幼儿院（长宁区幼儿院最开始是宋庆龄基金会与长宁区政府合办的。笔者注）院长等职务。

2007年3月20日，刘一庸在向笔者寄回审阅完毕的初稿时，不但又提供了数以千字的回忆录，还热情洋溢地附上了一封亲笔信，全文如下：

汤雄同志：您好！

接读来信和报告文学初稿，我真感动您利用业余时间写作所付出的辛劳，收集到这么广泛而丰富的资料。说真话，我在首长身边工作将近三年的时间，对您收集到的人和事我都不清楚，甚至不太知道，这都与我从政治角度考虑问题不够、不努力学习、不关心周围事物有关，应该检讨。

本来，我一向不愿回顾过去，错误地认为一些琐事，太顶真了并不一定太好，过去的事就让她过去就是了。从接到您的电话和来信后，您的热情、坦直、公平、正义、勤奋、自强、追求真理以及坚忍不拔写好材料、纠正错误的负责精神，使您的计划初步实现了。您成功了，我祝贺您！

因为很多往事，我已没有很好的记忆，所以电话中也难说得清楚与明白，甚至是只言片语不清不楚的。现在，凭您丰富的想

魅力宋庆龄

象力与良好的语言表达能力，加上坚强的意志和日夜耕耘的奋笔精神，文稿完成了。是您的执着精神感动了我，促使我进行了比较认真的回忆。特别是对时间等问题的出入上改写了一下，力争准确一些。

再就像黎沛华同志是单身或婚后分居，我也不敢说是您或我掌握的情况哪个正确（据我所知，她有丈夫，在广州中山大学任教，姓黄，她的女儿名黄某某等）。

再就您想在文稿中补充一些情况，我也有同感，感到需要。将近三年的时间，我每天都有一段时间和首长一起吃饭、一起学习、一起讨论工作、一起设想未来，特别是首长比较怀旧，喜欢回忆往事，可说古今中外、天南地北诸多朋友的情况和健康等都讲给我们听，高兴时曾把她和孙中山的相识、恋爱到结婚等情况都告诉了我们，把合影照拿给我们看。就是她一直要我们有个遵守规定不乱传乱说的习惯，所以我一直遵照她的教导，这些情况从来不和任何人谈过。在一些小问题上，如她请客、我们出洋相，（她）就反复教会我们西餐怎么吃，汤应怎么拿着喝，大闸蟹怎么吃得干净利落，以及对虾如何食用，等等，常使祥和温暖的气氛超过了工作时的严肃距离。

事实上，我们对她的高度尊敬，她对我俩全面细致的关怀与爱护，都在随时毕现，很可惜我不（是）文人，真不知应该把哪些素材提供给您才好……这次只把首长有关政治、学习、关心工作和文化、生活上的概况和小事提供给您，您可能还会感到简单、空洞和抽象。好在您文学创作方面具有丰富的想象力，在原文补充或重组上，能够充分发挥，您写时若感到哪些素材不足，可以再来电或来信询问，我当尽力提供。

原稿已被我涂改得很脏很乱，添添删删和一些打上红杠的地方也不一定准确，只好烦您核对后再用您的快笔重组并进行文字修饰吧！

关于您设想要的一些照片、手书等，经反复几次翻找，均不见踪影，想是我平时保存不善。前年搬家别人帮助急促草率整理，可能与一些过期的杂志、报纸和旧书等一些纸袋存放一起，放在纸箱内，一起丢弃了。现在看来，将成为今生的遗憾！

今天就写到这里吧！即祝

身体健康，全家安好。

刘一庸

2007.3.15

（笔者注：括号中的字均是笔者添补。）

采访中，刘一庸还告诉笔者，1981 年 5 月 29 日宋庆龄病逝时，上海市政府有指示：一是由中国福利会党组书记、副秘书长朱可常同志代表"中福会"与上海市政府机关事务管理局代表，一起赴北京参加吊唁宋庆龄的活动；二是"中福会"各单位可组织有代表性的骨干前往上海宋庆龄故居凭吊、参观；保健院的领导骨干及中层干部代表则由刘一庸带队前往；6 月 4 日，宋庆龄骨灰运抵上海后的落葬仪式由"中福会"各单位主要负责人参加凭吊。

白血病夺去了宋庆龄的生命之后，张珏仍应命住在北京后海北河沿的家中，参加了为宋庆龄骨灰送行的仪式。为了准备宋庆龄的事迹展览，她继续在京搜集与准备材料，翻译宋庆龄留下的英文文章。当她译到第十三篇文章时，过度的劳累使她突然患脑血栓，不得已，只好南返回沪。1998 年 2 月 8 日，张珏因病医治无效与世长辞，终年 85 岁。

魅力宋庆龄

上海寓所管理员周和康口述实录

周同志，你又在记账了？快开电灯，要保护好眼睛……

李姐过世的消息，你今天不要打电话给周同志，这样，他们的这个春节就过不好了。还是让我亲自写信给周同志吧！

———宋庆龄

口述：周和康

李秀菊（周和康的夫人）

采写：汤 雄

时间：2007 年 4 月 20 日

地点：上海市徐汇区天钥桥南路 1249 弄周和康家

【采访者按】

2008 年到 2009 年间，笔者放弃所有节假日，甚至请了一段时间的事假与病假，先后奔波在北京与上海两地，以在宋庆龄身边工作了 26 年的原上海寓所的管理人员周和康、在宋庆龄身边工作了 15 年的北京寓所管理人员安茂成为主线，对他们进行了采访，较全面地记录了曾在宋庆龄身边工作过的上海、北京两地的厨师、花匠、司机等各岗位、各工种人员在宋庆龄身边工作时的相关故事，披露了一些鲜为人知的事件；全面地反映了周和康、安茂成等管理人员无私服从党的委派、忠诚于革命事业的可歌可泣的工作态度与敬业精神。

一、从纠察科小队长到宋庆龄的家庭管理员

汤　雄（以下简称"汤"）：请问周师傅是什么时候到宋庆龄身边工作的？在去之前您在什么单位工作？

2002 年 7 月 6 日，周和康在自己家中

周和康（以下简称"周"）：我是 1956 年 5 月 1 日前几天到宋庆龄身边工作的。在去之前我在上海的中苏友好大厦经济保卫处工作，担任纠察科小队长。那天，上海市人民委员会副秘书长张苏平通知我尽快去他办公室，说有要事相商。当时我还是一个 30 岁刚出头的小伙子，是中共正式党员，在政治上正处于积极进步的时候。

汤：听口音，周师傅不是上海人？

周：我是宁波人。1925 年农历十月十五日出生于浙江宁波鄞县（今鄞州区）钟公庙镇傅家堤周家村的一个职员家庭；10 岁时，我的父亲因病逝世，顶梁柱倒塌，全家顷刻断了经济来源。我共有四个兄弟姐妹，当时最大的阿姐 14 岁，最小的阿妹与阿弟分别为 5 岁与 2 岁。在舅舅的资助下，我母亲硬撑着把我抚养到 14 岁，就再也没有办法供我读书了，只好叫我从宁波市四眼石契初级中学肄业，然后在亲戚的帮助下，一个人到上海学生意。我第一个学生意的地方是位于上海建国中路 326 号的一家南货店，当时我只有 14 岁。3 年学徒期满后，老板看我人比较机灵，就叫我当了名"跑街"（即推销员。笔者注），专为南货店推销瓜子等炒货食品。1946 年 3 月，我被位处上海四川中路 70 号上的美国人开的万国转运公司经理看中，进该公司当了名外勤理货员，专门做报关、运输与仓储。我在这个外商公司做了 9 年时间。新中国成立后，1954 年 10 月，公司歇业，我协助公司完成清理工作后，就在朋友的介绍下来到黄浦区运报行业委员会工作，任组员。我只做了 3 个月，就引起了黄浦区运报行业委员会党组织的注意：1955 年 1 月刚过元旦，我就被组织上任命为中苏友好大厦经保处纠察科小队长。1955 年 5 月 26 日，我加入了中国共产党。张苏平副委员长是我的直接领导，我已经与他共事一年多的时间，所以张副委员长对我的个人简历、工作能力、政治面貌是十分清楚的。我在外资单位做了 9 年，懂英文，还会英文打字，更重要的是，我已有一年多的党龄，无论是在业务还是在政治上，都是过硬的。到后来，张苏平就对我说："小周，经组织研究，决定派你去一个十分重要的新岗位工作。"我问他是什么新岗位，他就说："派你到宋庆龄副主席身边工作，担任生活管理员，你看怎么样？"当时我做梦也想不到会派我到这样大的领导身边去工作。宋庆龄的名气多响啊！

当时我很激动，也有点担心，不知道去干什么。我就问张苏平："我去管理哪个方面呢？"张苏平就告诉我是家庭事务管理。宋庆龄身边缺一个在外面跑跑弄弄、在家里管账的人。总之是管家之类的角色。他讲我正好合适。我一听这工作我能做的，就表示我坚决服从党组织的安排！我是党员嘛。所以当天我就开了介绍信，第二天就到淮海中路 1843 号宋庆龄寓所报到了。当时张苏平还告诉我，为寻觅合适的管理人员，宋庆龄副主席已两次亲自向组织上提出了要求呢。

后来我才知道，新中国成立前，宋庆龄家中有一个名叫谭明德的专职管理员。谭明德是孙中山家中早年的广州籍女佣谭老太太家的儿子，他自1942年春天起到宋庆龄身边担任管理员后，宋庆龄外出活动时他大多跟随在左右；1945年抗战胜利后，谭明德跟随宋庆龄从重庆来到上海，住在桃江路46号；新中国成立后，谭明德因患肺病，不得不离开宋庆龄，由政府调到上海市政府大礼堂任服务员，后来就生病过世了。谭明德有一个女儿谭×，谭明德过世后无人照管，就过继给同样也是谭老太太于1927年介绍到宋庆龄身边工作的李燕娥当女儿，易姓李，叫李×。谭明德因肺病离开宋庆龄家后，宋庆龄又请原来任孙中山副官的陆天麟为管理员。后来，陆天麟到了宋家后，上上下下都仍称他"老管家"或"陆副官"。遗憾的是，陆天麟做了没几年，也传染上了肺结核。于是，陆天麟回家治病，由他的亲弟弟陆志辉前来顶替。估计陆志辉不是共产党员，也不适合在一个国家副主席的身边从事这样重要的工作，所以宋庆龄才向组织提出要求，请政府另派一位合适的人到她家去，配合李燕娥，全面负责家中内务管理的工作。李燕娥是16岁就跟宋庆龄做保姆的。不过李燕娥不识字，外面跑不开，否则李燕娥是顶好的管家角色。

我报到这天接待我的就是李燕娥李姐。那时的李燕娥不像晚年那样胖，她个子不高，体形健壮，齐耳的短头发，眼睛不大。那天，她穿着一身肥大的衣服，手里拿着一大串叮当作响的钥匙，走起路来动作很快。从这串钥匙上看得出来，当时家里的大小事情是她一把抓的。当时李燕娥接过介绍信就让我在客厅坐下休息，一个人到楼上去禀报宋庆龄了。不一会儿，她又下来笑眯眯地把家里人员的组成情况、我的主要工作任务和需要注意的事项，一一向我做了一遍介绍与叮嘱。上海家中有司机刘春生、厨师何××、绿化工王宝兴、文字秘书黎沛华、警卫秘书隋学芳、警卫员张建俊与程瑞庭、保姆李燕娥与钟兴宝，连宋庆龄一起正好10个人。家中除黎沛华每天只在上午上班、下午在家休息外，其他工作人员一律全部住在寓所里，只有到礼拜日才放假一天，可以各自回家休息，这是宋庆龄家中的纪律。

上海家里有主楼、辅楼，李燕娥住在主楼上，睡在紧邻宋庆龄房间的一个房间里；钟兴宝住在辅楼的楼下；其他工作人员包括警卫人员全部住在西边那幢辅楼里。我被安排住在辅楼靠西楼上的那个房间里，隔壁是隋学芳；楼下则分别住着绿化工王宝兴、厨师何××与司机刘春生。刘春生是从上海市政府车队调到宋庆龄上海寓所的专职司机，他和王宝兴一样，都是1956年调到宋庆龄上海寓所工作的。后因工作需要，王宝兴于1972年调到上海东湖宾馆工作，由卫四弟接替。1979年，卫四弟因工作调动，由沈根林接替，一直工作到宋庆龄逝世后才退休。未经宋庆龄特许，不是因修理水、电、煤、卫生间必须上主楼的话，任何男子不得上主楼。当时，李燕娥还交给我一本信件登记簿和一本平时买菜开销记账用的账簿。她对我说："周同志，你的信件登记簿上的字，应写正楷，不要潦草，因为这本簿子每月都要送给夫人亲自看的。家里用的账簿，也是如此。每张发票，你要重新写一张，把品名、金额核算清楚后，贴在原来的发票上面。这样可以让夫人看起来省力，做到一目了然。还有，你每天早晨到四川中路上的上海食品公司特种食品供应站购买小菜，所有东西都要挑选新鲜的，质量好的。买回来后，就直接交给厨师何×× 验收。凡是一切外边买进来的食品，你要绝对负责；食品拿到手后，你就不能离手，要一手抓到底，亲自交给我，绝对不能交给别人转手。因为这些食品，都是直接给夫人吃的，责任重大啊！出了事情，你我都担当不起的。所以，你要提高警惕，谨慎小心，保证食品的清洁卫生，千万不可疏忽大意！客厅里古董橱的钥匙，今天我就交给你保管，不要乱放。这些古董瓷器，其中有一套是夫人的新西兰友人路易送的，你每月都要揩一次，用软布轻擦细拭，经常保持清洁，不能沾有灰尘。这些都是很贵重的古董，你要小心轻放，千万不能碰坏。对楼下每个厅室的清洁卫生工作，你要仔细认真检查，镜框、门框、护墙板的上面，都要自己用手去摸一下，看看是否有灰尘；对不清洁的地方，你要及时指出补搞。夫人是十分重视清洁卫生工作的，检查起来要求高，很严格，你千万不要马马虎虎、疏忽大意……"

听了李燕娥这些交代后，我心里有点紧张了，倒并不是怕累怕苦怕繁琐，而是担心自己万一在工作上有个闪失，弄错了，到时候怎么向组织交代？怎么向宋庆龄副主席交代？还有，就是在宋庆龄家中，是不能哇啦哇啦的，都要轻声轻气的，就连走路也要轻手轻脚。因为宋庆龄有神经衰弱，一听见这种声音就吃不消。所以，她平常叫人，也是摇铜铃。在她家里，放着4只铜铃。一只较大的放在主楼卧室靠近门旁的一架收音机上面，那是宋庆龄招呼李燕娥与钟兴宝时用的，只要听到铜铃声，她俩就会立即上楼，听候宋庆龄的指示；第二只放在主楼楼下电话间红木茶几的上端，是宋庆龄到楼下的时候，有事招呼李燕娥和钟兴宝用的；第三只是一只最小的铜铃，就放在楼下工作人员吃饭间的窗台上，这是专为工作人员准备的：如有国内信件、报刊、文件送到，需要及时送呈宋庆龄阅示的，就由工作人员通过摇晃这只小铜铃，召唤李燕娥或钟兴宝到楼下来拿，以免误事。还有一只大铜钟，挂在楼下工作人员餐厅北首的转角处，就是现在走进故居瞻仰参观时换鞋的那间屋子；这只大铜钟是用木架子吊起来的，钟上串有一根绳子，轻轻一拉，就会发出"当当"的声音，敲一下是喊警卫秘书；敲两下是喊管理员，就是喊我；敲三下是通知全体工作人员用餐。通常情况下，只有李燕娥有权力敲响这只大铜钟。每当她敲响这只大铜钟时，大家就知道她又有事情寻人布置工作或传达宋庆龄的指示了。有时候，宋庆龄在主楼房间里时，就不一定使用摇铃的方式，而是采用拍手的方式：拍一下手是召唤李燕娥；拍两下是召唤钟兴宝。说实话，当时面对上海寓所里严明的纪律与家规，我心里确实有点儿紧张的。

当时我的家住在南市区尚文路 138 弄，后来为了便于工作与生活，才在市机关事务管理局照顾下，把家搬迁到淮海中路 1843 号附近的淮海中路 1754 弄 61 号。不过，我是遵守纪律的，未经批准，决不私自回家。就是白天出去买菜送信什么的，也不拐弯的。办好事情，就马上回去。到后来，是首长主动提出让我每天下班没事了，回家去住的。

汤：周师傅是什么时候见到宋庆龄的？

周：是几天后才见到她的。1956 年 5 月 1 日前的那几天，宋庆龄一直在楼上没有下来，一天三餐也都是由李燕娥或钟兴宝端上楼去的。所以，我刚报到的几天里，没有见到她。直到 5 月 1 日那天，宋庆龄设宴招待亲友和身边的工作人员时，我才第一次直接见到她。

5 月 1 日上午，我正在厨房间对账。李燕娥过来对我说："首长在餐厅里等你去。"当时我就连忙过去了。跨进餐厅时，我的心里仍十分拘束、紧张。当时，我看见只有在画报与影片上见到的宋庆龄已经坐在座位上了，笑嘻嘻地望着我。我上前叫了声"首长好"，她就回我一句："周同志，你来啦，请坐。"

当时宋庆龄已 60 多了，身体已开始发胖，但她的皮肤仍然白里泛红，只有两只眼睛的眼角边，才有几条浅浅的鱼尾纹。那天，她身穿一身墨绿色的旗袍，脚下穿一双黑色的高跟鞋，典雅高贵，气质非常好。当时她叫我在一边坐下来后，就和我拉起了家常。当她知道我是宁波人时，还对我说："宁波汤团我最欢喜吃了，特别是黑芝麻猪油馅的。"当时我真的没有想到大名鼎鼎的首长竟是这样一点也没有架子，平易近人。当时，我还看见她的胸口挂着一串白兰花，估计是刚从花盆里采下来的。

宋庆龄上海寓所里有很多花，她的屋里也到处是花，都是李燕娥负责弄的。宋庆龄上海寓所的大门是墨绿色，银灰色的围墙，四周绿树成荫；三面环绕着40余株香樟树，都是枝干笔直的；一到黄昏，香樟树会发出淡幽幽的清香，很好闻。宋庆龄最喜欢香樟树，因为香樟树还能治疗皮肤疾病。宋庆龄有荨麻症，发作起来很严重。所以，有时候她会让李燕娥掘几段地下的香樟树根，劈开，劈成一片一片，再用水烧成汤，混在洗澡水里。她认为这是治疗荨麻症的秘方，事实上也确实有消炎止痒的特效。所以，宋庆龄十分偏爱香樟树，轻易不允许绿化工修剪枝叶。李燕娥告诉过我，说宋庆龄年幼时就喜欢香樟树。在陕西北路369号她父母住的花园里有一株香樟树，就是宋庆龄当年作为自己的生日纪念物亲手栽下的。后来这树已经长得有碗口粗了，不用再浇水了，但她仍喜欢常常去照料它，为它浇浇水、松松土。当时369号成了"中福会"职工住的地方了。还有，淮海中路1843号是个拥有主、辅两幢小楼的花园式大院，院中有主、辅两幢两层的楼房，均是坐北朝南、冬暖夏凉的好住宅。楼前是一大片草坪，绿草茵茵；中间两旁放有四只花鼓型彩釉圆凳，既可落座休息，又起装点作用。屋前还种有几棵桂花树，每年中秋前后，桂花香飘得楼上都闻得着。还有一排爬藤蔷薇，直攀上二楼阳台。在通向大阳台的落地门窗前，摆着几盆白兰花和茉莉花。当时宋庆龄胸前挂的兰花，就是在这里采的。

在上海寓所里，还有李燕娥负责的各种四季鲜花和盆景。宋庆龄平时喜爱的插瓶花有玫瑰花、香水月季、菖兰、康乃馨、阿丽斯、菊花、象牙红、水仙、蜡梅、天竹、银柳等。家里要接待中外重要来宾时，宋庆龄总是先来巡视一番，调整插瓶花与盆花的布置，有时还拿起剪刀，亲自修剪一番。首长是养花的行家呢！我至今仍记得，当年10月印度尼西亚总统苏加诺来参观前，她在客厅里对我和李燕娥说："插花是一门很有讲究的艺术。在厅室里，插上一束鲜花，可以起到画龙点睛的作用。"她还专门对我说："周同志，你看，李妈插的瓶花，千态百姿，多么有趣呀！你要向她学习。像什么个插花要和季节相结合，在元旦，要插上象牙红、蜡梅和水仙啦，在春节要插上蜡梅、天竹和银柳啦，她都知道的。"她还教我说："要让鲜花开得鲜艳、饱满而又持久，花瓶里的用水很讲究，早晨在花瓶里加水、换水，可使花朵在较长时间里不会枯败；盆花要在临夜时搬到室外，放在阳台上，让它吃些露水，才能长期保养好。"寓所后面有前后两个较大的花圃，里面种着香水月季花，都是从上海市郊漕河镇一个专种此花的徐小

上海寓所管理员
周和康口述实录

弟处移植来的,颜色有红、黄、紫和粉红等。有时候绿化工王宝兴会剪来一束束各色的香水月季花,交给李燕娥,然后再由李燕娥分别插在楼下客厅和楼上卧室里。

汤: 楼上屋里的摆设呢?

周: 楼上也是后来首长逝世后我才上去看见的。在二楼房间里有四件柚木大家具:一张素色的藤木结构的双人床、一个大衣橱、一个五屉橱、一个梳妆台,都是宋庆龄的父母从广东老家给她定做的嫁妆;室内另有的单人沙发、茶几、八音钟,也都是孙中山生前曾经用过的遗物,是从孙中山故居搬过去的。在卧室正中挂着宋庆龄与孙中山先生结婚时的合影。在二楼的办公室内,靠近壁炉的正中置放着一架"施特劳斯"钢琴,有时候宋庆龄要在那里弹琴。

汤: 听说在主楼的客厅里铺着的梅花地毯,是当年毛主席送的?

周: 据李燕娥说,梅花地毯是新中国成立后毛主席送的,但具体的日期没有讲过。我为此问过钟兴宝,兴宝也不知道,只是说她于1953年来此工作时,地毯就已铺在客厅里了,具体时间她也不清楚。不过,毛主席到上海屋里来访问宋庆龄,我倒是知道的,具体日期记不牢了(是1961年5月11日下午。笔者注),当时我来寓所工作已经5年了。那天,宋庆龄在客厅里接待了毛主席,两人还一起在壁炉前的孙中山照片前合影留念。毛泽东坐在东侧大沙发上与宋庆龄谈话,一个钟头后走的。当时宋庆龄一直送到主楼大门口。上海寓所的主楼里,还有一块名为"百鸟朝凤"的玉摆件,那是新中国成立后林伯渠来拜访宋庆龄时赠送的。这块玉摆件中的凤凰,是指宋庆龄,寓意着宋庆龄是百鸟之首的凤凰。在主楼的客厅时,还摆放着一套组合音响,那是庆祝中国福利会成立20周年的时候,上海市委、市人委赠送的,共计7件,其中有放在卧室茶几上的一架收音机,上海试制成功的第一只手表等物。她收到礼物后,当天就指示我代为执笔,复信上海市委、市人委,表示她的感谢。

当时我已获得了宋庆龄一定的信任,当天我根据她的口述写好复信交给她审阅,再由她在信笺后面亲自签上她的名字后,我当着她的面封好信口送出去的。

当面封好信口是规矩。我代她寄随便什么信,都是当着她的面封好信口的。还有一套当时还不太多见的音响,就根据宋庆龄的指示摆放在客厅里。紧邻客厅的西书房里,放置有一张单人木床。在中午休息时或等候华东医院保健医生和按摩医生小蒋的过程中，她就在西书房内，躺在这张单人床上休息，一边听音乐，一边等医生来。

小蒋是女的，是按摩医生。你别看小蒋年纪轻，但手劲大，按摩按得好；她还会擀馄饨皮子，包得一手好馄饨，为此，宋庆龄格外喜欢她，有时候没事也要请她到寓所里一起包馄饨、吃馄饨呢！

汤：上次我看见一篇文章，说曾有游客对宋庆龄把那台英文打字机摆放在盥洗室里而不摆放在办公室里不理解。

周：把打字机摆放在盥洗室里，主要是为了使用方便，因为它接连着宋庆龄的房间和办公室。平时宋庆龄写文章、写信、打字的稿件，都放在办公桌上，踏进办公室就能拿到所需要的东西，既快捷，又方便实用。宋庆龄藏书特别多，楼上卧室门外走廊里并排放着的两个书橱里，楼下东书房和西书房的大书橱里，都分上下两格整整齐齐地摆满了书。这许多的书籍中，政治、经济、历史、哲学、文学等各方面都有，其中以英文为主，中文少点。宋庆龄在楼上办公室里的时候，她用书是很方便的，随时可以拿来看；但对于楼下的就费劲了，她必须亲自在楼梯上爬上爬下地去书橱里寻。为此，有时她要看书的时候，就拿她要看的书名摘录在纸条上，再请李燕娥下楼交给我，然后由我到大书橱中去寻，寻到后，再把书籍交给李燕娥，再让李燕娥拿到楼上去交给首长。

汤：宋庆龄是个兴趣广泛、多才多艺的人？

周：是的。她养花种花很讲究。楼下客厅的廊檐下，有个狭长的 12 平方米的大阳台，排放着藤椅、藤摇椅、藤茶几、藤圆台，铁结构的四方台和木制的花架，也是她用来养花的。她会养花，朱老总也知道的，大阳台花架上的几盆兰花，就是朱德委员长送给她的礼品，被放在大阳台的正中间。在大阳台的东首客厅门口，还有两盆高大的白兰花，有时用完早餐，宋庆龄常会下楼来到该树旁，采摘两朵白兰花，放在上衣口袋里。有时吃过中午饭后，只要天气好，宋庆龄一般会在李燕娥的陪同下，在大阳台上散散步，晒晒太阳。还有，她喜欢养鸽子，也是众所周知的。

她还喜欢养小猫咪呢！她在上海寓所里，养过四只猫。第一只名叫"彼德根"，是黑白相间、毛色油亮的中国花猫，它爱清洁，从不随地大小便，总是在小扶梯旁边指定的地点方便；彼德根性情温顺，善解人意，宋庆龄走到哪里，它就跟随到哪里，而且一边柔声地叫唤着，一边甩尾巴；宋庆龄办公时，它就一声不响、一动也不动地蜷伏在主人的脚边；宋庆龄在起居室的沙发上休息时，它就卧在沙发旁，闭着眼睛；宋庆龄用饭时，它就抢先一步坐餐桌下，用前爪抹嘴洗脸，等待着主人给它美食；吃过饭后，只要是晴朗的好天气，宋庆龄总要到大阳台上去散步，它也来回追逐着主人跟着小跑步；当宋庆龄静坐在藤椅上休息晒太阳时，彼德根亦懒洋洋地卧在地上晒太阳，时而睁开眼睛瞅瞅主人，时而活蹦乱跳，不断翻身嬉耍；高兴时，它纵身一跳，跃入宋庆龄的怀抱里撒娇……令人称奇的是，到后来，每当宋庆龄外出归来，只要汽车开到大门口，一按三下喇叭声，彼德根就会连蹦带跳地从楼上蹿下来，等候在大扶梯旁，"喵呜——喵呜"地轻轻叫唤着，欢迎主人的归来，然后不住地摇头摆尾，跳跃着跟随主人上楼而去。令人惋惜的是，彼德根由于逐年衰老，不幸死亡。根据宋庆龄的意见，我和李燕娥把它深埋在了庭院东侧的竹林中。上海寓所里还饲养过一对波斯猫，宋庆龄分别为它们取名为"珍妮"和"汤米"。它们分别长着一身洁白蜷曲的长毛，生着一双碧绿似翡翠的大眼睛，从外表看，确实好看、迷人。但是它们不争气，到处大小便，弄得家里整天臭烘烘的。根据宋庆龄的意见，我把它们物归原主，退还给了西郊公园。最后一只猫，是黄色虎狸斑的，它娇小伶俐，活泼可爱，是从外面逃进家里来的不速之客。宋庆龄依据它的来历，为它取名为"来宾"，可惜"来宾"野性不改，经常到外面去，直到饥饿才回家。1979 年冬天，来宾在又一次出走后，就再也没有回来。从此，宋庆龄再也没有在上海寓所里饲养过猫。

上海寓所里还养过鸡、鸭、广东的狮头鹅和亲友送来的火鸡。这些家禽饲养了大都在一两个月后，不是送给亲友，就是变成了寓所餐桌上的美味。

汤：周师傅您在家里的主要工作是什么呀？

周：主要是采购一日三顿的小菜，还有记账。在我没担任宋庆龄上海寓所管理员之前，寓所所用的菜与大米都是厨师何××采购的。不管春夏秋冬，每天早晨，我总是 5 点钟起床，5 时 30 分骑着脚踏车出门，往四川中路的特种食品公司采购寓所一天所需的菜与大米；购买回来后，就按规定直接交给厨师何××，然后由何××验收合格后收入冰箱里。不过，后来有段时间，我发现我每天采购回来的食物，不管是荤的还是素的，数量都会减少，对不上账。

二、发生在宋庆龄家厨房里的流血事件

周： 那是 1960 年国家遭受自然灾害时的事情了。那段时间，我买回来的小菜、大米等，数量总是变少。起先，我还以为是特种食品供应公司给弄错的，所以回家后特意用秤称了一下，认定半两不差后，才交给何××。然而，随着每顿饭、菜数量依然减少，大家都喊吃不饱、没吃好时，我就想不通了，实在弄不清问题出在哪里。我就怀疑是否家里有人做了手脚，就悄悄地把心中的怀疑告诉了李燕娥。其实，李大姐也早就对每顿餐桌上饭菜数量减少起了怀疑，听了我的汇报后，她就和我一道找到了厨师何××。何××是广东顺德县（今顺德区。笔者注）人，人长得瘦瘦的。他与李燕娥是广东老乡，由于乡情这层关系，所以平时他俩的话比较多，也比较随便。从 20 世纪 30 年代算起，何×× 在宋家已干了 20 多年，他和李燕娥一样，都是最早在宋家服务的人。

当时找到何×× 时，他正在厨房里忙碌。厨房并不大，有一个灶，还有可以做西餐的一些家什。一台冰箱虽说容量较大，但式样也很老很旧了，装备一点也不现代化。李燕娥和何×× 熟，就问他："元光，近来大家都说吃不饱，每顿吃的饭菜总是不够吃。你知道是什么原因吗？"何×× 一听就有点火了，说："我怎么会知道呢？买菜的事情，我不是早就不管了吗？"言下之意，这个问题，要问，就得问我周和康。因为我一到淮海中路，就接了他原来的工作。原来家里采购食物都是他负责的。李燕娥这个人直性子，听了何×× 的回答，当时就直截了当地说："肯定是少了嘛，昨日中饭时候吃的那两碗猪肝的数量明显少了，而周同志买回来的猪肝，有两斤呢。"何×× 听了就说："这个没有什么大惊小怪的，猪肝放进冰箱里一冰，本来就是会缩水的嘛！"李燕娥听了不买账，说："猪肝冰了会缩水的？我倒第一次听见。"还问我："周同志，猪肝冰了会缩水吗？"何×× 被李姐问得发急了，就发脾气了，对李燕娥说："都来问我，都来问我，什么都来问我，难道你就不好去问问负责采购的人吗？"当时我一听矛头指向我，就赶紧拉了李燕娥走了。回到主楼后，李燕娥越想越怀疑，何×× 刚才随口说的"猪肝放在冰箱里一冰就要缩水"这句话有破绽。当时，宋庆龄在北京，李大姐没有向她汇报，只是叫我明天再买块猪肝回来，

上海寓所管理员
周和康口述实录

直接交给她，她要试试。她不相信猪肝冰了会缩水。

汤：主楼上也有冰箱？

周：有的，也是一台老式的。不过当时算是新式的了。比厨房里的那台小得多，就放在小夹厢里，小夹厢通宋庆龄睡觉的房间。宋庆龄一向喜欢烹饪，在她楼上的书房里，就收藏着不少有关烹饪的书籍。她不但喜欢阅读此类书籍，有时还喜欢亲自下厨掌勺，当李燕娥每天傍晚向我提出需要另外购买一些副食品时，我就知道宋庆龄明天又要亲自下厨做菜了。果不出所料，第二天上午 11 时以后，她就会在李燕娥的配合下，在楼上的夹厢里，亲自做小菜。首长真的很会做小菜。她经常做的两道拿手菜，一道是牛肉、京葱烧豆腐，一道是红菜头、洋葱、青椒、茄子、番茄等炒成的蔬菜什锦盆。小菜做好后，她除了自己吃一小部分外，大部分都分给大家吃了。有时候还要派人给沈粹缜送去一小碗盏，让她尝尝。

汤：当时放在楼上的冰箱里试了？

周：没有。李姐仍旧放到楼下厨房间里的那只冰箱去试的。那天我遵从李燕娥的嘱咐，特意从食品公司买来两斤猪肝，交给了她。她和我一起称好后，直接用纸包好、用绳子扎紧后，再叫我交给何××，放入冰箱里，关照他说猪肝第二天吃。到了第二天一大早，趁何××还没上班，我和李燕娥到厨房里拿出来一称，乖乖，少了整整六两！当时，我们还怀疑可能冰箱冰了猪肝后，猪肝真的会缩掉，所以第三天我再和李燕娥商量后，买回来两条大鲳鱼，交给何××，交代第二天中午饭吃。当时我们想，如果鲳鱼条数不少、分量少，那么肯定是冰箱冰了后是会缩水的了，何××说的是准确的。所以，第二天上午 9 点多一点，趁何××还没开锅烹饪，我就和李燕娥一起来到厨房，想打开冰箱看看。不知道何××什么时候早已把鱼全部杀好洗干净了，还切成一块块，放在冰箱里。当时我想这回又试不成功了。这时何××进来了，看见我们在检查鲳鱼，面孔马上就不活络了。李燕娥也豁出去了，她以总管的身份当着何××的面，从冰箱里拿出鱼块，逐一摆放在砧磴板上拼。这不拼也罢，一拼，漏洞马上出来了，任凭她怎么拼，这两条鲳鱼就是拼不成原来整条鱼的样子，而且缺掉的几块都是当中的肉段，不是鱼头、鱼尾巴。当时，何××的面孔就涨红了。李燕娥问他这几块鱼都到什么地方去了？他还犟嘴说："我怎么知道，总不见我拿生的吃下去了吧？"当时李燕娥气得不得了，转身就向隋学芳做了汇报，说何××手脚不干净，把厨房里的食物偷回家，估计以前米、面什么的他也都偷回家去。

隋学芳听后就马上找到何××，问他这几段鲳鱼到什么地方去了，到底是不是他拿回家去了，可是何××还要犟嘴，死也不承认是他拿回家去的。隋学芳问不出个名堂，也只好拿他没有办法。但从此何××就恨死了李燕娥。李大姐一向对工作绝对负责任，从此一到做饭的时候，就亲自跑到厨房，站在那里，从头到尾看着何××烧饭做菜，直到饭菜做好端到餐厅为止。李燕娥的较真劲儿，终于使何××再也忍不住了，就丧失理智动刀劈人了。这就是当时作为国家一级机密的发生在宋庆龄上海寓所厨房里的流血事件。

（笔者注：这起发生在宋庆龄上海寓所厨房中的流血事件，摘录周和康提供给作者的一段书面回忆录为证。）

1961年11月25日早晨7时左右，当时，我正在小厨房前面走廊上扫地，突然听见李燕娥传来一声"啊唷呀"的尖锐的喊叫声。我回头一看，只见厨师何××在厨房里，所以我起初以为李燕娥是在吃饭间呢，即闻声奔进吃饭间大声叫喊："李同志，李同志！"但是得不到一声回答。我情知不妙，就转身奔到厨房门口，厉声责问何××："老何你在干什么？"可是，何××非但没有理睬我，反而反手把厨房的门给关上了。我急忙推门进去，却没有想到何××就隐藏在上楼梯旁的门后，见我进去，何××就举起一根铁棒（一根水汀炉子上的摇手柄），猛地朝我的头上打来。幸亏我手疾眼快，举起双手往头上一挡，才没有被击中要害，但亦被打得头破血流了。当时，我就意识到出了大事情，所以不顾一切，就在小楼梯旁与何××争夺起了铁棒。由于我年轻力大，何××那时已四十开外，他夺不过我，被我夺下了铁棒。何××见丢了凶器，连忙逃进厨房，在里面把厨房门反锁上，并紧紧顶住不放。我虽用尽力气拼命推门，仍推不开。于是，我一边努力，一边连声大喊："王宝兴快来啊，出大事情啦——"同时，我连喊带跑奔到大门口传达室，对警卫张建俊说："何××要打死李同志了，快进去捉呀！"当我和张建俊一起奔到厨房门口时，绿化工王宝兴也闻声起来了，我们三人在吃饭间的窗口上连声向里面叫喊："何××你快开门出来！"可是，何××站在厨房里恶狠狠地威胁我们："你们谁敢进来，我就杀死谁！"看见他死不开门，我们急了，

上海寓所管理员
周和康口述实录

三个人就齐心协力，用力推门。我们破门而入后，张建俊首先冲进厨房。当时，只见何××手中紧握一把菜刀，高高举起，面目狰狞，眼露凶光，还想杀人。时不宜迟，张建俊当机立断，拔出手枪，朝何××的右手臂上开了一枪，顺势上前夺下了菜刀。我们三人合力制服了何××后，把他拖到传达室看管起来。同时把躺在厨房地上、已是满头浑身是血、不省人事、奄奄一息的李燕娥用救护车急送华东医院抢救。额角头（沪语：幸运的意思。笔者注）的是，由于抢救及时，李燕娥的生命保住了，但她的头部被何××砍了又长又深的一条刀伤，医生给她缝了十几针；身上各部也不同程度地被何××有所砍伤。当时，宋庆龄正在北京开会，对家里发生的血案一概不知。圣诞节快要到了，宋庆龄打电话回来，要李燕娥寄取贺年卡，因为每年的贺年卡都是宋庆龄从自己家里取来分寄国内外亲友的。无奈，我只得把李燕娥从医院接回家中，取出贺年卡后，再把她送回华东医院继续治疗、休养。但是，纸总包不住火的。原来，宋庆龄与李燕娥之间有条不成文的规定，即宋庆龄一周一封信来，李燕娥一周一封信去，互通信息。多少年来，双方从未间断过。这次不对了，宋庆龄多日没有接到李燕娥的亲笔签名信（由于李燕娥识字不多，凡是写信等文字工作，都是我到寓所后代笔的，她只是在信后以签上自己的名字为证），使首长感到十分不安，冥冥中，她总似感到家中出了什么事。后经再三询问警卫秘书隋学芳，隋秘书才不得不将情况如实向宋庆龄做了汇报。首长知悉李燕娥头部受伤住院，心急如焚，立即于1962 年 1 月 11 日从北京乘飞机赶回上海。宋庆龄步入家门，一眼看见站在大楼梯口迎接首长回来的、头上还绑着白纱布的李燕娥，当即上前紧紧拉着李燕娥的手，用动情的目光久久凝视着李燕娥受伤的头部，她一边用手轻轻地抚摸着伤处，一边心疼得流下了眼泪。宋庆龄激动地表示："为了我，你受苦了。我在夜里梦见你满头是血，吓得我一夜难眠，这像是梦，亦真亦假，今天才算弄清楚了。"然后，俩人手挽着手，一起步上二楼……关于'宋庆龄始终称呼小了自己十几岁的燕娥为李姐'，这是不正确的……从1927 年，李燕娥经谭洁怀的母亲谭妈的介绍，来到宋庆龄上海寓所香山路 7 号当保姆。一开始，宋庆龄就称呼李燕娥为李妈。这是众所周知的事实。按照当时上海人对保姆的称呼，都是姓氏下面加一个'妈'，姓李的称李妈，姓朱的称朱妈。一些老上海人对此都是一清二楚的。与宋庆龄关系密切、曾经长期担任中国福利会秘书长的李云，就知道宋庆龄曾称呼李燕娥为李妈的。宋庆龄改口李妈为李姐的称呼，就是自这起发生在厨房里的血案之后……

当天中午，李燕娥把首长的一封亲笔信交给我。信中说：周同志，今天本来想下来和你谈谈家里的事，但因神经痛得厉害，只好写在信上讲几句。首先，我要对你表示我衷心的感谢。你自己亦受了伤。这次如果你不这样做，或许李同志的命就没有了。这里其他同志也很负责，有勇敢的表现，值得表扬。李同志的身体很虚弱，虽出了医院，但需要休息，精神上受了这样大的刺激，必须放弃一切，好好休养。因此我请你暂时掌握李同志平时的责任为荷。匆匆，并致敬礼。1962 年 1 月 11 日。

1 月 18 日上午 10 时，首长对我说："何××这个人劳动改造是改造不好的，如果给他放出来是要害人的。现在处理定案否？为什么还不处理？我早已告诉过有关部门，一定要依法处理。据说张同志开了一枪，是吗？他们（指警卫处王济普处长和警卫秘书隋学芳。笔者注）都骗我，说什么李同志在医院住了八天就出院了，一切都好，这是王处长打电话来的。有些别有用心的人，还要造谣冤枉、诬蔑李同志，说她要他同居，这真是胡说八道！老实说，前几天，我在夜里梦见李同志的头被刀砍了，满身是血，所以我就立即决定回家来了。我知道你也没有办法，他们不许你写信告诉我。其实这样大的事情，是应该及时向我报告的。今后我可以放心了，有你在家里。否则叫我下次怎么好放心去北京呢……"

其实，有关别有用心的人造谣诬蔑李燕娥，说她是因为何××不肯与她同居而怀恨在心，故意整治何××，完全是胡说八道！因为当时我也从来没有听说到！平时里何××是个生活作风轻浮不检点的无赖，他见李燕娥终身未嫁，就暗地里动她的歪脑筋，想占李燕娥的便宜。我曾目睹过这样一幕：一天上午 10 时许，李燕娥正在楼下厨房里做小菜，何××自以为四周无人看见，就从后面悄悄走过去，嬉皮笑脸地向李燕娥动手动脚。李燕娥顿时发起火来，舀起锅里一勺刚烧烫的菜油，就泼向了何××。当时幸亏何××躲闪得快，才没受到皮肉之伤。从此，吓得何××再也不敢对李燕娥耍流氓了。对于李燕娥的为人，宋庆龄也是比谁都清楚的，事后她听隋学芳向她汇报，说何××在接受法院审判时污蔑李燕娥，说她是因为不能达到和他何××同居的目的而恼羞成怒，处处对他寻衅滋事、打击报复，宋庆龄听了当时就不假思索地表示："简直是乱说！"

汤： 后来何××判了几年？

周： 判了几年我忘记了。当时是上海中级人民法院判的，判何××故意杀人罪。反正判得蛮重的，好像是无期徒刑。

汤： 您后来见过何××吗？

周： 我再也没有见过他。就是李燕娥被砍伤的事件发生后，宋庆龄才开始对李燕娥改称李妈为李姐，并和李燕娥一起用餐的。并不是李燕娥年纪比她大她叫她李姐的。李燕娥的年纪比宋庆龄小一大截呢！

（笔者注：有关此事仍可从周和康的亲笔书面回忆录为证。摘录如下。）

往常，首长总是在楼下餐厅用餐，有时遇到国事繁忙或身体不适时，就改在楼上兼作小餐室的办公室里用餐。小餐室的中间，有一张小方桌，桌旁经常放着两把靠背椅，一把朝南，一把朝西。有一天用餐前，首长把朝南的一把椅子推开后，笑容可掬地对站在一边的李燕娥说道："李姐，这边坐吧，一起来和我吃饭。"李燕娥在感到激动之余，心中还是明白的，她知道这朝南的是主座，几十年来，一向该是首长坐的；而她是为夫人服务的，怎能这样就座呢？所以，她当即怀着不安的心情回答首长说："夫人，您是主人，怎么能这样客气，叫我怎么坐得下去？还是请夫人自己坐主座吧。"首长抿着嘴笑道："李姐，别这么说，你跟随我几十年了，工作勤奋，忠心耿耿。长期以来，我们相处得很好，早就像亲姐妹一样了。你坐我坐还不是一个样？"

首长的这番肺腑之言，亲切动人，暖意融融，当场感动得李燕娥的眼眶都湿润了。

这就是宋庆龄何以改口称比自己小了十几岁的李燕娥为李

魅力宋庆龄

姐的原因，是李燕娥后来私下里告诉我的。因为自从我拼死救下她以后，她也更是把我看作了她的亲人，基本上可以说是无话不谈的。

周：何××判刑入狱后，上海机关事务管理局重新向宋庆龄上海寓所中调派了一名厨师，名叫唐江，当时年约49岁，原在上海新亚饭店当厨师。唐江是一名共产党员。他来到上海宋宅后，整整工作了16年，于1978年退休，1992年逝世。当时，我、绿化工王宝兴、司机刘春生、厨师唐江我们4个年轻人年龄相仿、性格对路、非常团结，从来没有争过吵过。

三、宋庆龄对下属无微不至的关怀

周：首长对我们所有下属都是一视同仁、无微不至地关怀。

那是李燕娥受伤后没多久的一天，当时我正在楼下小餐厅里记账，每天家里买小菜、买米、买油的开销，我都要及时记账的。当时我没有注意到宋庆龄已经走下主楼，站在了厨房门口，我听见她叫了一声"周同志"，我连忙要站起来，她就示意我坐了下来，然后，她轻轻走到我的身边，悄悄地对我说："等一歇你到客厅里来一下，我等你，有话要对你讲。"就是在这一天，宋庆龄第一次向我透露了李燕娥不平常的身世和她对李姐的真挚感情。当时我记好账来到客厅时，宋庆龄已坐在那里等我了。她叫我坐下后，对我说："周同志，我从来没有对你讲过，李姐是一个没有亲人的孤独妇女，在旧社会里深受迫害，吃尽苦头。她16岁时来到我身边当保姆，对我忠心耿耿，工作一丝不苟。新中国成立前，在上海孙中山先生故居，国民党、反动派多次以金钱、地位、介绍对象或者威胁的手段，妄图引诱与迫使她监视我的活动和与共产党的交往，搜集情报向特务机关告密，都被她严词拒绝。她不顾个人安危，保护了我，支持我的革命活动。1938年，我居住在香港，日本人的飞机来轰炸，飞机在头顶上盘旋，李姐她不顾自己的安危，立即架好扶梯，帮助我翻越墙头，搀扶我到隔壁邻居的防空洞里避难……"说到这里，她的眼泪也落下来了。她用手帕揩掉眼泪后，又吩咐我："周同志，你也许还不知道，李姐最近身体很虚弱，虽然出了医院，但留下了脑震荡的后遗症。她精神上受到这样大的打击，需要好好

上海寓所管理员
周和康口述实录

休息。所以请你暂时代为兼管李姐平时的工作，让她静养休息一段时间吧，好吗？"

当时我听了首长的这番嘱咐，马上就点头说"好的"。李姐一直掌管着整个大家庭中所有事务：大到工作人员请假外出，小到鸡毛蒜皮，她都有权力过问。她是家中威信最高、权力最大的总管家。别的不看，就看那串除了夜里睡觉才拿下来的钥匙就知道了。这串钥匙是家里楼上楼下所有的钥匙，拳头粗这样一把呢！白天她一刻也不让钥匙离身，就挂在腰间。一走路，嚓嘟嚓嘟响。

宋庆龄除了与李燕娥像亲姐妹一样外，对家里的所有工作人员，也都一视同仁，真的可以用无微不至来形容。平时，她总要在繁忙的工作之余，抽出一些时间，仔细询问每个工作人员的工作、学习、思想和生活情况，要求大家努力学习，好好工作，还强调"知识就是力量"。所以，每当《毛泽东选集》《鲁迅全集》《鲁迅书信集》与《孙中山选集》等著作出版时，她都要买来一批，分送给全体工作人员人手一册。特别是《孙中山选集》，她在送人时，比如送给我们几个她在心上的人时，还要用她粗笔头的钢笔在扉页上公公正正地题字、签名。哪怕有时她外出到北京工作了，她也会每月向大家寄来《人民画报》《中国妇女》《中国建设》《解放军报》等学习资料。其中有些重要的文章，她还专门在下面画上一条条红线，作为大家学习的重点和必须读给李燕娥听的内容的标记。

首长不但在学习与工作上关心工作人员，还在生活上无微不至地对工作人员予以关怀与照顾。逢年过节，她总要自己掏钱给工作人员添菜加餐，买些毛巾、袜子、手帕、围巾、衬衫等日用品，分送给大家；当她知道我

宋庆龄赠给周和康夫妇的 2 寸照片，背面有宋庆龄的亲笔题字

的孩子增加到 5 个时，她还要送钱给我的孩子，作为添置衣服、增加营养的费用。有时，甚至连亲友送给她的水果等食品，她也要分送给大家尝鲜。我一般是每天下班后记账，为节约用电，我一般不开电灯，宋庆龄从楼上下来看见了，就提醒我说："周同志，你又在记账了？快开电灯，要保护好眼睛……"

早上，她看到厨师唐江在厨房里拣菜，她也总要主动打招呼："唐同志早！你今朝中午准备些什么小菜给我吃呀？"唐江经常要做咸菜烧黄鱼、苦瓜炒肉片、炒菠菜和鸡爪汤。那时候吃来吃去就这几种小菜，外面也买不到其他菜。

司机刘春生手脚勤快，每天，他总要把汽车擦得锃亮锃亮，像新的一样。宋庆龄见到了，总要叫他歇一歇，说："刘同志，你把汽车擦得锃亮，蛮吃力的，休息一下再擦吧！"

绿化工王宝兴身兼两职，除了养护花草，还要养鸽子。在上海寓所里，有一个专门用来喂养鸽子的鸽子棚，就放在汽车间前的小门旁。王宝兴每天都要冲洗打扫鸽棚。大热天，每当首长看到王宝兴顶着烈日在花园里浇水、挑草，推着大石磨盘压草坪，累得满头大汗时，首长总是过意不去，有时还要特意来到王宝兴身边，心疼地说："小王，你将花草养护得很好，花园扫得很清爽了，快去休息一下吧，吃块西瓜解解渴。"

说起西瓜，我又想起来一件事。每年 6 月，首长总要叫我提前买好几百斤西瓜，放在家里备用。每天中午，赤日炎炎似火烧，她就要叫唐江切西瓜吃，唐江把一只大西瓜切成 10 块，然后由李燕娥敲大铜钟。三记铜钟一响，所有工作人员就一起到小餐厅吃西瓜了。整个寓所里，不论是首长、秘书、管理员，还是保姆、驾驶员、厨师、绿化工、警卫员，人手一块，在那样热的天气里吃上一块西瓜，一直爽到心里头。有时候，宋庆龄还会亲手拿起一块西瓜当众奖励给王宝兴。因为王宝兴是室外工作者，每天扫地、浇水、种花、除草，忙得不亦乐乎，总是大汗淋漓，衣衫都湿透了。首长看在眼里，记在心头，一有机会，就要想法给他奖励。

说起王宝兴，又想起一件事来。那年 6 月（据考证，是 1965 年 7 月 2 日。笔者注），王宝兴搬了竹扶梯到南面平台浇水，给室内降温时，竹扶梯不知怎的滑倒了，王宝兴跌坐在阳台上，痛得爬不起来。到医院一查，是腰部压缩性骨折，关照回家养病一个礼拜。当时首长亲自吩咐我买些水果和其他食品，专程前往王家探望。王宝兴感激不尽，他牵记寓所里那片

上海寓所管理员
周和康口述实录

220平方米的草坪与百余盆花卉盆景，休养时间还有两天呢，他就赶紧上班了。后经首长劝阻，要他务必遵守医嘱，把病治好再上班，他才回家继续休息。

李燕娥大姐步入晚年时，身体发胖，体重增加，她原来睡的一张铁床较高，上下床不太方便。宋庆龄见了就吩咐我到家具厂去，专门为李燕娥定做了一张高度适宜、上下方便的席梦思床，使李燕娥舒舒服服地睡了十多年。还有，上海寓所的司机刘春生因病住院，宋庆龄得知消息后，还特地从北京写信给我，吩咐我买些水果送往医院，代她探望刘春生。

宋庆龄平时对工作人员从不大声斥责。每次见到工作人员，她总是笑容满面地先和大家打招呼，"同志们好"是她的口头语。即使有什么人在工作中有闪失，她也是婉转地指出，嘱咐大家应该怎样去做，使之从中得到教益。我刚到寓所工作的那一年，有一次，秘书向我提出派人把厨房里的纱窗拆掉，以便通风，将热量排出，降低厨房里的温度。当时我初来乍到，对实际情况不太了解，就带了木工去厨房拆除纱窗。当时，木工敲打纱窗的声音被楼上的首长听到了，她就走到楼下厨房里，轻声问我说："周同志，什么人布置你把厨房的纱窗拆下来的？"我如实汇报后，她又和蔼地对我说："厨房里如果没有了纱窗，苍蝇、蚊子就会飞进来，不符合清洁卫生要求。如果厨房里太热的话，我想可以摆上一台电风扇吹吹降温。"她又委婉地要求我说："你刚来不了解情况，以后凡是家里房屋设备装修或更动，希望你先征得我的同意。"我听了连忙请木工重新把纱窗装上。事后，李燕娥悄悄地告诉我："周同志，夫人家里有规定的，任何房屋的设备、家具摆设的更动，未经夫人的同意，谁也不能改变。请你以后注意。"从此以后，在对寓所房屋的几次修理中，我都事先向首长请示、汇报，对重大改动之处，还画图纸、拍照片，送首长审核、批示，经她同意后，再进行修理。我清晰地记得，在1956年6月至7月间，宋庆龄曾几次带我一起前往孙中山故居，亲自重新布置了故居里的陈设，把文物陈设和家具摆放的位置进行调整，使故居恢复了原来的风格和形状。此后，首长还每隔一段时间，就嘱咐我陪同李燕娥一起前往孙中山故居视察，看一看文物的陈设和家具摆放的位置是否有变化，若有就及时予以纠正。

（笔者注：宋庆龄对下属平易近人的事例，在 1970 年 10 月 1 日宋庆龄亲自写给周和康的信中，也可看到。摘录如下。）

周同志，五日晨临行时，我很忙，很紧张，并且晚上没有睡，头昏脑涨，因此没有和你握手，感谢你为我忙碌了多天，请原谅我……

周：首长最喜欢、最关心的是妇女和儿童。唔，这是我上次写的一篇回忆录，从没发表过的。

（笔者注：周和康的回忆录摘录如下。）

首长自己没有子女，但她十分喜爱孩子，把所有儿童都视为自己的孩子，关怀备至。每逢 6 月 1 日，她都要到上海中国福利会少年宫和孩子们欢度六一国际儿童节，观看儿歌、舞蹈节目演出，还邀请中国福利会幼儿园的一群小朋友到家里做客，给孩子们送糖果，送玩具，请小朋友唱歌、讲故事、做游戏、跳舞，与孩子们一起庆祝节日。她经常勉励小朋友"要听毛主席的话，永远跟着共产党走，团结起来，学习做新中国的新主人"。逢年过节，首长总是要邀请身边工作人员的小孩子到家里做客，请李姐下厨房，做她拿手的西式什锦炒饭来招待小客人。见到小客人吃得津津有味，她最为高兴。每年的圣诞节、元旦和除夕的晚上，是家里最热闹的日子。这时，我们准备好一棵碧绿常青的圣诞树，放在客厅古董橱前面，再由李姐把圣诞树乔装打扮一番，装上五彩缤纷的小灯泡，挂上色彩鲜艳、逗人喜爱的各式各样的小动物和圣诞老人，洒上剪成一条条银色的锡纸与一缕缕棉花雪花，做成雪花满树的布景。到了晚上，灯一开，圣诞树五光十色，闪闪发光，营造出一种火树银花、瑞雪迎新春的吉祥气氛。每当这时，首长就会高兴地用上海话赞美道："你们看，有趣得来，有趣得来！"

节日晚上，首长先请亲友和小朋友，还有身边的工作人员观看陈放在电话间、客厅、餐厅的壁炉架和台子上的许许多多从国内外邮寄来的漂亮的贺片，接着大家围坐在圣诞树旁，尽情欢乐。然后，分送给每人一份节日礼品，让大家自由活动。这时，首长端坐在沙发上，笑容满面，李姐则侍奉在侧，孩子们依偎在首长的身旁，滔滔不绝地讲着他们的喜闻乐见。首长一边听着，一边挨个地拉着孩子们的手，抚摸着孩子们的头，问长问短。整个客厅里充满孩子们的阵阵欢笑声和一声声"谢谢太太""祝您健康长寿，新年快乐"的甜嫩的祝福声。

每年清明节前，首长总是要准备许多新鲜的鸭蛋，把它染成五颜六色的彩蛋。她和李姐一起漫步在绿茵茵的大草坪上，把彩蛋分别藏在草丛中和树根旁，然后再回到大阳台上的藤椅上坐下，嘱咐孩子们分头去寻找。孩子们找到彩蛋后，欢呼着"找到了，找到了"，不约而同地奔到首长的身旁，争先恐后地送上各自找到的彩蛋。见到孩子们那种兴高采烈的样子，宋庆龄乐得拍手哈哈大笑，并马上把彩蛋装在红色封袋里，当场分送给孩子们……

周：首长对待自己家里的工作人员时这样客气，对待她的亲戚朋友也这样，就连早年伴随过孙中山的战友、朋友，她也始终不忘旧情。每当他（她）们遇到困难，她总是有求必应，慷慨解囊，及时救济。我就曾多次接办过宋庆龄亲自嘱咐的任务。1963年，一位居住在上海永康路191号的波兰人王仕丹写信给宋庆龄，说他"患了肺病和糖尿病，因无钱而没能住进淮海医院治疗"，请求宋庆龄"协助解决"。接到信的当天，宋庆龄就把我叫去了。她告诉我："永康路191号里有一位名叫王仕丹的波兰人，新中国成立前，我在上海搞义卖捐款活动时，他曾帮助过我。现在他生病了，躺倒在床。吃过中饭，你就去那里实地看一看，到底是真还是假，然后回来告诉我。"我听了当天下午就骑着脚踏车，来到了永康路191号的王家。进门一看，果然，只见家中又破又旧，凌乱不堪，而王仕丹更是衣着破旧，身体衰弱，卧床不起。

我摸清情况后，回家就马上向宋庆龄做了汇报。首长当时没说话，第二天，她就叮嘱我再次前往王仕丹家，并送去装有人民币的信封一个，还关照我在外面顺便买些水果和食品一起带上。第三天，受到及时接济的王仕丹就住了淮海医院。没多久，他就在首长的不断关怀下，身体基本康复了。后来，根据他的要求，宋庆龄还帮助他办理了回国的手续。

1964年7月29日，宋庆龄还叮嘱我向远在广州的冯道生老太太寄去100元钱，作为医药费用与安葬费。冯老太太的丈夫韦×，原是上海法国某报馆的主编，1915年，孙中山先生来到上海，曾秘密居住在韦×位于八仙桥的家里。

韦×夫妇将自己的住房让给了孙中山，自己搬到其他地方去居住。为了纪念孙中山先生，冯老太太当时还保存着孙中山先生睡过的那张床。为此，宋庆龄对冯老太太一家感激不尽。"文化大革命"中，首长的表弟倪吉士被造反派打倒了，全家扫地出门，把他们全家从愚园路 750 弄 25 号，赶到延安西路一条小弄堂的一间狭小阴暗的小平房里居住，而且每月只发给他们 15 元的生活费，日常生活非常艰难。宋庆龄得知后，就多次指示我向倪吉士一家暗中送钱、送食物、送衣服，尽力帮助表弟一家渡难关。

宋庆龄在接见前来拜访的宾客或参加外面的活动时，更是时时注意自己的一言一行，尽量缩短自己与人民群众的距离，不让任何人感到她有半点颐指气使、高人一等的作风。国际和平医院有位领导同志的一只眼睛在解放战争中被炸伤，经常发炎，宋庆龄知道后，特地派人与北京协和医院联系，通知她去北京治疗。国际和平妇幼保健医院院长张佩珠是位妇产科专家，一心一意扑在工作上，平时很少休息，甚至连春节也极少在家里过，在她的领导下，有一年，全院无一例死亡，宋庆龄得知后，非常赞赏她的领导成绩。一次，张院长到宋庆龄家里做客，她刚要坐下来，宋庆龄便亲自把一块靠垫放在她的腰后。张院长十分感动，事后曾悄悄地向李云说："宋副主席这样爱护干部，如果我不把保健院工作做好，那太对不起宋副主席了！"又有一次，宋庆龄把"中福会"的一些领导都请到家里吃饭（这一天是 1 月 27 日，事后，大家才知道这一天是宋庆龄的生日。笔者注），席间，宋庆龄特地夹了一只鸡腿给平时做事稳重而慢慢腾腾的同志，笑着说道："吃鸡腿，可以跑得更快些。"这幽默亲切的话语，逗得在座的人都笑了。

四、工作人员对宋庆龄赤胆忠心

周：我刚到淮海中路的时候，主要任务是送信。那时候的我正是身强力壮的时候，为扎实落实宋庆龄"今日事、今日毕"的工作精神，我从来不把当天要办的事放到明天去完成。有时候，宋庆龄在晚上七八点钟写好的信件，由李燕娥拿下楼交给我，我就立即拿着去分送。当时给市委、市人委的柯庆施、陈丕显、曹荻秋、金仲华、王致中等领导，中国福利会的耿丽淑、谭宁邦、李云、蔡缦云、陈维博，市妇联的沈粹缜以及温太太、邓传、黎照寰、张文华、倪吉贞、刘义基、刘恩美、郭宝珠、谭洁怀等众多的亲友的信件，都是由我骑着脚踏车分送的。等到全部分送完成后，再回来向宋庆龄及时汇报。后来，我的工作面才慢慢扩大。

1958 年 10 月 7 日，宋庆龄在上海市纺织局局长张承宗等人的陪同下，前往国棉十七厂视察，她深入群众，关心群众生活，嘘寒问暖，中午就和工人们一起走进食堂共进午餐。10 月 18 日，她由市委书记处书记魏文伯陪同前往上海七一人民公社视察，和社员们亲切交谈。当她见到上海第二医学院的女学生正在那里帮助社员抢收棉花时，愉快地对她们说："我们一起来个比赛好吗？"说完就弯下身子去采摘棉花，动作很熟练。在视察中，宋庆龄特别关心女社员的工作和生活，询问托儿所、幼儿园的情况和公社对怀孕妇女的照顾等情况。

1960 年 3 月 17 日、18 日两天，首长在曹荻秋、沈粹缜的陪同下，视察了上海闵行工业区和吴淞工业区、上海电机厂。为掌握更确切的、真实的情况，她还深入工人家庭、大队幼儿园、托儿所、妇产医院访问。她在吴淞口还视察了海军舰艇，亲切地询问了海军战士的生活、学习情况。每次视察，她都轻车简从，平易近人，深得欢迎与好评。当时世界还是不太平的，国外经常有敌特刺杀元首的事件发生，所以每趟跟她出去，我都提高警惕，担心有敌特搞暗杀。我每趟跟她出去，都要自带一只装有开水的热水瓶，以防万一。我在随同宋庆龄访问张庙一条街的时候，特别担心，那是农村，人特别多，看见首长去，人们都从四面八方涌过来，真的叫人担心。那天，马陆公社举办社员座谈会，开会的时候，有个社员靠上来，向她递上一杯茶，她接过茶杯说了声"谢谢"，暂时放在一边，想等会儿喝。当时一边的警卫秘书隋学芳看见了，急得要命，暗地里撞撞我，暗示我赶快为首长换一杯水，我连忙拿出随身带来的热水瓶，就上去想替她换一杯水。首长马上就看出了我的用意，她看看我，皱了皱眉头。我看出来她不同意我这样做，也就没有做。

回到家里，她就把我找去，郑重地对我说："周同志，以后不论到哪里，都请你不要再带任何东西，这样做影响不好。"我连忙点头。

汤：您对宋庆龄真是忠心耿耿。

周：还比不上李燕娥大姐，我忠心耿耿，她就称得上是赤胆忠心了！李燕娥是个虔诚的基督教徒，当宋庆龄在上海寓所时，每逢星期日上午，她就匆匆赶往乌鲁木齐路北路的一个教堂去做祈祷。整个上午，她就在那里度过，风雨无阻。而当宋庆龄离开上海赴京工作时，她就足不出户，什么地方都不去了，就连教堂都不去了，日夜守候在寓所里，集中精力做好家里的每一件事。她平时的工作规律基本上是这样的：每天早晨5时就起床，打开门窗，让新鲜空气吹进屋；遇到阴雨天，就紧闭门窗，不让潮湿的空气侵入室内，以免物件遇潮受损。接着，她就开始打扫主楼房间的卫生，每天都要把卫生间里的一套三件洁具、墙面瓷砖擦得洁白锃亮。为了做到室内一尘不染与窗明几净，她在爬上蹲下仍够不着的时候，就干脆跪在地下，把地下每个角落都揩得干干净净。每年大伏天，我们在楼下翻晒地毯，她就在二楼朝南的大阳台上翻晒孙中山先生留下来的衣服和宋庆龄冬天穿的衣服，还有一些珍贵的文物。夏天太阳底下晒过的东西收回屋里后，是不能马上放到箱柜里的，否则一到秋天，准发霉。所以拿进屋里后，还要用电风扇不断地吹，直到凉透后，才一件件折叠整齐，夹着防蛀防霉的樟脑丸，一起放进原来的箱柜内。还有，有时候她还要和我一起把宋庆龄放在书橱里的所有藏书、唱片、照相簿等拿出来，先用鬃刷一件件轻轻刷掉上面的灰尘，再用软布一件件地擦拭干净，最后再夹着樟脑丸，按照原样，一件件地放回书橱。在家中搞清洁卫生真是一桩琐碎而又繁重的工作，特别是每周周末或碰上中外宾客来访，家里的全体工作人员都会全力以赴。卫生保洁先从主楼搞起，再搞辅楼；先从楼上，再到楼下。大家先从冲洗外墙屋檐、走道和阴沟开始，把屋檐下、落水管道、门窗、平台逐一擦洗干净，然后再到各房间里大扫除，做到平顶、四面墙壁、地板、门窗均一尘不染，每个角落都擦干净。古董橱里的瓷器，挂在墙上的镜框，放在各处的摆件，都要小心翼翼地逐一取出揩净擦亮，绝不能损坏。主楼的卫生工作完成后，大家再到辅楼冲洗檐廊上下、道路地面，最后按照各人的分工范围去做。

尽管寓所中的花草是绿化工王宝兴负责的，但每逢春天来临，草坪上野草不断生长，大家就集中力量一起去帮助挑野草；4月份，庭院内40余棵大香樟树开始大量落叶，大家就一起扫落叶。当时，不管是厨师还是司机，都和大家一样，都是在天不亮的时候就起来扫落叶，到后来，在每月一次的寓所大扫除中，两位年纪都已不小的唐江和刘春生，仍和年轻人一样攀上爬下。之前说过了，刘春生保养的两辆轿车，不论上下底盘还是机件设备，都没有一点灰尘，内外都擦得整洁锃亮。有时雨天外出回来，不论时候多晚，他都要用水冲洗干净、揩清洁，这时，不论是绿化工还是厨师，大家总是一起动手，上前帮助老刘冲车揩车。每天晚上临睡前，李燕娥都要亲自把家里所有的门窗检查一遍，看看是否都关好了，室内温度是否合适，电灯、煤气、自来水的开关是否熄灭或拧紧，才最后一个回房间睡觉。后来，首长的身体发胖了，原来的一些衣裤穿不上身了，李燕娥就到外面请来裁缝师傅，到家里为首长量体裁衣。

裁缝师傅来家都是在楼下客厅里为首长量体裁衣，当时我就根据李燕娥的安排，站在楼下电话间的红木圆台旁，担当临时警卫。宋庆龄下楼后，就让裁缝师傅测量。那个上海的裁缝，我们都认识了，经常来的。他好像是常熟人，半老头，本事很大。他仅凭目测就能准确地为人家做出得体的衣服来，可是他来为我们首长量体裁衣，从不目测。

还有，每次有国际邮包寄来，都是我签收。我签收后交给李燕娥，再由她马上送上楼，先请宋庆龄过目后，再把邮包拿到阳台上拆封。当时我们都听说国内外经常有敌特借邮寄包裹为名，在邮包里藏匿炸弹，然后趁接件人拆邮包时，邮包突然爆炸的事件，我们都非常警惕。一般情况下，拆邮包都是李大姐的事，我只负责签收，因为我是不可以上楼的。有时候邮包签收后，我们就在楼下检查。我们检查邮包是用一个专门的仪器，是公安部给配的。邮包里有炸弹什么的，马上就能检验出来。有一次外国寄来一个邮包，我们在检验时仪器"嘀嘀"地叫了起来，发现里面有金属的东西。当时我们就怀疑里面有炸弹，有点紧张。打电话到楼上向首长汇报后，李燕娥就马上拿到楼下花园里去拆了。当时我要跟她一起去，她不同意，非要一个人去拆。拆开一看，才知道虚惊一场，里面是几根铅丝，是人家寄邮包的人当时用来绑包裹用的。

最累的是每年夏天翻晒地毯。每当每年大伏天到来之际，上海寓所的工作人员必须提前把所有的地毯，从室内搬到室外的水泥地上翻晒一遍。地毯有多重呢，有的一卷就要几百斤。在烈日下，大家扛上扛下，来回奔走，汗流浃背。每块地毯翻晒好，洒上樟脑防蛀粉，然后等它们全部凉透后，再打包成卷，用麻绳扎紧，搬到餐厅堆放起来。上面还要盖上旧布料以防尘。因此，几十年来，上海寓所中的地毯从没发生过霉变虫蛀等问题。我们全体工作人员在几十年如一日的工作中，没有损坏过寓所里的一件文物摆件，没打碎过一件东西。1956年、1960年、1963年、1969年、1977年，上海寓所先后进行了五次大修理，每次大修理，都需要把室内的家具全部搬清腾空，把所有的摆设、挂件等全部整理好，装箱打包，然后从主楼搬到辅楼暂时存放，待房屋修理完工，再从辅楼搬回主楼，按照原来的位置，重新摆放好。这项工作，都是上海家里的工作人员自己动手干的。往往一次房屋大修下来，所有人都要累趴下了。

宋庆龄每次到北京，只要家中有李大姐也难以完成的要紧事，她总是第一个托给我。她人在北京，写信也专门写给我收，把每项工作任务详细向我交代清楚。例如 1964 年 11 月 6 日晚，宋庆龄出席首都各界人民在中南海怀仁堂举行的庆祝苏联十月革命胜利 47 周年的集会。9 日晚，她还在百忙中抽出时间，亲笔回信给我，就孙中山故居文物的存放事宜做了答复与指示，叫我可以完全遵照齐燕铭秘书长的建议办理。

"文化大革命"中，宋庆龄曾写信给在上海的我和李姐，请我们把她养的鸽子分送给他人。

（笔者注：回到苏州后，笔者就复印了周和康提供的所有手稿，现把其中一篇关于鸽子的文章摘录如下。）

在"文化大革命"初期，1967 年 8 月 25 日，首长居住在北京，她嘱黎沛华来信给李燕娥和我说："你们致首长函及照片 9 张，昨晚收到了。兹遵首长嘱复函。这里的红卫兵天天各处去斗争，破四旧，立四新。居民家里有封建或资本主义色彩的东西要丢掉……以后不许养狗猫等。家里的鸽子是否可能继续保养，因伤粮食之故，请你们研究。如果不能做主，请同沈大姐商量，因首长一时不能回来。"但过后不久，我又收到首长的亲笔信："周同志，请你把家里养的鸽子，拣 10 只最好的送去给陈丕显同志，送 6 只给沈粹缜大姐，其余留下来的，全部杀光。据说养鸽子是资产阶级的生活方式……"我遵照首长的指示，将鸽子分送给陈丕显同志和沈大姐后，实在不忍心将余下的鸽子杀掉，经与李燕娥大姐商量，就决定写信向宋庆龄报告说："……寓所对面武康大楼上，有几户人家也养有鸽子。每天早晨，我看到有许多鸽子，在楼顶天空中飞来飞去。鸽子是和平的象征，您曾把一对象征和平的白鸽，赠送给印度尼西亚总统苏加诺，他十分高兴地收下了这一珍贵的礼物。鸽子也是通信的小天使，您外出时，带上几对上海家里的鸽子，在北京放飞，它们千里迢迢，翱翔蓝天，飞回上海的家里，停在鸽棚上，咕咕叫着，似乎在告诉我们，它们已完成光荣的使命，自由自在地胜利而归了。为此，恳请首长考虑，同意我们把多余的鸽子留下，让它们自由飞翔在蓝天，让它们永远在您的身边啄食……"果不出所料，首长很快就写了回信，将违心的决定收回，毅然同意把其余的鸽子继续留养在家中，让它们在广阔的蓝天里自由飞翔。

五、周和康和李燕娥之间的姐弟深情

汤：周师傅，在家中，除了宋庆龄外，李燕娥和谁感情最好？

周：应该是我。我在没到宋庆龄身边工作之前，李燕娥是很少与宋庆龄通信的，这除了她不识文不会写信的原因外，还与没有她所信任的、能够为她执笔的人有关系。在多年共同合作中，我们俩建立了深厚的姐弟之情，成了无话不谈的挚友。尤其是当我 1962 年冒着生命危险从何 ×× 的菜刀下救下她之后。

每年清明节前夕，宋庆龄总要从北京写信给我，嘱咐我陪同李燕娥一起到虹桥路的万国公墓宋庆龄父母的坟墓上扫墓。我俩每次去时，都要带上六盆黄澄澄的瓜叶菊，摆放在坟墓的上首，以寄托宋庆龄对她父母的怀念与哀思之情。就这样年复一年，从没间断过。

我记得是 1970 年的清明节前，我又和往年一样陪同李燕娥到万国公墓扫墓。这天在墓地上，李燕娥忽然笑着问我："周同志，你可知道我死后，安葬在哪里？"我误以为李燕娥在和我开玩笑，所以也笑着回答她说："李同志，你又要开玩笑了，你不是说要活到九十九吗？今天谈此事，恐怕为时还早吧？"李燕娥听了，就指了指面前的坟墓对我说："远在天边，近在眼前。喏，就在这里脚底下，葬在夫人父母的身旁。夫人早已给我安排好了，她在左边，我在右边，我俩生死永远不分离。周同志，你看我的福气多好呀！"她又对我说："我衷心希望夫人长命百岁，如果夫人百年之后，淮海中路家里的房屋我不便住下去的话，夫人也已经对我说过的，决定把我安排到陕西北路 369 号（即宋庆龄父母的住宅，宋庆龄青少年时代曾住过。笔者注）去住，住在二楼朝南的一大间里。那一间最好，阳光充足，煤气、卫生设备都独用，可好啦！到时候，周同志你可要经常来看我，帮我买些东西……"

当时我是第一次听到李燕娥向我透露这样重大的私人机密，我在震惊之余，更多的是感动，我感激李燕娥对我的信任，她拿我当她的知己。每次，当首长写着"李燕娥收"或"周和康收"字样的信寄来后，李燕娥总会开心地拿着信一边大声叫着"周同志，首长来信了，你快读给我听听！"一边到处寻我。每当这时，我就把宋庆龄的来信一字一句读给她听，对李燕娥不太理解的地方，我还要给她解释。李燕娥在听完宋庆龄的来信后，就急着请我代她执笔给宋庆龄回信，及时向宋庆龄汇报家中的情况，汇报宋庆龄想知道的事情。每封回信，我都是写好后再读一遍给她听，直到她满意了，看着她在信后签上她唯一会写的自己的名字后，才去邮寄。宋庆龄与李燕娥之间有个默契，即首长在北京工作时，她俩之间要每周通上一封信，互通双方的信息与上海家中的近况。如果偶尔首长的信在一星期后还没来，李燕娥就会到大门口传达室去问，这种急迫的心情，说明了李燕娥对首长的真挚感情。同样，宋庆龄如多日不见李燕娥的复信，也是要思念她的，有时候，她在晚上还会亲自打长途电话到上海家中，和李燕娥通电话。宋庆龄当然也知道李燕娥和我的关系，也知道只有我是李燕娥最信任的人，是能够帮助她念信、写信的。喏，从这封她写给李燕娥的信中就可以看出来了。

（笔者注：此为 1979 年 12 月 18 日宋庆龄写给李燕娥的短信。全文抄录如下。）

> 李姐：
> 　　你和周同志送来的贺年片以及青菜、酒蟹等都收到了，多谢！近日我特别忙，没有时间写信，但希望你们都身体健康、工作愉快。永洁送给你 Vaseline 头油及别的东西，以后托人给你。她知道杨孟东送给你的头发油太油，因此她去找到不油的送给你。这个孩子十分好，待人也好。今天林国才要回来了。永清上星期六已经请了她厂里的许多人来玩，吃 Buffet，但今天是她的正式生日。
> 　　匆匆。
> 　　祝你们都好！
>
> 宋庆龄

宋庆龄竟然在这封写给连汉字也不识几个的李燕娥的信中用上了英语，就是因为她知道只有我懂英语，够帮助李燕娥翻译。当然，宋庆龄与李燕娥之间不是姐妹胜似姐妹的亲情，我也更了解。宋庆龄就算远在北京工作，她也天天惦记着上海的李燕娥，而且牢牢记着她的生日，指示我为李燕娥的生日购置礼物。这封短信是其中的一封。

（笔者注：这封宋庆龄写给周和康的短信没有日期，据《宋庆龄年谱》记载，是在 1979 年 11 月份。全信抄录如下。）

周同志：

你好！

现在要托你办一件事，旧历十月十日是李燕娥同志的生日。她在我处服务了快四十年了。我应该对她忠心耿耿的工作有些表示。请你在九日那天，代买一只熟的大油母鸡及八斤苹果、二斤香蕉送给她（连同这张贺卡）。

多谢你！

宋庆龄

到后来，宋庆龄干脆把本当分别寄给我与李燕娥两个人的信，合并写在一起了。

（笔者注：此为宋庆龄 1980 年 2 月 8 日写给李燕娥与周和康的亲笔信，全文抄录如下。）

李姐、周同志：

听到你们及家内的同志被评为"先进集体"十分高兴，向你们表示热烈祝贺！这是春节的大喜事！现在托李局长（李家炽，时任上海市委行政处处长、上海市人民政府机关事务管理局副局长。笔者注）带来二包糖、一个高桥松糕，分给你们春节时吃。另外一包火腿，及广东腊肠是送给李姐的。如有电话，请通知江苏路的高丽娜（即高醇芳。笔者注）女士，请她到北京后打个电话给秘书张珏同志，以便派车接她来寓。谢谢！她刚从法国来，不熟悉找这里的地方。

匆匆。

祝同志们身体健康，春节愉快！

庆龄

李燕娥和我夫人李秀菊之间的关系，也是非常好的，她们就像姐妹一样亲密。

那是李燕娥治疗头部刀伤期间，当时医生关照李燕娥最好天天洗头，清洗伤口，有利于尽早脱疤。可是李燕娥身边没有人服侍，我就把我夫人第一次领到淮海中路，根据医生的关照，让她每天为李燕娥洗头、梳头，帮助李燕娥换衣服。

当时李燕娥很过意不去，一直夸我夫人是个好人，就这样，她们两个人结下了姐妹一样的感情。你们别看李燕娥外貌粗犷、心直口快，实际上她还蛮幽默风趣的，有一次她曾半真半假、神秘兮兮地提醒李秀菊说："这里的所有事可是都不能在外面乱说的，乱说了，那可是要……"说到这里，她还用手做了一个杀头的手势。

汤：看来，当时你们在宋庆龄身边工作的事，外人知道的不多吧？

周：都不知道。这是纪律，不能在外面乱说。别说和我们一家住一条里弄堂里的左邻右舍不知道，就连我们所有的亲朋好友都不清楚。这是我到淮海中路上班的第一天，组织上和李燕娥都向我交代过了的。要不是李燕娥身体不好，李秀菊是连大门（指淮海中路宋庆龄寓所的大门。笔者注）朝哪里开都不知道呢！

李秀菊（以下简称"李"）：当时李大姐的身体不好，面色也蜡黄蜡黄的。

周：那是被姓何的劈伤了呀！劈了六刀呢！原来她身体多健康呢，面色红润，走起路来，大步流星。没受伤前，她总是早上第一个起来，在庭园里来回散步锻炼。她的胃口也很好，每顿基本上要吃一大碗饭，平时很少要到医院去看病的。

汤：李燕娥是什么时候查出来得了癌症的？

周：是子宫癌。还是我陪她一道去医院检查的呢。1979 年 4 月 2 日，李燕娥感到浑身莫名的不适。其实，她身上不惬意已不是一天两天了，经常这边痛那边涨的，胃口也不好。那天她叫我陪她去上海华东医院检查，我就陪她去了。直接找到了胡医生（上海华东医院内科主任兼教授，宋庆龄的保健医生。笔者注）。胡医生叫她到妇产科检查，一化验，就初步确诊她患的是子宫癌。当时胡医生悄悄地把李燕娥的病情告诉了我，还叫我暂时不要告诉她，说打算把她转到上海肿瘤医院治疗。我问她怎么治疗？胡医生就告诉我："先做镭射照光，然后手术切除。"

这可不是一件小事呀！回去后，我就立即瞒着李燕娥打电话到北京，直接向宋庆龄汇报，得到了她的明确回答。她对我说："周同志，你要镇静些，无论如何不能告诉李姐患的是癌症，只说得了妇女病就可以了。过几天，我会派人接李姐到北京来治病的。你要做好准备工作，协助她整理好行李，多说好言，劝她不要性急。谢谢你了，谢谢！"过了三天，首长就派了陆森林（北京寓所的管理人员。笔者注）专程来上海接李燕娥了。4月17日上午，李燕娥就跟陆森林一道乘飞机到北京去了。后来我才知道，她到北京后，先住在后海的北京寓所，不久，她就住进了301医院。根据宋庆龄的指示，301医院借调了上海华东医院李燕娥的病历卡和X片子，还邀请了北京肿瘤医院、协和医院和北京医院的专家共同会诊，商讨治疗方案。专家们一致认为还是做手术较为理想。

经宋庆龄批准，6月1日，李燕娥在301医院做了手术。手术是由北京医院的吴院长亲自主刀做的。从早晨7时进手术室，直到中午12时出来，整个手术做得很成功。6月6日，我就接到了宋庆龄6月2日的亲笔来信，她在信中对我说："周同志，昨天李同志在301医院，已经动了手术，两位大夫对我讲，开刀后证明李同志患的是子宫膜癌，做得还算早，没有扩散，我们就放心了。"

后来我听说李燕娥在北京经过手术和药物治疗，病情日趋好转，胃口很好，一天要吃一只鸡。杜秘书（杜述周。笔者注）每天都到医院看望她，带去李燕娥喜欢吃的小菜与水果。住院一个多月后，李燕娥的身体基本恢复，于8月初出院，回到后海宋庆龄北京寓所继续休养。在那里，她和宋庆龄整天生活在一起，谈笑风生，漫步在庭园里，观赏盆景花草，十分愉快。她当时唯一的希望就是早日回到上海居住。农历十月初十，是李燕娥68岁生日，宋庆龄特地在北京家中为她庆贺生日，设家宴。宋庆龄叫人买了一只奶油大蛋糕，北京家中的所有工作人员欢聚在一起，共同祝愿李燕娥生日快乐，幸福长寿，李燕娥开心得不得了。在年底将近的时候，李燕娥实在不适应北京干燥的气候，吃不惯北方的食品，所以再三请求回上海，宋庆龄同意了。12月4日，李燕娥又在陆森林的陪同下，返回上海继续休养。回上海后，我根据宋庆龄的嘱咐，坚决不在李燕娥面前提她患了癌症，而且做到她想吃什么，就尽量满足她的要求，使她能够早日康复。对此，上海寓所中的工作人员也都体谅李燕娥，热情地关心、帮助她，使她十分愉快。每天早晨起来，她仍然在庭园里来回散步，坐在大阳台上的藤椅上，晒晒太阳；一日三餐也和以前一样，很正常。但是，李燕娥毕竟是头上受过刀伤、身上做过手术的人，她的日常生活不能料理，特别是晚上擦身、洗脚等只有妇女才能帮助的活。于是，我报请时在北京的首长同意，又托夫人李秀菊来帮忙。当时她每个礼拜去一次上海寓所，帮助李燕娥洗衣裳、洗澡、剃头。李燕娥非常过意不去，一天，她还忽然拉着我夫人的手问："秀菊妹子，以后我老了，你还会像现在这样来帮助我吗？"

李：当时我对她说"会的，我会的"，还对她说"我们是姐妹，一笔写不出两个'李'字的"。

周：其实，宋庆龄也知道我夫人，对她的印象蛮好的。首长喜欢吃糯米食品，我夫人会做宁波汤团。有时候我夫人也常趁宋庆龄在上海的时候或春节期间，特意在家做一些黑芝麻猪油馅的宁波汤团，叫我带去送给宋庆龄吃，也顺便送给家里的其他工作人员们品尝。上海民间有风俗，每年农历十二月二十四吃汤团，以图全家团团圆圆。所以，家中的工作人员，也特别喜欢我夫人送去的宁波汤团。

汤：李燕娥后来又查出癌症扩散是什么时候？

周：是 1980 年 3 月，她去华东医院进行体格例行检查，在做 B 超时，胡医生发现她的腹部有个肿块，是癌细胞扩散了，胡医生知道情况不妙，要我立即向宋庆龄汇报。我打电话告诉宋庆龄后，当时她在那头重重地叹了口气，对我说："周同志，那就只好把李姐再次接到北京来看病了。过几天我就派人来上海接她。谢谢你了。"3 月 27 日上午，李燕娥又跟首长专门派来接她的陆森林一起，再次乘飞机飞到北京去了，当天就住进了北京医院。4 月 21 日，李燕娥在北京医院做了第二次手术。腹部一打开，主刀医生就又下令缝合、结束了手术。因为他们已确诊癌细胞广泛转移，到了晚期，无法切除了，只能做病理性切片检验。

当时我和北京是天天通电话的，不是首长，就是张秘书（张珏。笔者注）。经过北京医院的精心治疗，李燕娥术后的伤口很快愈合了。杜秘书仍旧每天去医院看望她，带去她爱吃的饭菜与水果。当时李燕娥几次托杜述周向宋庆龄提出请求，表示自己天天想念着夫人，离不开夫人，在医院也住不惯，要求回到后海宋庆龄身边。后来，宋庆龄就同意了她的要求，由杜述周办理了出院手续，把李燕娥接回后海寓所居住了。同时，还特意为李燕娥请了两个小保姆，日夜服侍她，并不断设法从国外买治疗癌症的名贵针剂给李燕娥注射，想尽办法延长她的生命。在那段日子里，我在上海连续不断地接到宋庆龄的亲笔信，把李燕娥在北京治病的情况与她的病情发展情况、生活情况都告诉了我。

（笔者注：摘录部分宋庆龄写给周和康的来信如下。）

　　周同志，李姐住在这里休息及打针，她现在打的针，价格都是很贵的，但能延长生命。她很想回到上海家里来……

　　这里的天气又冷了，李姐总是想回家，她的健康情况更不好，日夜痛得叫起来，别人听了很难过，但是无法使她安静下来。这种病是最痛苦的了，国外患上了这种病，总要医生打针让她死。但我是舍不得给她打这种针，总希望出现奇迹……

　　李姐的健康，一天坏一天，鱼、肉、菜、水果都吃不进了。她很想回家，她说上海的青菜好吃，这里是北方，味道不好吃，吃不下去。她晚上要起床四五次，当然不能睡觉。这里的两个保姆日夜轮流陪着她，怕出事。她的苦闷，我没有办法解决，虽然我很同情她……

　　1981年1月18日，宋庆龄又写信告诉我说："周同志，李姐的健康突然不好了，现在全身肿，也不能走一步路，我十分难过，医生都束手了……"从首长连续不断的来信中，我知道李燕娥的病情正在不断恶化，而且已危在旦夕。但我又有什么办法呢？我只能从心底祈祷李姐身上有奇迹发生，祈祷她能战胜癌症，回到上海来。1981年2月5日早晨，李燕娥逝世了。当时，杜秘书本想立即打电话到上海来告诉我的，但被宋庆龄挡住了，她对杜述周说："李姐过世的消息，你今天不要打电话给周同志，这样，他们的这个春节就过不好。还是让我亲自写信给周同志吧。"你们看看，首长就是这样一个时刻想着我们下属的人！我是直到过了春节后才接到了宋庆龄写给我的航空信。看落款日期，她是2月5日就写好的，没有寄出。

　　（笔者注：宋庆龄信的内容摘录如下。）

　　周同志，我今晨很伤心，因为李姐于早晨五时在北京医院过世了。我叫杜同志今天不要打电话给家里，让你们好好过春节，明天可能会通知你们的……

　　当时看到这封信，我流了眼泪。一是为李姐永远地离开了我们而伤心，二是为首长时刻想着我们而感动。

六、勤俭节约、廉洁奉公的宋庆龄

（笔者注：有关宋庆龄一生廉洁勤政、廉洁奉公的故事，在大量史料中都有记载。周和康老人所撰写的这篇题为《追思往事忆深情》的回忆录是最权威的佐证。抄录如下。）

首长领取国家最高的一级工资，每月是 579.50 元，由国务院机关事务管理局按月从北京汇来上海银行，我按月持汇款单从银行取款。款子取回来后，就装在大信封里封好，送呈首长签收。她家里的日常开支，都交由我掌管。我每月定期把账簿送上，请她审阅，然后由首长亲自签字认可。她对账目相当仔细，我记得在 1963 年 1 月 17 日，首长在寓所中接见了锡兰总理班达拉奈克夫人。事先，首长曾嘱我从友谊商店购买了送给锡兰外宾的礼品。在 2 月份的账簿审阅中，她发现送给班达拉奈克夫人的礼品开支，中国绸缎共计 293 元，并没有列入她的费用开支账内。她就嘱我到客厅里谈话。她说："周同志，上次送给锡兰总理的礼品，是我私人送的，尚留下几块绸缎，也是我今后送人用的。这些费用，由我支付，当时向你交代得清清楚楚的。你为什么没有列入费用开支？"

我怀着紧张不安的心情回答道："首长说的完全是事实。可是秘书对我说，这些礼品费用，按照规定，可以由公家报销，所以，我就没有列入家用开支账内。"

首长立即神情严肃地对我说："周同志，这样做是错误的。一个人做事要论理、论法，公就是公，私就是私。这样公私不分，就是贪污行为。如果不要我自己付钱，除了送给锡兰总理的礼品外，留在家中的几块绸缎，请你全部拿去，退还给友谊商店。"

我立即表示，一定遵照首长的指示办理，她的脸上这才露出了宽慰的笑容。

从这一件事情上，可以看到首长在原则问题上，是决不让步的。即使是一些小事，她也能以身作则，严于律己。例如她每天看的《解

上海寓所管理员
周和康口述实录

放日报》《文汇报》和《参考消息》，都是由她自己掏钱订阅的。1964 年 4 月，她送给锡兰总理班达拉奈克夫人的四副护膝套，也是她自己掏钱支付的。首长克勤克俭、廉洁奉公的崇高品德，为我们树立了光辉的榜样。

首长公私分明，从来不肯让公家多花一分钱。李姐和保姆钟兴宝每月的工资，自始至终都是她自己掏钱支付的。有关家里的日常开支和伙食费用，她安排时，很注意节约。1966 年以前，每年冬天来临，她都是在上海家里居住过冬的。开始我们还以为她在北京过冬不习惯，记得有一次，首长对我说："周同志，你可知道，北京寓所冬天取暖一个月的用煤量，就足够我们上海家里整整一个冬季用了。所以，我在冬天就住到上海家里来，这样可以多节约一些煤炭。"听了首长的这番话，我们才清楚，原来首长是为了给国家节约煤炭才这样做的。

首长的日常工作是繁忙的。她每天清晨四五点钟起床，稍微活动一下身体，就开始了一天的工作。如接见国内外知名人士、阅读文件、撰写文章、用英文打字机打稿件或给亲友写信、批阅人民来信，以及按月定期向居住在国外的亲友寄送《中国建设》等杂志。即使是星期天，也有很多事情要处理……

宋庆龄的衣服穿着既讲究又朴素大方，且注意节俭。在接待贵宾的重大活动中，由于她国家领导人的地位和身份，代表一个国家的形象，穿着当然要讲究，理应挑选质量好、款式大方、高雅的衣服。但在接见、会客之后，她马上又换上家常便服。她平时居家，爱穿全棉的布衣布鞋，夏天爱穿香云纱衣服。在这些衣服中，有不少还是保姆钟兴宝替她改做的。有的由旧翻新，有的为了加宽，从两侧夹缝中镶嵌长长的一条布条而成，一般来说是很难看出来的。那些讲究的衣服、西式服装是我委托友谊商店张师傅做的，中式衣服是上海服装商店周坤福师傅做的。

平时，宋庆龄每天早晨五时左右起床，洗漱用具俭朴、简单，刷牙漱口用的是玻璃杯或铝制杯，不用牙膏而是用牙粉——上海日化四厂生产的"宫灯"牌牙粉，还有一把猪鬃牙刷。洗脸用的毛巾是"钟牌"414 或丝光毛巾。她平时在家里并不化妆，即使是冬天，也只是在脸上、手上擦些杏仁蜜，这种普通的蜜和其他用品一样，都是我从第一百货商店买来的。她平时做衣服用的衣料，都是在上海第一百货商店或其他布店购买的。如果她住在北京，需要做衣服用料，总要写信给我，需要用什么衣料，嘱咐先剪些样子寄到北京去供她选择，然后就来信告知她的决定和购买的数量。

我还听说，上海刚解放不久，陈毅市长很关心宋庆龄的生活，也了解到她的经济并不宽裕，就叫来了当时管理宋宅的老人陆天麟，给了他一包从银行刚取出尚未开封的钞票，叫他拿去给孙夫人开销。然而当陆天麟把钞票送到宋庆龄面前时，首长马上拒绝说："这怎么好收？不行，不行，我心领了，还是请你赶快送回去，当面送回陈市长！"

七、宋庆龄持续 27 年整理孙中山的遗物

周：随着首长进入晚年，口味渐渐淡化，忠诚的厨师唐江总不时变化着手法，想方设法烹饪出能使宋庆龄多尝几口的菜肴。特别是每逢春节，宋庆龄在家与身边的工作人员及亲属一起聚餐时，唐江更是竭尽全力。我至今还保存着 1962 年春节大年夜和年初一、年初二家里聚餐时用的菜单。

（笔者注：菜单抄录如下。）

大年夜的菜单
全鸭汤、水笋红烧肉、鱼、白斩鸡、家乡肉腊肠、辣白菜、炒菠菜；

年初一的菜单
猪肉饺子、砂锅大鱼头、白斩鸡、水笋红烧肉、糖醋小排骨、辣白菜、炒青菜、糯米团子（每人两只）；

年初二的菜单
火锅、鱼、水笋红烧肉、山鸡炒粉丝、炒绿豆芽、炒塔菜、炒年糕。

（笔者注：还有一份 1979 年春节时的菜单，这年春节因过不惯北京的生活，宋庆龄也回到上海过的年。这份春节年初一、初二的菜单，也是她自己亲笔修改后定下的。菜单抄录如下。）

年初一的菜单

鸭子汤、糖醋大黄鱼、红烧大明虾、水笋红烧肉、什绵冷盆、糖醋银丝茄（芥菜）、芝麻汤团；

年初二的菜单

肉圆粉丝汤、咖喱鲳鱼、水笋红烧肉、白斩鸡、炒塔菜、芝麻汤团。

不过，上海寓所的工作人员都知道，宋庆龄自己平常的生活极其简朴，一日三餐相当简单：早餐是两片面包、一杯咖啡或一杯红茶，有时还让我去街上买大饼油条来当早餐；午餐吃米饭，两荤一素一汤。因她喜欢吃鱼，两个荤菜中总有一个是清蒸或红烧鱼；下午的点心是一杯酸奶；晚餐仅小米粥或泡饭一小碗就可以了。有时得空，她会亲自下厨烧菜，烹调京葱牛肉、豆腐以及由红菜头、洋葱、茄子、西红柿、青椒组合的素菜等。她的这些拿手菜美味可口，一出锅她要分送给工作人员们品尝。每当逢年过节，工作量就增加了不少，我的忙碌程度就可想而知了。但我始终无怨无悔，努力工作着，并为能有幸在宋庆龄这样一位伟大的人物身边工作并得到她的信任而深感光荣与幸福。特别是在"文化大革命"期间到她逝世前，宋庆龄 4 次回上海、整理孙中山遗物的时候。我也都记下了她 4 次回上海的时间。

（笔者注：宋庆龄"文化大革命"后到她逝世前一共回了 4 次上海，根据周和康的笔记，具体时间抄录如下。）

第一次：1969 年 10 月 16 日至 1970 年 9 月 5 日；

第二次：1972 年 11 月 11 日至 1973 年 6 月 2 日；

第三次：1976 年 1 月 27 日至 1977 年 5 月 25 日；

第四次：1978 年 12 月 30 日至 1979 年 2 月 25 日。

宋庆龄在上海期间，除了默默地处理着大量公务，还一有空就清理家里的东西，主要是整理孙中山先生的遗物：该送人的就送人，该上交国家有关部门的就上交，并当场编号、登记造册。清理物品与整理文物，大多数都是她亲自动手，李燕娥在旁边协助她整理，我则承担着搬箱运物等体力劳动。当时，我的具体工作是把原保存在新楼东北首一大间内的衣箱、木箱等物，一件件搬运到对面的秘书室，放在地板上，然后由李燕娥开锁打开，由宋庆龄逐个过目、亲自整理。大家每天都要整理七八个箱子，足足整理了三四天，才算初步结束。在那段时间里，宋庆龄通知张珏不必到秘书室办公，在家休息，有事自会打电话通知她。同时，也不允许任何人到存有重要文物的新楼上去。每次整理好的箱子物件，仍由我一件件搬回原处，并由掌管着宋庆龄物件的所有房间钥匙的李燕娥关门上锁。在整理工作告一段落时，根据宋庆龄的指示，家中成立了一个由我与李燕娥、张珏、杜述周组成的四人小组，继续对新楼上这个房间内的照片、镜框、书画等物进行整理，然后清洁揩洗、编号登记，最后才由张珏制单造册，打印清单，呈报宋庆龄亲自审阅。

1976 年 9 月 1 日，这批珍贵的革命历史文物随同一份详尽的清单，分别送到了中国福利会、上海市文物保管委员会、上海博物馆。现在，这批文物都珍藏在上海博物馆。1977 年 5 月 13 日，一向对工作十分细心的宋庆龄指令我们四人小组完成了上述文物的移交手续：李燕娥和我为接收人，杜述周为监交人，这项工作量不小、责任重大的文物整理工作才全部完成。对于孙中山先生遗留下来的珍贵的文物进行整理的往事，我也保留着一份清单：1956 年 11 月 29 日，宋庆龄在上海寓所里整理出一批珍藏了 30 多年的孙中山先生的珍贵文献。她先把这些文献寄给北京的孙中山先生诞辰 90 周年筹备委员会。在这批送往北京的重要文献中，有孙中山先生亲笔写的《建国大纲》的手稿，孙中山先生的手札墨迹一本共 60 页，以前革命活动的珍贵照片 100 多张以及孙中山先生和宋庆龄合拍的照片等物，整整装满了一个大木箱。在整理文献的同时，宋庆龄亲自前往故居，重新布置了故居的陈设，使客厅、餐厅、办公室、寝室保持着原来的风格和布局。自从 1956 年 11 月间在上海寓所里整理出这批珍藏了 30 多年的孙中山先生的文物后，从 1956 年到 1958 年，由我经手联络陆续送往上海孙中山故居陈列和存放的，都在这份清单上。

（笔者注：清单抄录如下。）

1. 孙中山先生平生事迹展览图片 1 至 13 册；

2. 新加坡铜币一枚连塑料盒一只（该币印有孙中山像和开国元勋，是印度友人在新加坡收集后，寄给宋庆龄作为纪念品的）；

3. 德国制"GOERZ"双筒望远镜一架（连皮套）；

4. 德国制"ERKA"听诊器一只（连皮套），德国制"ERKAMETER"量血压器一只（此听诊器、量血压器是何芬同志交给宋庆龄的，原是孙中山先生在北京协和医院当医生治病时，由德国医生所用的）；

5. 大元帅指挥刀一把（连木盒）；

6. 孙中山纪念邮票册一本，内有各种邮票 116 张；

7. 孙中山纪念邮票册一本，内有各种邮票 780 张；

8. 孙中山纪念邮票册一本，内有各种邮票 594 张；

9. 孙总理国葬纪念邮票册一本，内有各种邮票 4 张；

10. 中华邮政明信片 55 张；

中华邮政明信片 5 张；

中华邮政特制邮箱 5 只（横式的）；

中华邮政特制邮箱 5 只（直式小的）。

1958 年 5 月，首长将整理出来的孙中山先生任大元帅时的一把指挥刀交给我，并嘱咐我："周同志，请你将这把刀送到故居去陈列。这把刀是孙先生在 1922 年任大元帅时的指挥刀，要陈列在故居餐厅里壁炉架右侧长茶桌中间。"1963 年 3 月 9 日下午，宋庆龄去五原路中国福利幼儿园视察，然后顺便去孙中山故居看了一下。1963 年 3 月 12 日，是孙中山先生逝世 39 周年纪念日，每年故居都进行纪念活动。这天上午，我去孙中山故居参加接待工作，结束后即向宋庆龄汇报工作，主要是汇报瞻仰故居纪念活动的上海市有关领导人和各民主党派的代表的姓名，以及由市人大、市政府、市政协、市委统战部、市中国福利会等所送花圈等事宜。1963 年 3 月 13 日晚上 20 时，宋庆龄交给我两封信，是关于日本华侨黄天龙送给宋庆龄的樱花、白杨、柿树苗 5600 棵的事情。宋庆龄指示："该信函送交张苏平副秘书长处理，并要在故居各种一些树苗。"14 日早晨，我持信向张副秘书长汇报宋庆龄的指示后，他在该信上批示转市园林处处理。4 月 15 日，宋庆龄交给我一张她坐在飞机舱内试航时拍的照片，并告诉我这架飞机是 1921 年我国广东自己装配的第一架飞机，指示我将这张照片放在故居卧室梳妆台上的右侧位置。6 月 1 日上午，宋庆龄指示我到孙中山故居去了解一下情况，主要是有一张照片拿去给李云放大的事：钱乃骅（时为孙中山故居纪念馆的工作人员。笔者注）事先没有向安培廉联系汇报，就擅自做主把照片交给了李云。安培廉发现后，就向钱乃骅指出这件事情的严重性，并电话告诉了我，要我从速把这一事件向宋庆龄汇报。宋庆龄告诉我："对这一情况，我根本没有叫李云把照片拿去放大过，而这张照片，我是没有想到过要去放大的。钱乃骅做事这么大胆，这还了得。"6 月 17 日上午，根据宋庆龄的指示，我陪同李燕娥一起去故居。我事先已电话通知安培廉来故居，共同在故居汽车间楼上整理所有存放的物件，并清扫一下室内的清洁卫生工作，把整理出来的部分照片和地图拿下楼去存放，以便进行鉴定。8 月 10 日，关于孙中山故居重点文物单位石碑之事，张苏平副秘书长指出：云南大理石色泽不好，必须重做，改用北京汉白玉的。放在什么地方，可找上海市文化局方行局长，请他派人去看，初步决定放在故居内大门口东面朝北的墙上。经我向宋庆龄请示汇报后，宋庆龄同意上述方案。1965 年 3 月 12 日，是孙中山先生逝世 40 周年纪念日。宋庆龄指示我和孙国印警卫秘书一起去故居接待客人，由我讲解。结束回寓所后，在客厅，由孙国印和我共同向宋庆龄汇报有关情况。8 月 10 日，宋庆龄指示我把在故居客厅、餐厅壁炉架上面的孙中山先生的照片，连同镜框一起拿到寓所给她看，然后指示根据原样，各翻印 2 张；镜框按原样各做一只，准备带到北京去使用。下午，我就去王开照相馆找到支部书记陈铭楷同志，办理照片翻印事宜。对镜框的复制，同时我马上到上海大厦家具厂找周厂长联系。翻印照片和复制镜框的事办好后，我立即取回，面呈宋庆龄。宋庆龄看了后，均表示满意，认为翻印的照片和复制的镜框都很好，这次可以带到北京去使用了。

宋庆龄在北京期间，她也经常向上海的我和李燕娥询问孙中山故居的接待情况，并叮嘱我要经常去故居看看，了解那边的情况，要注意那边的清洁卫生工作。特别是每逢每年的 11 月 12 日与 3 月 12 日，孙中山先生的诞辰与逝世两个纪念日，只要宋庆龄在北京，我也都会自觉、及时地写信给她，向她汇报这两天中纪念活动的情况。

（笔者注：有关这个内容，摘录《整修孙中山故居大事记》一文如下。）

1964 年 12 月 9 日，周和康接到宋庆龄的来信，信中说："来信收悉，关于故居存放的珍贵文物，为了能够更好地进行保管，可以遵照齐燕铭秘书长的建议办理。关于广州博物馆来信索取照片事，为了纪念孙先生和使该馆充实陈列起见，我考虑可以同意他们的要求，请将照片随函寄出是感。"

1967 年 8 月，宋庆龄从北京给在上海的周和康去信，随同附寄 4 张照片。宋庆龄在其中的两张照片上亲笔写着如下的指示："这只长红木椅，亦可搬到接待室去摆"；"这三只椅子，最好搬到接待室楼上去（接待室即位于隔壁香山路 9 号的孙中山故居。原文注）"。

在这封信中，宋庆龄明确指出："放在故居楼下走廊上的一张长红木椅，觉得太挤，要搬到隔壁 9 号接待室。另外，放在故居楼上阳台西侧的三张沙发椅，在 1949 年，系别人送给首长的，孙中山先生未看见过，也要搬到隔壁接待室楼上，免得客人多坐弹簧容易坏。"

直到宋庆龄病重的时候，她也挂记着上海孙中山故居的事宜。1980 年 10 月 15 日，周和康接连收到宋庆龄的来信，告知"美国她罗生夫妇是首长很亲近的朋友，三五日内到沪参观中山故居。过去他们常到故居看望首长，请即通知看管故居的同志进行一次彻底的清洁卫生。外宾将观看每项工作，每个角落。我们已通知接待单位（作家协会。原文注）与上海外办联系并将你的姓名告知他们。参观时有你在场为好。"接着，她又在另一封来信中告知周和康说："请你为她罗生夫妇找一个好的摄影者，在他们参加时（指参观故居时。原文注）拍照，一张寄给首长留作纪念；另一张给她罗生夫妇。"

我即遵照宋庆龄的来信指示，通知故居的杨永禧同志，立即进行一次彻底的清洁卫生大扫除，全面做好各项准备工作，欢迎她罗生夫妇到故居来参观。10 月 29 日上午，她罗生夫妇在市外事办公室的同志陪同下，前往孙中山故居参观，由周和康做了详细的讲解，并一起拍照合影留念。当时共拍了 14 张，印了 4 套：一套寄送北京宋庆龄，一套送给她罗生夫妇，一套留在孙中山故居，一套送给我自己留念。

在整理孙中山遗物的过程中，所有文物宋庆龄都没提出任何反对意见与不满情绪，唯有那尊孙中山的铜像，使她感到不满意。

这尊铜像是在 1956 年底，经隋学芳警卫秘书通知、戴炳龙具体联系、由汪顺德驾驶一辆中吉普车，从余庆路 80 号内院子里装运到香山路 7 号的孙中山故居存放的。1957 年春天，宋庆龄亲自来到了故居，专程视察这尊铜像。我记得那天是由刘春生驾驶"大吉斯"，我和隋学芳一起陪同宋庆龄前往的。我们先到故居看了看楼上楼下的各个房间，然后来到汽车间视察孙中山先生的这尊铜像。宋庆龄站在铜像前左看右看了一番后，摇摇头，只说了一句"这个铜像不像孙先生，不要摆"，就回头上车回去了。当天，隋学芳就打电话向张苏平副秘书长汇报宋庆龄的意见，张苏平回答："根据首长的意见办理，把这尊铜像运到别的地方放起来再说。"大约在 1958 年底或 1959 年春的一个晚上，当时由上海市机关事务管理局总务处张乔雷处长组织了 10 余名共产党员，把这尊铜像从孙中山故居装运到了荣昌路 60 号的汽车间存放。1985 年 12 月 6 日下午，按照张益群局长"要把这尊孙中山铜像搬回故居安放"的意见，由朱其招同志组织我、周喜云、刘春林、钱方定，宋庆龄故居的孙志远、孙跃权、毛正东、徐建华、俞志成、沈根林、周汉清及上海市委办公厅行政处的戴炳书和一位驾驶员共 14 人，使用一辆卡车，把铜像从荣昌路 60 号安全搬回故居汽车间内存放。1979 年 1 月 18 日，宋庆龄交给我广州中山大学孙中山纪念馆精装画册一册，嘱咐我送交上海孙中山故居存放。该画册是红色丝绒面的，是中山大学献给宋庆龄留念的。

汤：看来，上海确实是宋庆龄活动最多的地方。

周：是的。在上海寓所里，宋庆龄先后会见过毛泽东、周恩来夫妇等许多党和国家领导人，还接见了苏联最高苏维埃主席团主席克莱门特·叶夫罗莫维奇·伏罗希洛夫；印度尼西亚总统苏加诺和副总统阿尤布·汗和总理苏拉瓦底；锡兰总理班达拉奈克夫人；柬埔寨西哈努克亲王；尼泊尔王国首相阿查里亚；美国作家安娜·路易斯·斯特朗等。每次会见或接见、宴请宾客之前，宋庆龄都要做周密的安排，并亲自过问整个接待工作，例如开菜谱时，是用西餐还是中餐，上海菜还是广东菜，用什么饮料、点心与水果，各方面都有事先的指示，并在事前一一审定。对环境的布置，盆景的摆设，鲜花的插放，她也都要亲自检查一番后才放心。特别是对寓所的清洁卫生工作，她格外重视，唯恐一时的疏忽，给来访的外宾留下不好的印象。

上海寓所管理员
周和康口述实录

为此，宋庆龄明确要求做到窗明几净，处处给人以清清爽爽的感觉。她经常教导寓所内的工作人员："要保持仪表整洁，这是对客人的尊重，讲究礼节、礼貌是中华民族的美德。穿着衣服，不论是新是旧，都要干干净净，要定期理发、修面，养成良好的生活习惯和精神面貌，才能不损国家尊严。"

还有，宋庆龄的时间观念很强，她是个绝对遵守时间的示范者。无论是宴请或接待客人，她都要提前15分钟，从楼上走下来，进入客厅，静候客人的到来，从不耽误时间，充分体现了她的高尚品德。记得1965年3月4日，巴基斯坦总统阿尤布·汗来访时，宋庆龄在李燕娥的陪同下，前往各厅、室进行检查。在餐厅里，宋庆龄对我说："周同志，外宾是讲究清洁卫生的，他们很注意室内角角落落是否搞得干净，地板是否擦得锃亮。今天我看了一下，觉得很满意。但尚有一处还不尽如人意。"说到这里，她对一边的李燕娥说道："李姐，你看，摆在壁炉架上面的银器挂件和放在台子上的孙先生的照片的银质镜框没有擦亮，是否可以擦亮？让人看上去感到更舒服。"最后，宋庆龄对李燕娥和我语重心长地说："搞好室内外清洁卫生和环境布置，不要看成是繁琐的事务性工作，应当看到这里面是包含着政治意义的。"

汤：宋庆龄出生在上海，上海是她的家乡。所以，她对上海是情有独钟的。

周：的确，她的一生中有相当长的时间，是在上海度过的。我就曾经多次听她亲口说过："我喜欢上海，上海是我的家。我不太愿意住在北京，因为北京是我最伤心的地方。孙先生逝世在北京，往往会使我触景生情，让我十分悲痛，心里极难过。"每当宋庆龄离开上海前往北京参加国务活动时，我都要前往机场送行，在飞机舷梯旁与她握手道别。当时，宋庆龄总要轻声细语地嘱咐我："周同志，我要到北京去开会，家里的事，都交给你了。你要谨慎小心，团结大家，齐心协力，做好家里的管理工作。"她还经常幽默地说："到北京是去上班，回上海是到了家。"到了晚年，她更是念念不忘上海，情恋上海。1978年12月30日，宋庆龄从北京乘飞机返回上海，居住在上海家里，直到1979年2月25日，才回北京。实际上她这次回上海，主要是要在上海家里欢度元旦与春节，并在1979年1月26日设宴招待中国福利会的沈粹缜、朱可常、陈维博、吴元恒等人。紧接着在第3天，即1月28日的傍晚，她又在家设宴宴请上海市委彭冲、王一平同志，并一起合影留念。

在这两次家宴的中间一天，即 1 月 27 日，就是宋庆龄自己的神秘的 86 岁的生日。现在回想起来，发现这不是偶然的巧合，而是宋庆龄幽默含蓄而又巧妙的安排。事实确实也这样：每年 1 月 27 日前后，宋庆龄总是借口吃蛋糕、包馄饨、吃红烧肉蛋面，悄悄地为自己过生日。由此可见，这是宋庆龄最后一次在上海家里过元旦、春节和她的生日。以前，人们都不知道她确切的生日，因为她从不喜欢人们问起她的年龄和生日，也从不搞祝寿做生日的活动。我切身地感受到，特别是在她临近人生道路最后两个多月的日子里，她对上海更是朝思暮想，心驰神往。

八、宋庆龄去世后，周和康捐献珍贵文物

周：首长逝世后，我于 1981 年 7 月参加了宋庆龄上海寓所的清理工作。为执行宋庆龄遗嘱中的内容，清理工作根据当时中央"八人小组"的决定，分北京和上海两地进行。关于"八人小组"，中央领导有批示，邓颖超大姐起草了一个意见。上海的清理小组由李家炽主持，组员为我、孙志远和上海市委行政的张媚媚同志。清理工作一直到当年 8 月份才结束。1985 年，我调到上海孙中山故居，任接待科正科长，1987 年退休；1996 年年底，我

上海寓所管理员
周和康口述实录

1985 年 3 月，周和康（中穿白衬衫者）与张珏等人合影

整理家中的东西时，整理出两件孙中山先生生前穿过的中山装，我马上向上海孙中山故居纪念馆无偿捐献了这两件珍贵的文物。

（笔者注：1977年1月2日上海的《劳动报》以《始祖中山装，今日回"娘家"》为题，报道了周和康向上海孙中山故居纪念馆捐献孙中山穿过的中山装的事。摘抄如下。）

由宋庆龄于1969年赠送给身边工作人员的礼物——孙中山先生生前穿过的两件中山装，由收藏人周和康无偿捐献给上海孙中山故居纪念馆。纪念馆尊重捐献人的意愿，日前向周和康先生颁发了收藏证书。

这两件中山装呈淡米色，面料为棉麻布，与定型的中山装略有不同的是领子为单层立领，三个口袋为贴袋。据孙中山故居纪念馆馆长黄步洲介绍，目前纪念馆藏孙中山的中山装也有两件，其中一件与周和康先生捐赠的一模一样。

这两件珍贵文物忠实地记录着一段不寻常的经历。1956年初，由组织安排，周和康在淮海中路1843号宋庆龄寓所担任管理员，从事住宅生活管理工作。据周先生回忆，与宋庆龄首长相处最难忘最有意义的事是为宋庆龄的保姆李燕娥写给宋庆龄的信执笔。李燕娥识字不多，宋庆龄去北京后与在上海的李燕娥常有书信往返，其复信都是由他拟好草稿，读给李听，再根据她的意见进行修改补充，最后由李燕娥签名、封口、邮寄给宋庆龄的。为此，宋庆龄给予了周和康很大的信任。

1969年，风雨如晦，宋庆龄从北京到上海淮海中路寓所小住，就把这两件中山装

周和康夫妇2003年合影于北京北海

魅**力**宋庆龄

2007 年 4 月 20 日汤雄采访周和康夫妇时合影于周家客厅

送给周和康，并深情地说："这两件中山装是先生生前穿过的，现在留给你做个纪念。"

20 多年来，周和康小心翼翼地珍藏着这两件特殊的礼物，保证了衣服的完好无损，也没向外界透露过。如今，捐献给上海孙中山故居纪念馆，实现了老人晚年来一直萦绕在心头的愿望。

【采访后记】

周和康以他对国家领袖的无限忠诚，肝胆相照地捍卫着宋庆龄的利益，尽心尽力地管理、维护着寓所的一切日常生活，尤其是当寓所的厨房里发生血案时，警卫秘书深夜突患急病时，宋庆龄家的祖坟被人横蛮地破坏时，保姆身患绝症挣扎在生死线上时，他更是义无反顾、挺身而出，以他的古道热肠与赤胆忠心，赢得了宋庆龄对他的高度信任。

为此，宋庆龄不但在 1981 年 3 月 3 日给周和康的信中亲笔表示"我当你是我自己（的）亲人"，还先后给他写了 78 封亲笔（含秘书执笔、她亲笔签名）信，把重大的家事托付给他，甚至还主动向他们夫妇馈赠了 200 多件私人物品，以表达她的感谢之情。宋庆龄离世后，他把这些珍贵的文物，全部无偿地捐献给了国家。

北京寓所绿化工安茂成口述实录

> 小安，请你把这个带给你祖母，你到了家再打开，一定要替我问候你祖母，知道了吗？
>
> ——宋庆龄

口述：安茂成
采写：汤　雄
时间：2008 年 1 月 10 日上午 8 点左右
地点：北京市朝阳区团结湖

【采访者按】

　　2007 年夏天，经北京宋庆龄故居主任何大章介绍，笔者曾前往北京市朝阳区团结湖采访原宋庆龄北京寓所花匠安茂成。但不知何故被拒，我俩在他家的楼下坐了整整一个上午，无功而返，回到苏州。

　　2008 年 1 月 6 日傍晚，笔者忽然接到安茂成师傅从北京亲自打来的电话，邀我去北京采访。当月 8 日笔者就乘坐快车，直驶北京，到了位于北京市朝阳区团结湖的安师傅家，受到了安茂成和他的夫人杨翠玲的接待。据安茂成介绍，这套位处二楼的简朴的住宅，是刘少奇同志的大女儿刘爱琴的住宅，后由国务院机关事务管理局分配给了安茂成一家居住至今。原来，半年前安师傅拒绝采访，是因他当时已被病魔纠缠了近两年，正准备接受手术治疗。现在，安茂成的病情刚有所好转，就主动向笔者发出了邀请，接受笔者的采访了。采访时，安师傅还戴着助听器。他向笔者倾吐着他最敬爱的宋庆龄首长生前令他印象深刻的一个个故事，表达着他对敬爱的首长的一片片赤诚无私的爱。

一、热爱生活的宋庆龄

汤　雄（以下简称"汤"）：安师傅，您是怎么到宋庆龄身边工作的？什么时候去的？

安茂成（以下简称"安"）：我是回族人，1943 年 9 月出生于北京市一个小业主家庭。1959 年开始，我在国务院事务管理局服务处工作，专门为"四副两高"（国家副主席、副总理、全国人大常委会副委员长、政协副主席及最高人民法院院长、最高检察长的简称。笔者注）家换送一年四季与逢年过节用的花卉盆景，共工作了 8 年多。当时，我的劳动态度和一手不错的工艺，赢得了领导们的一致好感与认同。同时，我也积累了一定的花木盆景移植、栽培的经验。我是受组织安排，于 1967 年 4 月 5 日到宋副主席身边去工作的，担任绿化工、饲养员兼锅炉工。

1967 年 4 月 5 日那天，管理局服务处的杜光杰科长忽然找到我，说侯局长有事找我。当时，我因平时喜欢悄悄地哼唱几句被视为禁歌的歌曲而被人扣上"小资产阶级思想"的大帽子，还被贴过几张大字报，所以一听局长要找我，我心里就有点儿忐忑了。我连忙紧随杜科长来到管理局，当时管理局的侯春怀局长、服务处的侯锦涛处长俩人已在那里等我了。我刚坐下，侯局长就笑嘻嘻地说："小安，经组织上研究，打算派你去宋庆龄副主席身边工作，你有什么想法？"当时我才 23 岁，一听到宋庆龄这个如雷贯耳的名字，顿时心中又惊又喜又紧张，一时不知说什么好，只是一个劲儿地直点头。当时侯局长对我说："为什么组织上把你调过去，这里面的道理，你应该明白。只能做好，决不能做坏！只要宋副主席高兴，你就算是完成了党交给的任务。你去后，每天的头发要理得干干净净的，衣服也要穿得整整齐齐的……当然，你有什么想法和意见，现在也可以提出来。"我有什么想法和意见？没有，没有！一点也没有！当时我有的只是敬仰、幸运与紧张。我从小就对有关孙中山与宋庆龄的故事耳熟能详，宋庆龄是我一向特别敬仰的一位几近传奇的女性，何况我当时正因无端被人扣上"小资产阶级思想"的帽子而想不通，组织上还把这样重大的任务交给我，这本身就体现了组织对我的信任！当时我唯一担心的是妻子已到了预产期，那几天就要生育了，我只怕自己分了心，不能立刻全心全意地投入为宋副主席服务的工作中。

当时我守口如瓶，跟谁也没透风，只怕给宋副主席添麻烦。在侯局长找我谈话的第二天，我就装束整齐、焕然一新地前往后海宋副主席寓所报到了。因为我平时每周要给宋副主席家换送几次花草，和秘书张珏很熟，所以当时张珏一见到我，就笑着迎了上来，说："小安，你来报到啦，快

安茂成当绿化工时留影

北京寓所绿化工
安茂成口述实录

进来呀！"不一会儿，宋副主席也下楼了，我连忙迎上前去，激动地叫了声"首长您好！"

我刚到宋副主席的北京寓所工作时，担任绿化工，兼管鸽舍的清洁工作。后来专门饲养鸽子的那个工作人员被辞退了，我就又接管了寓所中所有鸽子的饲养工作。

汤：北京寓所中也饲养鸽子呀？

安：是的，养了100多只呢。宋副主席最喜爱的几个品种是紫点子、紫玉翅、素白等，各有十来对。其他品种仅有两三对。她每日清晨开始工作，到上午10时机关做工间操的时候，她才稍微放松一下筋骨，下楼散散步。宋庆龄经常站在院中看鸽子在空中飞翔、盘旋，她会吹口哨，声音圆润响亮，鸽子听惯了，每天只要她的口哨声一响，鸽子就会立即争相集合在她的身边，落在她的肩头与掌心。我一般只给雄鸽子戴上小而轻的鸽哨，如五联、

安茂成在喂鸽子

魅**力**宋庆龄

二筒之类，只有到了节日或遇到天气晴朗，才给它们戴上一把小葫芦。宋副主席舍不得鸽子负重，鸽子有时将邻家的鸽子裹来落在寓所里，她会叫我用竹竿把它们轰走，以免邻家因丢失鸽子而焦虑。宋副主席有一个习惯，即出门返家，不论多晚，哪怕天黑了，夜深了，她也必先去鸽子棚前看看，然后再进门、登楼。汽车开进家中，停在楼的西门，下车后，南行几十步就到了鸽舍前。宋庆龄每次回上海，都要带上几对鸽子同往，回北京时又带回。在上海时，她还时常打电话回家，询问鸽子的情况。她是真正爱鸽子的人。宋副主席最早养鸽子，大概可以追溯到她与孙中山共同生活的时期。因为孙中山也喜欢鸽子，所以她在上海的寓所里很早就饲养了鸽群。而说起北京寓所里开始饲养鸽子，这里就得为张友（宋庆龄北京寓所的工作人员。笔者注）记上一功了。

说起为张友记功，还得从 20 世纪 50 年代初说起。当时宋副主席还住

安茂成当锅炉工时留影

在方井巷。一天，两只迷路的鸽子飞进了宅院，管理员张友收留了它们。几天后，宋副主席从上海来到北京，张友向她报告了这件事，并请示她如何处理。宋庆龄高兴地让他建个鸽舍，把鸽子饲养起来。从那以后，鸽子就一天比一天多起来了：有从市场买来的，也有国内外友人赠送的。印度尼西亚总统苏加诺就曾经送给宋庆龄一对通体纯白的名鸽。在后海住宅里，宋副主席还曾饲养过一只漂亮的观赏鸽，这只鸽子的头颈和胸前长着紫亮色的羽毛，宋副主席十分喜欢。后来这只鸽子老死了，宋庆龄很伤心，亲自到院子里把它埋葬了，以致后来她在招呼鸽子时，常会情不自禁地呼唤这只鸽子的名字。

在北京寓所的园子内，种植着古树名木60余种，共千余株，秋柏古槐，绿翠幽篁；有南北花卉百余种，如玉兰、牡丹、芍药、迎春、连翘、丁香、紫藤等，还有朋友赠送的花木盆景，一片生机盎然。草坪上有一株古槐，树冠阔如巨伞，枝垂匐地，树荫近百平方米，主干围长3.5米，树龄有500多年，被列为国家一级古树。宋副主席常在二楼隔窗而坐，她觉得那棵树就像一只展翅回首的凤凰，故为它取名"凤凰国槐"。在那块刻有"岁岁平安"的太湖石南边的西山脚下，有一棵马尾松，那是宋副主席迁居在这里的第一年为了在圣诞节招待外宾和孩子们，特意派人从西山苗圃选来做圣诞树的。第二

安茂成在北京宋庆龄寓所中留影

年早春，宋副主席发现它的针叶多有枯黄，就让我的前任绿化工栽在了那里，以便时常来观赏并关心它的成长。西山南麓，有一盆老石榴盆景，更为宋副主席所钟爱。这盆石榴原来是皇宫之物，植于乾隆年间，当时已有200多岁。紫砂盆是明代遗物，被人们誉为"国宝盆景"。南楼前有一古树以围栏做保护，牌上写着"明开夜合花"，据说它是纳兰成德（纳兰性德的原名。笔者注）当年亲手栽植于楹前的数株古树之一。院内还有一架龙眼葡萄，是宋副主席住在方井巷时种的。每年中秋时节，宋副主席会亲自采摘葡萄招待客人。跨院中间剑石旁边有两株宽大的海棠树，都是原醇亲王府花园的植株。春天花开繁盛，秋季果实累累，宋副主席常常用果实制作海棠酱，给身边的工作人员品尝。主楼前摆放着十几盆石榴树，也是随宋副主席一起乔迁到后海的。每年秋天，红灯笼似的石榴果压弯了树枝，非常惹人喜爱。

二、奉命为宋庆龄追讨花卉盆景

安：记得我到宋庆龄家报到那天，正是春光明媚的日子，金色的阳光披洒在宋副主席的脸上，看上去格外亲切。在她的身上，透露出一种无法用言语描述的高贵与典雅的气质。她微笑着握了握我的手，然后笑着用一口明显带着上海口音的普通话对我说："小安来了，欢迎你，欢迎你。唔，高高的个子，正好，正好。"事后我才得知，就在前几天，家里原来的那个绿化工因盲目跟随一个警卫秘书一起造宋庆龄的反，不但不干活，还擅自把家中大量宋庆龄所喜欢的花卉盆景送走了。愤怒而又无奈的宋副主席让国家事务管理局换人，调走了绿化工等几个不安分的年轻人，要管理局另外选派安分守己的人。报到那天，不等我把寓所中所有花卉盆景的情况了解清楚，张珏就把一张宋副主席亲手写的纸条交到了我的手中，对我说："小安同志，这是首长亲手写的一张单子，上面的花卉盆景，都是你的前任搞掉的，也不知他都送哪儿去了。现在，首长想请你帮帮忙，把它们尽快追回来，你看怎么样？"我接过清单一看，心中立即就有了数：有两盆石榴花，是周总理送的；兰花，是朱德元帅送的；石角松，是彭真委员长送的；罗汉松，是陈毅元帅送的；凤尾竹，是廖承志、廖梦醒送的；还有10棵大石榴树、8棵大白兰树……我正研究着清单呢，一旁的张珏还以为我有顾虑，不由得有些急了，忙说道："小安，你放心，办这件事，要车有车，要人有人，都会派给你调配，只是你大约什么时候能够办完呢？"当时由于我每天都奔波于天坛公园、北京公园、旅游局等地方，对这些花卉盆景所在的位置大致都有印象，所以我当时就坚定地表态："明天早上，全部追回。"当下，我就在后海家中马上打了个电话给国家事务管理局的侯春怀局长，向他汇报了此事，转达了宋副主席的要求。侯局长一听，立即表态："小安，你就放心大胆地追回吧！"在那个视养植花草为资产阶级思想的年代里，能得到这样一位无私无畏的领导大力支持，当时我的心里充满了感激。从此，我和侯春怀局长就结下了深厚的友谊。令我痛心的是，这位好领导、好朋友在1978年因患肝癌而过早地离开了人世。当时，宋副主席还特意送了花圈。

汤：后来这些花木盆景您都追回来了吗？

安：都追回来了！第二天我就起了个大早，带上侯局长特配的两辆大卡车与8名警卫战士，奔向天坛公园与北京公园等地方开始寻找。经过整整两天的努力，我终于把所有丢失的花卉盆景都找了回来。其中有宋副主席喜爱的那棵已有200多年历史的老石榴，朱德总司令赠送给她的兰花，彭真委员长送给她的石角松，斯诺送给她的梅花、碧桃、一品红等，整整装了满满两卡车，于第三天上午，在警卫战士的护送下，于午饭前运回了后海的家中，然后警卫战士们一起卸了车，根据原来摆放的位置，把这批花卉盆景逐一物归原处。

下午，宋副主席就闻讯下楼了，尽管当时她为避免阳光的照射而戴着一副墨镜，但仍遮掩不住她脸上那欣慰的笑容。她逐厅逐室地看着那些失而复得的花卉盆景，高兴地欣赏着，脸上的气色特别好。她看见日夜思念的花卉盆景这么快就被我全部追回来了，非常高兴，连声向一旁的张珏吩咐道："快，小安累了，马上给他准备吃的，拿汽水、面包，他饿了。"

我知道宋副主席一直怀念着孙中山先生，所以当秘书从上海给她寄来了一些托人从广州孙中山先生故居带回的人参籽之后，尽管我当时并不熟悉这类植物的栽培方法，但我还是花费了大量心血和精力，终于在院子里将这种人参栽培成活了。那天宋副主席从上海回到北京后，意外地发现了我苦心努力的成果，不由得惊喜地问我："小安同志，你知道这叫什么？"我回答说："我们叫它'土人参'。"宋副主席听我答得

安茂成在宋庆龄北京寓所中一棵有着 200 多年历史的雀梅盆景前留影

完全正确,高兴得连声音也大了,说:"太好了!这是中山故居的呀!"当时,宋副主席那满脸的笑容,我至今仍记忆犹新。

汤: 宋庆龄真是个热爱生活的人!

三、宋庆龄年轻时就会驾驶汽车

安: 说起热爱生活,我就想起宋副主席和汽车的故事了。我的老哥刘凤山(宋庆龄北京寓所的专职司机。笔者注)曾亲口告诉我,说宋副主席会开汽车，并且在年轻时代就会驾驶汽车了。

当时，宋副主席坐的是一辆苏联产的吉斯车。别看这辆老式的吉斯车，还是当年斯大林送给中国领导人的，共5辆，分配给宋副主席一辆。这辆车外观典雅古朴，车体大，有三排座，长约6米。外形与现收藏在中国人民革命军事博物馆中的毛泽东同志乘坐过的那辆吉斯相同，只是没有防弹装置。凤山兄说这辆车是手动变速的，车的自重就有4吨呢。作为国家元首的高级轿车，吉斯车内空间宽敞，底盘较低，乘坐很平稳、很舒适。从20世纪50年代初到60年代末，宋副主席一直乘坐这辆吉斯车，也一直由刘凤山兄驾驶。直到1969年，周恩来总理把那辆国产红旗高级轿车配给了宋副主席后，这辆吉斯车才退休。宋副主席对这辆红旗轿车非常喜欢，她亲自选定颜色和布料，制成车窗帘，挂在车中。据刘凤山介绍，20多年内，这辆红旗轿车除因电瓶质量问题在地安门熄过一次火外，没有发生过任何纰漏，质量非常好。刘凤山更清楚地记得，在他刚为宋副主席驾驶轿车时，出于内心对宋庆龄的敬仰，他在开车时总免不了紧张，尤其是遇到堵车时会急得满头大汗。每当这时，坐在后排的宋副主席总会亲切地安慰他，让他不要着急，等一等，慢慢开。每次出车回来，宋庆龄在下车前，也总要向刘凤山表示她的谢意。有时还要拿出水果、点心来慰劳他。刘凤山家有儿女好几个，随着年龄的增长，都到了参加工作的时候，但刘凤山一时找不到合适的工作给孩子。宋庆龄知道后，就先后给他的几个儿女安排了工作：儿子选送去部队当了兵，女儿被推荐到工厂当了工人。如今，宋副主席的那辆轿车已成了珍贵的历史文物。

四、宋庆龄：我不发话，他们谁也调不走你

安：20世纪50年代，宋庆龄的大部分时光是在上海寓所度过的。因为她并不喜欢北京。这里有三个原因：一是北京是使她伤怀的地方，二是北京的风沙大、天气干燥，三是她不适应北京的饮食。1963年，宋庆龄是在周恩来总理的动员下，同时考虑到上海寓所已必须进行大修时，才答应暂时去北京寓所居住一段时间的。1966年后她基本上住在北京，是因为那年年底上海开始武斗了，张春桥、王洪文把反造到她头上去了。听说当时周恩来总理亲自开了个应予保护的干部名单，宋副主席排在第一个。但是周

总理的保护也没有用，没多久她父母在上海的墓也被造反派挖掉了，还把她父母的遗骨挖掘出来，扔得到处都是。

1967 年 4 月，我到宋副主席身边后，有一次大组开会，还传达了周总理关于保护宋副主席家安全的指示，刘凤山告诉我，这还是总理专门派人到家里来传达的，特别要求我们所有工作人员不出去参加运动，不参加群众造反派，要安心工作，为宋副主席做好服务。但后来仍有部分工作人员违反总理的指示，参加了造反派。

我从来不参加，但政治学习是必须参加的，我是大组长嘛。后来，调走了几个人，毛主席专门向国务院机关事务管理局发布了保护宋副主席的批示，家中才算太平。

指示是毛主席在 1967 年 8 月发布的，就两句话：对李、宋的家庭事务，不得干涉；对外来的客人，给予正常接待。李是指李宗仁，宋就是指宋副主席。

在参加学习时我也会首先表态："像我这样的人，能在宋副主席身边工作，是非常荣幸和值得骄傲的。要在旧社会，像我们这样的身份，只怕连宋副主席的家门也踏不进。"当时张珏当场做了记录，并在事后向宋庆龄做了汇报。后来张秘书告诉我，宋副主席对我的发言表示满意。

调走了造反的人后，杜秘书（杜述周。笔者注）就被调来了。杜秘书一来，就重新制定了"工作人员 21 条工作职责"。我仍当绿化工。当时，为感谢北京市园林局下属各部门平时的帮助，有一年春节宋副主席还特意举办电影招待会，把这些领导请到家中看电影。1972 年，组织上忽然下令要调我去平罗县的"五七干校"劳动学习，而且要我第二天就启程。当时我家中有两个孩子和一对年过六十的老父母，还有一对年逾八旬的祖父母，需要我抚养。我一听就慌了，但又没有办法。就在这时，钟兴宝找到我说："小安，首长找你。"当时宋副主席已到楼下客厅里坐着了，她一看到我就对我说："小安，他们已取消了让你去'五七干校'的决定。你就放心吧，我不发话，他们谁也调不走你，好好工作！"我一听，顿时如释重负，感激得差点流下眼泪。我知道肯定是宋副主席知道后发话的。就从那时起，我就暗暗发誓一定要竭尽全力做好工作，不辜负宋副主席对我的关心。当时，我们在京有家室的工作人员与上海的工作人员有所不同，我们每天下班后都可以回家。就从那时起，我就一心扑在了工作上，想方设法把工作做好，我几乎没有星期天与节假日，每天总是提前上班，在看过锅炉房的火种安全熄灭后才最后一个下班。有时家中设宴，或有宾客来访，我晚上 10 点、11 点才下班。

五、花匠亲笔写的一份回忆录

安：宋副主席绝对是个好人。大家都这么认为。有关她老人家一生廉洁节俭的故事，已有不少文章中都写了。她曾无意中对我说过，北京家里用煤太多了，冬天取暖一个月的用煤量，就足够上海家里用一个冬天了。

（笔者注：有关宋庆龄节俭的事，安茂成写过一篇回忆录，题目为《一定要节水节电》，摘录如下。）

宋庆龄同志居住的院子十分宽敞，各式的吊灯、壁灯、台灯、路灯数量不少；大大小小的水龙头也很多。注意减少这些水电设备的消耗，是宋庆龄十分重视的问题。

要求大家做好的，不论是多小的事情，宋庆龄都是首先带头，做出表率。不论是卧室的吊灯、台灯，书房的顶灯、地灯，办公桌上的台灯，还是卫生间的壁灯，她总是做到随手关闭，人走灯灭。水龙头也是一样，凡经宋庆龄同志拧放过的总是做到滴水不漏。大家在首长的带动、要求下，也都养成了随手关灯、节约用水的良好习惯。

庭院前有一片绿茵茵、油亮亮的草坪，宋庆龄同志常在这里散步、做操，和孩子们做游戏。为了保护它的清新、鲜嫩，需要定期给草坪浇些水。

有位粗心的年轻人，有时把笼头一开，任水溢流，他却不知跑到哪儿看书学习或忙别的工作去了。

有一回，宋庆龄同志正好出来散步，发现水龙头上接着长长的胶皮水管甩在草坪上，管口的水哗哗流淌着，已经浇遍了草坪，溢到了不远处的南湖中去了。宋庆龄马上请保姆把浇水的小伙子找来。

那个小伙子急急忙忙地赶来了，先趟了一脚的水，把水龙头关了，然后红着脸说："首长，我、我忙别的去了，把这儿给、给忘了。"

老人家理解地点点头："我知道你很忙，闲下来还抓紧时间看书学习，这都是应该肯定的。可是今后千万注意，不要让这宝贵的地下水资源就这么白白地浪费掉。"

"首长，我一定注意！"

"心里要有本账，虽然祖国地大物博，自然资源十分丰富，但节约水源、能源这些资源是关系到造福子孙后代的大事情。要人人重视，决不能当败家子。"老人家想得远，谈得深。

"你放心，首长。我都记住了。"那个小伙子脸上一阵红一阵白的，认真点头称是。

事后，宋庆龄担心小伙子忘性大，还不止一次请保姆提醒他随时掌握好浇灌草坪的水量，再不要发生大量清水流进南湖的现象。

宋庆龄自己节约用水的事情，在工作人员中传为佳话。

老人家是十分喜爱洁净的，但她患有皮肤病，大夫嘱咐要经常洗澡，配合治疗。按说，这对宋庆龄来说是不成问题的事，可她考虑到多洗澡就要多用水，特别是要烧热水，既用水，又烧煤，总觉得心中不忍，每周两次澡只坚持了两个月，她就请保姆问烧锅炉的同志：烧一次洗澡水到底要用多少斤煤？锅炉房的同志深知首长怕烧煤太多，不肯洗澡，就瞒着她，把每月用四五百斤煤少说成二百斤，心想她老人家这下应该就会多洗几次了。可宋庆龄仍觉得太浪费了，于是坚持一个星期只洗一次澡，而且还是等警卫战士们洗过后，她才用一小部分热水洗一洗。

她对自己用水严格要求，厉行节俭，可对工作人员就不一样了。有时候，警卫战士们和工作人员干了一些体力消耗大的活儿，她总是叮嘱秘书，给他们特意加烧一次热水，让他们干完活儿好好洗洗澡，清洁清洁，也解解乏。这种加热的热水，她自己从来不舍得用一点。

大院一进门不远的地方，有一棵年经三百年的国槐，槐叶垂地，英姿勃勃，三个人才能搂过来。宋庆龄非常喜欢它，说它像一只展翅欲飞的凤凰。她不止一次地跟大家说："这是国家的宝贝，少见的国槐，人人都要爱护它。"

有一次，一位同志没有经过任何人的同意，就擅自去掉了国槐的一些枝叶。老人家很生气，严肃地说："我们住在这里，是党和国家对我们的信任、照顾，这里的一草一木都是人民的，我们没有任何权力损害它们，只有维护的义务和责任！今后，这里的一草一木，任何人也不准乱动！"

大家见老人家为一棵树这样生气，才知道老人家的心是多重！才明白首长是如何对待她的公寓。她从来没有把这个"家"当作私有财产，而是时时记着居住在这里是党和政府的一种信任与照顾，自觉地维护着这里的一草一木。

…………

节电、节水、节煤、爱护国家的资源、财物，这些都是宋庆龄从大处着眼、小处着手做出表率、严格要求大家做到的。

大的开支方面，宋庆龄是极为认真的。

当初，党和政府采纳了周恩来总理的建议，把这所历史留下来的古宅作为宋庆龄同志的公寓，又特意建造了一座新楼之后，宋庆龄搬来了，见到这座新的建筑后，她心里十分过意不去，多次念叨："党和国家为我修这个房子，花钱太多了，太多了！真是的，真是的！"

住进来之后，她严格禁止一切土木建筑。过去遗留下来的长长的回廊经久失修，早该再新修整油饰了，但老人家始终不同意。一直到后来，她感觉自己不久于人世的时候，考虑到国家需要把这座建筑、这个院落保留下来，考虑到对外友好交流的需要，特别是担心那些中央首长、外国朋友赠送的大批名贵花卉毁掉，才只在申请修整花房的计划上签了字。

汤：有关宋庆龄在服饰打扮方面俭朴的故事，杜述周在他的回忆录中也写到过，杜述周是这样写的："那是 1978 年 5 月的一天，我陪同宋庆龄到人民大会堂开完会后，宋庆龄说自己的身体有些发胖，想买件合适的衣服。我们来到友谊商店二楼时，宋庆龄看中了一套，但一看价格是 3000 多元，她连连摆手说：'太贵，太贵，我们国家还不富裕，不能那么奢侈……'一次，保姆钟兴宝对我说，宋庆龄卧室的镜子两边裂了道缝，我便提出买面新的镜子，但宋庆龄却说中间是好的，还可以用。就连卧室的地灯灯罩，也是用旧窗帘布缝制的。由于各地寄来的信件她都要亲自拆阅，从不让秘书代办，回信时则亲自用洋糨糊再贴上邮票封上口，时间久了，她手上起了一层皮，才对我说：'杜同志，你看洋糨糊把我的手烧坏了。'我这才马上告诉保姆用白面打点糨糊让她用。"

安：不错，是这样的。宋副主席的一日三餐极为简单，早晨是一杯牛奶或一杯咖啡、两片面包；中餐至多是三菜一汤：其中两个是素菜，一个鱼块，一个鸡蛋汤或榨菜、咸菜肉丝汤；晚餐与中餐也是大同小异。就是一些菜，也大都是我在寓所院子里栽种的。院子里与北山上原来是有些空地的，我一空下来就去种植些蔬菜与瓜果。我在院子里栽种了大量的萝卜、菠菜、黄瓜、辣椒、西红柿、枸杞子、野菜等，还有老玉米。每年，我栽种的蔬菜北京家里吃不完，宋副主席还让我们装箱空运回上海家中去，让那边的工作人员分享。"文化大革命"期间，由于造反派们不让养花，我就巧妙地把黄瓜、西红柿、辣椒等栽种在盆景里，光辣椒，一种就是四五十盆，既有观赏性，又有实用性。后来，宋副主席就把这种红红火火代表着兴旺发达的辣椒临摹在了画稿上。宋副主席爱吃老玉米，一天要吃六个小玉米，一片面包，再加一段鱼。鱼也是从南湖里钓的，她每顿只吃那么一小段。晚餐也简单，只要一碗小米粥或一杯酸牛奶就够了。每顿剩下的菜，宋庆龄就全都让兴宝阿姨分送给大家一起吃。

六、一则诬蔑宋庆龄贪污的谣言

汤："文化大革命"时，有造反派说宋庆龄贪污贿赂的事。宋庆龄当时给杜述周写过一封信，做了声明。她先在信中（详见《宋庆龄年谱》第1729页。笔者注）说到了照相机的事情，就是宋庆龄去印尼访问时，隋学芳让刘骥平代他买了一部外国照相机的事情。隋学芳在上海瘫痪后，他房里的一切东西，都让钟松年给他打包后，全部运给他了；这部在印尼买的照相机，宋庆龄也指示杜述周去隋学芳家取回后，交给军代表丁江。当时还有人造谣说，隋学芳当时房里的东西，都是宋庆龄送给他的。其实。隋学芳的衣服是他几次跟宋庆龄出国时国家给他做的，宋庆龄从没给他做过一次衣服。

安：其实在 20 世纪 50 年代，就有别有用心的人为了诬陷宋副主席，开始造她的谣言了。

（笔者注：1952 年 1 月，宋庆龄致王安娜的信中也提及被人造谣的事情，摘录如下。）

还有，在中福会内部也传播着有关我的流言蜚语，这令我震惊。说什么我总是收受承包人老罗的贵重礼物。我要讲清楚，我认识老罗已有多年，他事实上是个承包商，为我的亲戚朋友建造和维修房屋。多年来我们逢年过节经常互赠吃的东西，也就是些粽子、月饼、饼干之类，从没有什么贵重的东西。上次他送了我两瓶葡萄酒，我知道这两瓶葡萄酒很贵，就马上退还给了他。每个节日我总是回赠他价值相等，或是略多一些的东西。我的警卫员可以为我做证，因为安全的缘故，凡外面来的东西，他们都要仔细检查。他们也知道，既然他不肯把礼物拿回去，所以我每次的回礼都比他送给我的要多。上次他老父亲病了，我把家里的高丽参都送给了他。那一斤人参论价钱比他送来的东西贵十倍还多。我把这些情况告诉你，是为了让你有个了解，然后把实情告诉那些传播流言蜚语的人。虽然我们之间有着世俗的亲戚关系，但我从未收受他的特殊礼物。我总是告诫他要抵制腐败。汤恩伯逃跑前夕，老罗家的房子受到炮火的严重威胁，全家人在我家住了两个星期。因我一时与外界隔绝，便有谣传他们要绑架我去台湾。老罗有辆吉普，又会开车，那时对我来说，无论哪个方面，他都是我的保护人。我一直告诫他要反对行贿腐败，一直很信任他。既然维克托等人证明他不诚实，那就说明我看错了人。

要是那样的话，我要求对他进行全面审查。让他因欺骗了我们，尤其是欺骗了我，而受到应有的惩罚。

我清楚地记得，有一次宋副主席想回上海看看，让杜秘书请示周总理。周总理就问要带多少礼品，需要国务院事务管理局做哪些工作等，总理还派自己的专机送她去上海。周总理知道宋副主席很欣赏中国的传统工艺品，便送给她四幅湘绣。宋副主席很喜欢，就把它们挂在二楼通往暖房的一间房子的墙壁上。在北京家里的家具都比较陈旧，没有一件成套的。中央领导多次想给宋副主席换新家具，也都被她谢绝了。所以在她的寓所里，最值钱的家什就是宋子文当年送给她的那架钢琴了。在国家困难时期，宋副主席的工资在国家领导人中属最高级别，她时常用自己的工资帮助一些曾在孙中山身边工作过的家庭贫困的人员和身边的工作人员，所以她的工资总是不够花。周总理得知后，批示国务院管理局，每月特批她300元补助。但宋副主席不肯搞特殊，始终不要。一天，管理局的同志打电话给杜述周去取钱，因为那笔补助已积累到3万元了。杜述周立刻请示她，可是宋副主席就是不肯领，说她的钱够花了，其实宋副主席的钱一直紧巴巴的，不够花。

宋副主席家中的纪律是很严明的，她住的二楼是从不让男性上去的，更不让别人到她的卧室。只有保姆和她的好朋友邓颖超、戴爱莲在看望她时才可入内，平时就连她的保健医生也只能在卧室隔壁的房间为她诊治。她有事要办，在北京就写条子给杜述周，在上海就写条子给周和康，或者让保姆通知他们。有时，宋副主席也会写条子、写信给我，但在寄给我的信和写给我的纸条上，后面总会注明"阅毕销毁"的字样。有时遇到一些重要的、只能对我一个人说的机密事，钟兴宝就拿着条子找到我，对我说："小安，太太有条子，只写给你看的。"我看清上面写的内容后，钟兴宝就马上收回去交还宋副主席了。

七、宋庆龄想帮花匠养孩子

安：那几个工作人员被先后辞退后，原先他们的工作，就全部落到了我一个人身上。我除了担任绿化工与鸽子饲养员外，还兼任了锅炉工，有时还兼任服务员。北京家里除了100多只鸽子需要我饲养外，我还得负责管理好1000多盆花卉盆景，还得干好宋副主席每天要溜达散步的院子里那段长廊的清洁卫生工作，说实话，一天下来，还真把我给累坏了。有时候我实在吃不消了，就躺在平坦的草坪上，稍微休息一下。宋副主席对我所做的都知道的。

1971年5月，我的第二个儿子出生了，我还是没敢告诉宋副主席。但不知怎的，消息传到了她的耳朵里。于是有一天，钟兴宝来到楼下，笑嘻嘻地把一个小包裹送给了我，并叮嘱我回家再打开。我下班回家打开一看，原来里面包着一身婴儿穿的小衣服，一条小毯子，9尺给产妇用的花棉布。

里面还夹着宋庆龄亲笔写的一张纸条，上面写着：

　　小安同志：
　　　我恭喜你，又添了一个男孩！

宋庆龄

　　像以往一样，宋副主席仍没忘在纸条的后面写上"阅后即毁"四个字。我们全家人都非常感动。我老母亲一再对我说，要好好工作，报答宋副主席。

　　春节刚过没几天，有一天我正在西山脚下的大石座边浇灌那棵老石榴。忽然，钟兴宝又笑嘻嘻地走了过来，对我说："小安哪，首长想给你养一个孩子，先叫我来问问你的意见。"我听了，不由得一愣，我知道宋副主席要收养我一个孩子，完全是想帮助我解决经济上的困难。因为我当时每月的工资只有40多元，而且还在上次加薪时为帮助宋副主席解决家中的矛盾，主动把一级工资让给了厨师黎传。有关这件事，宋副主席完全清楚。所以，现在她主动向我提出了领养我的一个孩子的要求。但让宋副主席掏钱为我养一个孩子怎么行呢？她老人家已经收养了隋家两姐妹了，并且负担了她们全部的费用，如今我再给她老人家增加麻烦，这可万万使不得呀！

　　当时，我好感动，只感到鼻腔里一阵阵发酸。我马上对钟兴宝说道："兴宝阿姨，真对不起首长了，我的工资真的够用了。请您谢谢首长。"宋副主席见我不同意，就亲自下楼找到我，埋怨我说："你这个小安同志呀，要实事求是嘛。四十几元的工资，两个孩子，不好养呀。再说，你还有老人，负担不轻呀！"还说："我是中国福利会的呀！"好像她是"中福会"的领导就应该为我抚养孩子似的。但我还是谢绝了她的一片好意，我实在不忍心再让宋副主席这样大的一个首长为我家里那些区区小事而多操心，她要管的事情大着呢！多着呢！一个星期六的傍晚，正当我准备下班的时候，我发现情况有点不对头：我的自行车一直是放在锅炉旁边的一个僻静处的，谁也不知道，可那天竟不知道是谁在我的自行车车把上的书包里，塞了满满一包东西。我连忙打开书包一看，我就愣住了：原来里面装着两袋"红星"牌奶粉和一斤白糖！上面还捆着一张小纸条，打开一看，竟是宋副主席的一封亲笔信，上面用粗粗的蓝墨水笔简单地写着六个大字：这是给孩子的！当时我再也忍不住，感动得流下了眼泪。她怎么找到我的自行车的呢？她怎么会想到把奶粉和白糖放到我的书包里去的呢？老人家，我的可亲可敬的老人家，您这一片慈母般的心呀，叫我安茂成这辈子怎么报答得了呀！按纪律，工作人员是不能随便接受宋副主席馈赠的一切东西的，所以当时我连忙拿着书包，找到了秘书张珏，向她请教该怎么办。张珏听了我的汇报，看了宋副主席的亲笔信，当场就笑着说道："给你的你就收下吧！"你们不知道，当时这两袋奶粉与一斤白糖多值钱呀，有时有钱也不一定买得到呢！当晚我与夫人杨翠玲激动了半夜，她也非常感动，说："这位老太太呀，真是菩萨心肠！"

后来，她老人家给了我好几次奶粉呢，都挂在自行车车把上，事先我根本不知道。

后来我就把自行车挪了地方，可还不是办法，逃不过兴宝阿姨的眼睛。最后，还是我夫人杨翠玲让我骗兴宝阿姨，说我家的孩子不知为什么不能喝奶粉，一喝就吐，哇哇地哭，结果那奶粉都让我给喝了，以后请宋副主席别再费心了。我让兴宝阿姨把这话转告宋副主席。几天后，兴宝阿姨告诉我："首长听了你的话，半天没说什么，只是说'小安同志很有心，很有心哪！'"

1971 年 12 月 25 日圣诞节那天，宋副主席照例在北京的家中举办圣诞宴会，她请所有工作人员把自己家的孩子都带到家里去，做她的小客人。工作人员怕孩子多了吵吵嚷嚷，影响宋庆龄的正常接待工作，因为这一天宋庆龄还邀请了在京的艾黎、马海德、艾泼斯坦等外国友人，还请来了两位外国小朋友。傍晚时分，所有该去的客人都被刘凤山用汽车接到家里去了。宋副主席在孩子们中没找到安涛，就问张珏秘书："小安同志的儿子没有来吗？"张珏告诉她："他的女儿来了。"宋副主席知道我不想多麻烦她，就特意关照兴宝阿姨："明年六一国际儿童节，一定要请小安家的那位男孩子来，记住了。"

汤：宋庆龄对您真是体贴入微呀！

八、老的小的都在她的心上

安：宋副主席对家里所有工作人员的孩子都一样关心。20 世纪 70 年代初，我和张友的孩子在同一个幼儿园上学。每当家里遇有晚宴，而我们工作人员难以正常下班接孩子的时候，宋副主席总会派刘凤山开着吉斯车，前往幼儿园把孩子接送回家。这时，车上总会放着兴宝阿姨根据她的指示精心准备的面包、苹果、糖果等食物，有几个孩子，就有几份，谁也不多谁也不少。那年，宋副主席还自掏腰包为张友和小杨在家中办喜酒呢。散席时，宋副主席还向每对新郎新娘赠送了一条印有鸳鸯图案的床单；他们两家的孩子出生后，她又送给张友的小孩衣物等；张友的老父亲病故时，宋副主席还特意让秘书带着司机赶去慰问，还送去了 30 元钱；张友在四川上大学的儿子回北京，带了一些四川红橘送给宋副主席品尝，宋副主席收下这些橘子后，还一定要给孩子 10 元钱。就在宋副主席去世的前一年，工作人员刘玉宝的爱人生了孩子，秘书给她写条说："报首长知道一下即行。"但宋副主席看了条子后，特地在条子边上写道："请代我祝贺她，并代送她这条小毯。宋。"那年（据杜述周回忆文章记录，是 1971 年 5 月 10 日。笔者注），当宋副主席得知杜秘书 3 岁的儿子左眼球被碎玻璃划破后，十分着急，即对杜述周说："治好孩子的眼睛是件大事，如这里治不好，请告诉我，我去请周总理帮忙，想法从国外买回眼球来给孩子换上，不能让孩子痛苦一辈子。"后来，当她得知经过同仁医院大夫的精心治疗，孩子的眼球保住了后，她又十分高兴，并不住地赞扬同仁医院的大夫医术高明。

别看宋副主席自己平时那么简朴节俭，可在请小客人们吃饭时，却全都是招待外宾的规格，连烤鸭都上了，让所有的孩子们一个个吃得满嘴淌油，笑得合不拢嘴。1971 年圣诞节那次宴会结束时，宋副主席还亲自拉住我的女儿，往她的口袋里塞满了糖果，还在她的小手里塞上了两份进口的巧克力，并亲自吩咐她说："这两块'金镑'带给你弟弟。"当时，我像所有工作人员一样，都没有出席圣诞宴会，但当我女儿把巧克力交给我，说是宋奶奶让带给弟弟的时，我心里真的是感慨万分：都快 5 年了，她老人家还没忘了那个她当年曾要帮助我抚养的小男孩！宋副主席曾几次向我要过安涛的照片，我却因没钱给孩子照，一直没有给。现在想想，我太对不起她老人家了！第二年的六一儿童节一到，我就早早地把安涛领到了北京家里。当时张珏把 5 岁的安涛领到宋副主席面前向她介绍说："首长，这就是小安同志的儿子，您今天最小的小客人。"老人家当时就把安涛一把揽在怀抱里，在他的脸蛋上亲了又亲，还不住地说道："好，好！你长得真漂亮！"

汤：宋庆龄一直把儿童放在她心中，而且放第一位。

安：岂止儿童哟！老人她也不忘记的。1973 年 1 月 16 日，我们还住在北京东城区朝阳门南沟沿的一座民房里时，那年我的老祖母因病重已到了生命垂危的时刻。我从小在祖母身边长大，对祖母有着深厚的感情，这一点，宋副主席也都知道。我的祖母病重期间，她曾派秘书代表她专程前往南沟沿我家看望，还关照我老祖母好好养病，注意饮食。一天，宋副主席亲手交给我一个用旧纸包扎得很精致的大纸包，对我说："小安，请你把这个带给你祖母，你到了家再打开，一定要替我问候你祖母，知道了吗？"当时我就知道宋副主席又给我礼物了，所以当我下班搂着礼物一赶到家里，就打算马上拆开礼物给老祖母。可是当时老祖母已经处于昏迷状态了，孙子和孙媳在一边轻声呼唤她，可她老人家连睁开眼睛的力气也没有了。我的老祖母一向知书明理，那年当她得知我调到宋副主席身边工作时，她就高兴地对我说："真想不到呀，我孙子要到国母身边去工作啦！孩子呀，你可得好好干，孙中山在世的时候，百姓谁不敬着他呀？这国母也不是凡人，你一定得干得漂漂亮亮的……"当时我知道她老人家特别钦佩宋副主席，就灵机一动，连忙凑在祖母的耳朵边轻轻地说道："奶奶，宋副主席让我来看您，还给您带东西来啦！"没想到老祖母听了这话，果然把一直闭着的眼睛睁开了。我赶紧打开那大礼包，原来，礼包里包着许多橘子和苹果，都是个顶个的，上面还放着一张纸条，纸条上写着"祝你您早日康复"八个字。尽管下面没落款，但我一看那熟悉的字体，就知道这是宋副主席的亲笔。当时我就激动地拿着纸条凑到祖母面前说："奶奶，您看，这是首长给您写的——祝您早日康复！"老祖母费劲地望了望纸条，两颗泪珠从她的眼睛里滚落下来。她费劲地点了一下头，表示她知道了，她感激宋副主席。

　　当时我夫人问祖母，要不要把宋副主席送她的橘子捣成汁，喂她喝。祖母眨眨眼，表示同意。我们就赶紧动手，把橘子剥开、捣碎，然后滤出橘汁，用小勺一口一口喂给祖母喝。说来也怪，多日滴水未进的老人家，那时却都吃下去了。应该说，我的老祖母咽气前喝的是宋副主席送给她的橘子做的橘子汁……因为当天晚上，我祖母就走了。其实，宋副主席对我一家老小的关怀，早在我祖父去世时就体现出来了。在我的祖父弥留之际，她不但指派杜秘书专程前往我家探望，还让兴宝阿姨向我转达说："小安家是少数民族，如果他家需要什么物品买不到，就让他跟我说，我会尽力帮助他解决的。"当时我向兴宝阿姨提了"我只要两斤油"的要求。事后，兴宝阿姨就把两斤油送给我了，还对我说："首长说了，这两斤油，就用我的本子（中央高级首长的食品特供簿。笔者注）买吧。如果小安还有什么要求，就直接对国管局提出来就是了！"

九、花匠三次破例走上二楼

安：宋副主席还破例让我两次进入她北京家中二楼的书房与卧室。一次是一天上午，宋副主席来到院子里观赏花卉盆景。她特别喜欢那盆长势特别喜人的红辣椒，问我："这盆辣椒我可以放到楼上的屋子里去吗？"我知道宋副主席对红艳艳的辣椒特别喜欢，她时常以辣椒为样子画画，有时回上海她也不忘带上几盆呢。她就是这样尊重他人的劳动成果，好几次，她要剪几束花儿放到楼上照着画，在每次剪之前，她也总要问我："我能剪几朵花放到楼上去吗？"所以，当我听到她又对我说这样的话时，我非常感叹，连忙回答说："首长，这些都是您的呀！"我的言下之意就是这家中的一切都是您的，不用征求我的意见。她老人家听了，这才说声"谢谢你，又给你添麻烦了"，又指了指地下那盆红辣椒，示意让我把它搬上二楼去。我搬着那盆红辣椒，按照礼节，紧随在她的身后往前走。当我们来到楼梯口的时候，忽然，宋副主席停下步，侧过身，对我说："让小安同志先走。"当时我不敢上楼，就站在那里没动弹，望着她老人家。她看出了我的犹豫，就看看我，再次示意让我先走。这样，我才不无感动地托起辣椒盆，走上了二楼。到了二楼，我又站在了楼梯口，等着兴宝阿姨前来接辣椒盆。这时，宋副主席也上了楼，她一边向自己的书房里走，一边对兴宝阿姨说："让他进来呀！"兴宝阿姨听了就在后面推了我一把，把我推进了书房里。当时，我真有一种受宠若惊的感觉，心里感动又惶恐，我不敢正眼朝书房里多看一眼，赶紧放下辣椒盆，就准备转身下楼。没想到宋副主席还不肯让我走，让我在书房里再等一等。不一会儿，她老人家把两片夹着果酱的面包一边亲自交到我手中，一边命令一般说道："小安，辛苦你了，赶紧把它吃了，我看着你吃。现在就吃。"当时我好感动，在宋副主席第二次让我吃时，我才吃。大概我吃得快了点儿，宋副主席见了还对兴宝说道："快，给他拿汽水来，给他拿汽水来。"

第二次是 1974 年 6 月 23 日傍晚，由于院中还有些活儿没干完，我像以往一样没有下班。忽然，我听见张珏在楼上大声叫我："小安，你快来呀！快上来呀！首长摔跤啦！"当时我吓了一大跳，就三步并作两步地奔上了楼。上楼后，只见宋副主席面容痛苦地横卧在房门口，一边站着目瞪口呆的隋永清与手足无措的张珏。当时我也顾不了那么多，即凭仗着自己年轻力壮，一步冲上前，一手挽住宋副主席的腿弯处，一手托起她的后背部，从地下抱起她，直接走进卧室，把她老人家放在床上。当时我才31岁，有的是力气。当时宋副主席连声向我称谢："不好意思，不好意思，小安同志，又麻烦你了……"

汤： 当时宋庆龄多大年纪了？

安： 81岁。她老人家就是那次摔伤的。那天是永清忽然推门进房间，她正要出房间，吓了一跳，摔倒的。所以，后来我听到有人在背后悄悄地议论她，说她一手扶着后腰背慢吞吞走路是在拿架子时，我总恨不得上前揪住那人说个清楚，或者干脆掴他几个耳光。

（笔者注：有关宋庆龄这次摔跤的事，在《宋庆龄年谱》第1792页中有记载。摘要如下。）

> 6月23日。在寓所出房门时，隋永清突然推门而进，受此惊吓，摔了一跤，当时不让保姆请医生，也不让告诉秘书（指警卫秘书杜述周）。
>
> 6月24日。在北京医院接受检查，被诊断为尾骨挫伤，有水肿，后脑有痛处、无骨折，拟上药按摩。此事，北京医院随即报告了周恩来总理。
>
> 6月26日。为宋庆龄摔跤受伤事，李先念副总理特向寓所工作人员下指示，接受这次教训，不要再发生类似摔跤事。宋庆龄闻讯后遂嘱秘书杜述周："请向管理局解说，不是出于任何人的粗心使我摔倒。只是一个异常的偶然事件，没有人能够掌握的，我怎么知道永清要进来？或者她怎么知道我要出去呢？请早一点送达，我的摔跤不要责备任何人。"
>
> 6月27日。上午，为宋庆龄摔跤受伤事，周恩来、邓颖超派秘书打来电话，询问病情，并嘱好好治疗、休息。

据我所知，宋副主席晚年时，身体虚弱，共有八次因身体失去平衡而意外摔倒。从我到北京家里工作开始到1981年宋副主席逝世，我共有三次上过二楼。

第三次进入她老人家的卧室，是在1981年1月，因为那时宋副主席已生命垂危了，我被特许进入她的卧室，就在床前，向她老人家做最后的告别。这是我最不愿意进去的一次！晚年的宋副主席因体态变形、年老力衰而常常跌倒，使我很不安，为了增强她的腿力，后来我故意把院中与北山上花卉盆景之间的距离，尽可能摆放得远一些，分散一些，便于她老人家在平时散步观赏它们时，尽可能多走几步路。我对宋副主席的忠诚，她老人家都知道，她像我的第二个祖母似的，对我格外关爱与信任。一次她在回上海前曾悄悄地对我说："小安呀，在上海我有李姐在，在北京有你在，我就放心了。"

宋副主席对我好，我怎么能不以心换心，好好工作呢？再说，摆放花卉盆景什么的，自古以来，里面都是有一定的道理的。例如我把竹子放在门口，寓意胸有成竹；把石榴摆放在院中最后面，寓意留（榴）步；把辣椒摆放在家中最显眼处，寓意红红火火；把100盆美人蕉摆放在院子中，寓意兴旺发达……又例如，到了夏天，院子里种的葡萄熟了，但常有小鸟飞来啄食，为此，宋副主席心里很不踏实。因为凡是家里院中种栽的水果，一旦成熟后，她总要分送给马海德、艾泼斯坦等中外友人品尝。如今都给鸟儿糟蹋了，还怎么分送呀？其实，我也早在思考着解决的办法了。一天，我扎了几个草人，分别给它们穿上衣服，戴上面具，还画上了眼睛、鼻子与嘴巴，插在葡萄架里。风一吹，草人随风摆动，俨然一个个活着的人。果然，从那以后鸟儿就再也不敢飞来抢夺劳动果实了。再例如，我把老岳父送给我的豇豆种子，种在北京家里的北山坡上。到了夏天，这种细长的豇豆就成熟了。我和黎传把它们摘下来，送到厨房里做成鲜嫩的菜，第一个送给宋副主席尝。她老人家尝了后，觉得很嫩很好吃，就亲自来到豇豆棚前观赏，还笑着说："唉哟，都长满'蛇'了。但这种'蛇'可真好吃！"

我是回族人，所以宋副主席对我的关心与爱护，超过了对其他一般工作人员。那年，宋副主席从上海回北京，给北京家里的工作人员带来一批白色的进口洋布。在分配之前，她特意叮嘱兴宝阿姨，把分配给我的那份染成蓝颜色。因为她知道我们回族人不喜欢人家送白色布料。还有一次，宋副主席又像以往一样悄悄地为自己过生日，给家里的工作人员吃生日面。她知道我是回族人，不吃猪肉的，所以单独为我做了一碗牛肉面。

十、养女用录音机偷录花匠的歌声

安：年轻时，我喜欢唱歌，被人家扣上"小资产阶级"的大帽子。到了后海后，有时我在院中干活累了，就轻声唱我最喜欢的歌。

我唱的大都是电影插曲，像《送别》什么的。一次，正当我轻声地唱《送别》唱得投入，身后传来一句"小安你唱得真好！"的赞扬声。我回头一看，不由得吓了一跳，不知什么时候，宋副主席竟已来到我的身后，在笑眯眯地看着我呢。那是一首在当时被视为反动的歌曲，我也敢在北京家中哼唱，那还了得？我当时就不敢再唱了。没想到宋副主席不但没有批评我，反而笑着鼓励我，问我怎么不唱了？我告诉她我这是瞎唱解解闷儿，这歌是不让唱的，是反动的。宋副主席听了摇摇头，肯定地说道："这是一支令人动情的歌儿，为什么不让唱？"她还说她在楼上听不见，鼓励我大声唱呢。有了宋副主席的支持，后来我就胆大了，歌也唱得响了。不过，家里有客人，我是不唱的。一次家里工作人员开联欢会，没外人，当轮到我表演节目时，我就先唱了《送别》，又唱了电影《洪湖赤卫队》中的插曲《手拿碟儿敲起来》和陕北民歌《高楼万丈平地起》等。大家这才发现，原来我还有一副好嗓子，还会唱好听的歌曲。在当时那个年代，那些歌在外面是听不到的。

汤：像你们这种家庭内部联欢会，宋庆龄也参加吗？

安：只要她身体好，她都参加。那天我才唱了一首《送别》，她就高兴地带头鼓起掌来，还说："小安同志的嗓子可真好啊！"宋副主席的话一点也不虚假，永清、永洁可以证明，她们知道宋副主席喜欢听我唱歌，就趁我边劳动边唱歌的时候，悄悄地来到楼下花圃里，用录音机偷偷地录下来，然后再拿回去播放给宋副主席听。其实，当时外面的政治气氛非常紧张，极左思潮嘛，别说唱禁歌了，就是话也不能说错一句。当时北京家里经常放电影，就在小饭厅里放。也有外国电影。有时候宋副主席也跟我们一起看，有时一晚要连放几部呢。放的电影在当时都被看作大毒草、禁片，在外面是绝对不可以放的，但宋副主席就是聪明，说是内部影片，意思是我们是用批判的眼光来看的。不过，我们在北京的工作人员并不是经常看，孩子更是不让带去看。宋副主席经常要邀请她的中外朋友到家里看电影。

粉碎"四人帮"时，她老人家已八十三四岁了，有时天气好，身体也可以，

北京寓所绿化工
安茂成口述实录

1974 年 10 月 13 日，宋庆龄在北京寓所接见电影《闪闪的红星》主要演员祝新运等，站立者为杜述周

她就在兴宝阿姨与顾金凤的搀扶下，到楼下的花园里散步。这时，她连挂着拐杖行走都已很费力了，但她还坚持着不要任何人搀扶，一个人挂着拐杖趔趔趄趄地在花园里观赏花卉盆景。为锻炼她的记忆和腿劲儿，我就事先把各种她所喜欢的花卉盆景散放开来。总之，我在努力做好本职工作的同时，总是把北京家里的一切事当成自己家里的事来办。一次，我听刘凤山说胡同口有帮不懂事的孩子，每次他驾着红旗牌轿车经过时，那些顽皮的孩子总要用石子弹扔轿车，我就抽下班的时候挨家挨户做家访，向孩子们的家长做工作，阻止孩子们的这些不懂事的举止，后来就再也没有发生过这样的事情。

十一、花匠和他的同事们

安：我在后海家中很多年，大家都是你帮我、我帮你。我如今仍能做一手好菜，是与当年厨师黎传言传身教分不开的。我和黎传是一对无话不谈的好朋友。这话还得从 1980 年说起。那一年，连年被评为单位先进个人的我，经宋副主席亲自提名、国家机关事务管理局审核与批准，被提上了加薪人员的名单。这年加薪的幅度较大，每个加薪者工资都能上提 40%。当时，在加薪名单中没有黎传的名字，他当场就发火了，把勺子往灶台上一扔，说不干了！黎传在新中国刚成立时就到宋副主席家当厨师了，他是广东籍人，脾气直爽，当时他的工资已是特级了。当时我见了，心里很不是滋味，我俩一向不错的，我加工资了，他没加，我实在不愿意在我和他之间因为这事而出现矛盾，给宋副主席平添麻烦，所以我当夜便来到黎传的家，表示我放弃这次加薪的机会，让给他。当时他家里的孩子确实比我家的多。所以第二天一上班，我就通过秘书，向国家事务管理局反映了我自愿把加薪名额让给黎传的事，管理局也就把黎传的名字加进加薪人员名单里去了。不是我思想先进，当时我还是这么认为的：自己是共产党员，又是单位先进个人，我应该有这样的高姿态，把这样的好事让给别人。

也是巧，就在加薪后没多久，黎传的妻子就因病去世了。那天我也去送的。黎传在他妻子火化时，伤痛欲绝地把 80 多元钱与妻子一起火化了，他似乎要让妻子知道，这次他又加了薪金。就是从那时起，我和黎传之间的友谊更深厚了。平时，黎传对他独有的烹饪技术很保守，轻易不允许别人踏进厨房。但对我就破例了，只要有空，或只要宋副主席在上海，他就会主动亲手教我几样拿手菜。有一次，黎传放在身边的 5 元钱不见了，当时有人悄悄地向黎传打假报告，说可能是我偷的，但黎传说什么也不相信，他说小安子绝不是那样的人。果然没多久，他就在自己衣服的夹层里找到了这 5 元钱！其实，黎传擅长制作的只是中式菜肴，不会做西餐。所以，每逢有重要的外宾来家设家宴时，杜述周就不得不请来北京友谊饭店一位名叫陈路的西餐厨师来寓所中帮忙。

这里还有个小插曲。陈路是个脑子灵活的人，那次，也许他为了有意考考宋副主席，就一次做了六种沙拉，完成后，让服务员端到了宋副主席的面前。这六种沙拉，宋副主席一口也没吃，她只是不动声色地在盛每种沙拉的盆沿上的标签上，用英文写下了每种沙拉的名称，然后又让服务员端了下去。陈路厨师看了退回去的六种沙拉上宋副主席的亲笔注释，不由大惊失色，钦佩得五体投地，当着众人的面竖起了大拇指："佩服，佩服！不愧为伟人，连六国的西餐沙拉都知道！"从此，只要家里宴请外国宾客，陈路就会应邀到北京寓所里掌勺。陈路的舞跳得特别好，宋副主席很欣赏这个才艺双全的厨师。司机刘凤山和黎传是同年出生的同龄人，他和我这个小兄弟同样也很合得来。每逢刘凤山出车归来或出车前来不及擦洗车辆，只要我看到，我就会主动前去帮助他擦洗。宋副主席喜爱兰花，我就主动把刚摘下的新鲜的兰花交给刘凤山，让他放到汽车上，为此，刘凤山也没少被宋副主席表扬过。

汤：李燕娥病情加重后也在北京家中住过一阵子？

安：大概是1980年3月，身患癌症的李燕娥被接到北京治疗，就住在家中。当时，李燕娥痛得浑身发抖，满头是汗。病魔折磨得她生不如死，

杜述周与李燕娥合影

家里整天都听得见她痛苦的号叫声。这天，杜秘书无奈地找到我，请我去安慰安慰她，问一问她究竟哪里最疼痛，好让医生对症下药。我听了，就来到客厅。一进门，就看见李燕娥站在一张桌子前，用两手撑着桌子，口中连声哀号着"痛死了，痛死了"，浑身痛苦地颤抖着，豆大的汗水从她的额头上往下淌，以致领圈与后背上都湿了。当时我同情地问她："李姐，您怎么啦？到底哪里痛？"李燕娥痛苦地紧闭着眼，用手在身上乱指一气，哭喊道："这里痛，这里痛，里面全是气，痛死我了……"我就好言抚慰她说："李姐，我理解您，但我不能替代您呀！"李燕娥听了就对我说："你真好，你的心真好。"她还用手拍着我的肩膀边哭边说："怪不得首长老夸奖你，最喜欢你……"

李燕娥在北京医院住院治疗后，不再像发病时那样痛苦了，于6月初出了医院。在出院回家居住的那段时间里，李燕娥总在楼下的院子里散步，呼吸新鲜空气，锻炼身体，所以她和我接触的时间也多了起来。但是，院子毕竟小，空气也没有山上新鲜，她很想上北山，却是心有余而力不足。于是，她就问我能扶她上北山吗？我当然一口答应。我小心翼翼地搀扶着她，一步一步登上北山。当时，北山的枣都快要成熟了，李燕娥看着树上的枣，又想采几个尝尝。我知道，生病的人嘴特别馋，所以我一边说着"这有什么不可以"，一边爬上高高的枣树，亲手为她采摘下满满一兜又红又大的成熟的枣，洗干净后给她吃。有一次，李燕娥问我："小安，你为什么要对我这样好？"我想也没想回答她说："您为首长奋斗了一生，我这点算什么？"李燕娥说："但是首长更了不起呀！"我说："但我也敬佩您。"她听了感到好奇，问我："你敬佩我什么呀？"于是，我就把平时听来的李燕娥如何赤胆忠心保护宋副主席的功绩一一复述给她听。她听了又问我："那你又是怎么知道这些事的呢？"我实话实说："是首长断断续续告诉我的，我都记下了。"李燕娥听了这话，脸上露出了难得的笑容，一副欣慰的神情。之后，李燕娥在北京居住的那段时间里，我就天天陪着她上北山采摘枣，陪着她在寓所里散步。

十二、毛主席命令江青搀扶宋庆龄

安：宋副主席对家中的工作人员的关怀，我都有记录。

北京寓所绿化工
安茂成口述实录

（笔者注：以下为摘录的安茂成的回忆录片断。）

1966 年底，宋庆龄自费购买了一些《毛主席语录》，分送给工作人员。

1968 年 9 月 3 日，宋庆龄将《毛主席的最高新指示》《毛泽东论党的建设》《毛泽东论教育革命》等书分送给工作人员。

1968 年 9 月 6 日下午，北京寓所的工作人员在寓所院内摘苹果。因临近中秋，宋庆龄指示给工作人员发月饼、苹果、葡萄等，给警卫战士送月饼。

这年的 10 月 4 日，宋庆龄一改往年冬天送衣物给寓所的工作人员的习惯，送了每人一本《毛泽东选集》合订本。

1975 年 2 月中旬，传闻北京一带有地震，宋庆龄立即指示秘书，这里房屋抗震，塌不了，把电视间让出来，让工作人员家属搬来住。

1975 年 8 月 4 日，宋庆龄把从北京寓所里采摘下来的梨子，给上海寓所中的工作人员运去一筐。还有一封写给李燕娥和周和康的信。

1976 年 7 月 28 日，当暂居北京饭店的宋庆龄获悉唐山发生了大地震并将影响北京时，她很担忧，特意指示北京寓所的工作人员，让他们的家属搬进其后海的寓所里居住。

同年 9 月 2 日，中秋佳节将至，宋庆龄又及时指示杜述周，给北京寓所中的工作人员每人送月饼和糖果……

就连市环保局派入寓所的清洁大队的工人，宋庆龄也予以细致入微的关心。

当时，北京寓所里的垃圾都是人工清除和装车的。宋庆龄除了指令每次留清洁工人在家中吃一顿便饭外，还要给每个清洁工人安排一包烟或一包茶叶，并且指示要让工人们吃饱吃好。在那个正蒙受着自然灾害的年代里，清洁工人对此特别高兴，他们无不感谢宋庆龄对他们这样普通的工人的关心与照顾。有时，宋庆龄还不放心，还要问兴宝阿姨："都拿了吗（指香烟或茶叶。笔者注）？"直听到兴宝阿姨回答说"都拿了"，她才放下心来。

作为宋副主席的专职司机，刘凤山知道的事情到底比我多。例如那次毛主席让江青挽扶宋副主席的事，凤山全部知道。

1972 年 1 月 10 日下午，刘凤山开车送宋副主席去八宝山参加陈毅元帅的追悼会。当时宋副主席只梳了下头发，就急急忙忙地坐上红旗牌轿车，让凤山开往八宝山。当宋副主席赶到八宝山殡仪馆时，毛主席已经到了。毛主席起身和宋副主席握手，和她坐在一起。宋副主席又与陈毅夫人张茜握手并慰问。当时，西哈努克亲王也参加追悼会了。宋副主席与西哈努克亲王夫人相互挽扶着走进灵堂，并排站在前排。就在这次追悼会上，毛主席对张茜说了句"陈毅同志是个好同志"。追悼会结束后，中央首长走出大厅。这时，毛主席谦虚地站起来，谦让道："让宋副主席先走。"宋副主席推托不掉，就和毛主席、周总理一一握别后，先走向停在门外停车场上的红旗车。当时，凤山就坐在驾驶员位子上。他看见中央首长来了，就下车站在一边等着。他亲眼看见周总理挽住了宋副主席的右胳膊送她上车，毛主席跟在后面。这时，毛主席就当着大家的面命令身边的江青说："江青，你上去，挽扶宋副主席上车。"江青听了，好像有点不愿意，但也没有办法，只好扭扭捏捏地走上前，从左边挽住了宋副主席的胳膊。后来，在汽车上，宋副主席用手帕擦着眼泪当着刘凤山的面说了句："总理是我最好的朋友。"还说："毛主席，真聪明。"有一天，宋副主席坐车外出，当她看到满街的大字报和"造反有理"的大标语时，她不顾前边还坐着司机刘凤山，喃喃自语道："造反，还有理？"当宋副主席看到街道两边那些"打倒刘少奇"的标语时，她的脸上更是露出了不解与疑虑的神情。

十三、花匠把中共党旗盖在宋庆龄的遗体上

安：1981 年 3 月，宋副主席病危，再也起不来了。就在这段令人伤心的日子里，她老人家也没忘了我。一天，兴宝阿姨下楼来，把一包东西交给我，说："小安，这是首长送给你的，里面是一包从外国寄来的花籽，叫你种在家里。还有这张纸条，上面有首长想对你讲的话。"我一看，纸条上是宋副主席亲笔写下的几句英文。我不识英文，就向张珏秘书请教。张珏读了纸条后，告诉我说："这是首长送给你的一包名叫'勿忘我'的花籽，她嘱你种在花圃里。首长还说了，要你不要忘了她，就是以后她走了后，也要你像她活着时一样，对待她生前所有的亲朋好友，继续为他

们送花、换花。"面对宋副主席这几近遗嘱的指示，当时我只会哽咽着直点头。

1981 年 5 月 22 日，也就是宋副主席在家中最后特别安排过一次宴会、专门酬谢护理她的医护人员的第二天。这天，宋副主席从昏迷中醒来，她睁开眼，一看到满屋的医护人员和床头的医疗器械，就知道事情不好了，她无奈地摇摇头，用微弱的声音叹息道："不好了，不好了，看来，我真的不好了。"接着她还说："小安呢？我怎么听不到小安的歌声了呢？看来，我是真的不行了，真的不行了。我想听小安唱歌，想听小安唱歌呢！"宋庆龄在病床上喃喃自语着，还用手轻轻拍打着床沿。一边的钟兴宝见状，连忙奔出卧室，在楼下找到我，着急地对我说："小安，首长想听你唱歌呀，你快去吧！"这时候的我已顾不了那么多，随手抱起一盆宋副主席平时最喜欢的大红的月季花上了楼，来到她老人家的病床前，轻声问她："首长，您好点儿了吗？"这时我清楚地看到，宋副主席望着鲜艳的月季花，眼睛顿时一亮，还笑了笑，她点点头，费劲地对我说了声："谢谢！谢谢！"我万万没想到这个时候，她还关心着我呢，她看见我头上冒着热汗，当时还侧脸对一边的兴宝阿姨微弱地说道："快……请小安……吃冰激凌……"我当时哪有心思吃冰激凌呀，连忙说："首长，我不吃，谢谢您。"她接着问我说："怎么……最近没……没听见你……你唱……唱歌呀？"我听了，眼泪快要流出来了，连忙点点头，放下花盆，走出了房间。

当时我感到左右为难：宋副主席要听我唱歌，唱吧，怕影响宋副主席休息；不唱吧，宋副主席会因此怀疑自己的病情重，所以我没心思唱歌，这可怎么办才好呢？我心情沉重地走下楼，站在楼梯口，望着她老人家的房间门，却怎么也开不了口，唱不出声。一阵阵的悲伤，使我喉头哽咽，我哪还有什么心思和力气唱歌呀！这时，国务院机关事务管理局（今国家机关事务管理局。笔者注）副局长汪志敏与秘书张珏下楼来了，他们来到我面前鼓励我说："小安，你就唱吧，唱吧。"听了他们的话，我这才强抑着心头的悲伤，站在通往楼上卧室的楼梯口，轻声唱起了宋副主席平时喜欢听的歌曲。

当时唱的是陕北民歌《翻身道情》。这是她老人家平时最爱听的。后来我听兴宝阿姨说，我在楼下唱歌时，楼上房间里的宋副主席听到我的歌声，脸上露出了笑容。同时，她还打手势让身边的医护人员不要说话，让她把歌声听得更清楚些。我在唱的时候，顾金凤也赶到楼下，对我说："唱响点，唱响点，首长在听你唱呢。"于是，我又提高分贝唱了那支《送别》。后来我听他们说，听了我的歌声后，宋副主席的精神似乎好了不少，她一边笑着说"我又听到小安唱歌了，看来，我的病快好了"，一边竟然提出了想吃饺子的要求。黎传接令后，连忙为她煮了8个她平时最喜欢吃的荠菜馅饺子，交给顾金凤端上去喂给她吃。没想到宋副主席竟然吃了3个呢！她吃了这3个饺子后，就再也没有睁开眼睛，没有说过一句话。1981年5月29日晚上20时多一点，宋副主席与世长辞。她是在平和、安详中走的。当晚，她的遗体就移送到了楼下的小客厅里，设立了临时的灵堂。晚上10时多，许多中央首长就开始赶到家里，瞻仰宋副主席的遗容。

我那几天根本没回家，每天都陪夜，所以我亲眼看见了许多中央首长。邓小平夫妇最先到的，邓小平含着眼泪先在门外戴好黑臂纱，然后才与其他党和国家领导人一起走进小客厅；王光美也去了，她哭得最伤心，几乎是扶着墙壁才走进小客厅里的；许德珩一进门就哭了，他一边哭着，还一边重重地跺着脚……5月30日，宋副主席的遗体被送到了人民大会堂的吊唁厅。5月31日上午，邓小平来到人民大会堂吊唁大厅，视察吊唁厅的布置情况。6月3日，宋副主席的追悼会在人民大会堂举行，邓小平致的悼词。

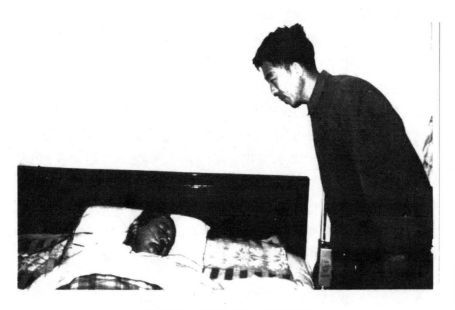

安茂成守护在弥留之际的宋庆龄病榻前

北京寓所绿化工
安茂成口述实录

上海宋庆龄陵园（原万国公墓）内的宋庆龄与李燕娥的墓地

6月4日，邓小平、李先念、彭真等党和国家领导人到机场为宋副主席送灵。在追悼会开始之前，我和钟兴宝、顾金凤她们一起为宋副主席整理了遗容。兴宝阿姨和顾金凤为宋副主席描画了眉毛，整理了面容。这时，我发现她老人家的嘴巴仍半张着，我就拿来一块毛巾，垫在她的脖子与下巴之间，好让她的嘴巴得以合拢，同时，我又把白色的床单拉上，正好挡住这块毛巾。当时我主要负责整个吊唁厅里鲜花盆景的摆放，我特意多挑选了一些她老人家生前所喜爱的黄色的康乃馨，摆放在她的遗体周围。这是我最后一次为她老人家摆花。等一切布置完毕，我指着一边那面早就准备下的党旗，向一边的廖承志问道："廖公，要把它盖上吗？"廖承志点点头："盖上吧。"听得廖公下令，我这才把党旗拿过来，和廖公他们一起展开，把党旗慢慢地盖在宋副主席的身上。我至今仍清楚地记得，当时，我手扯党旗的上两角，廖公和另外一个人分别捏着党旗的下面两角，我们是三人一起把党旗小心翼翼地盖到宋副主席的遗体上的。

魅力宋庆龄

十四、宋庆龄 1973 年做的一个梦

汤：听顾阿姨（顾金凤。笔者注）她们说，宋庆龄逝世后，你们暂时还留在北京后海的家里？

安：是的。顾金凤她们整理楼上，我仍在楼下管理花草盆景。后来组织上任命我担任了北京宋庆龄故居的副主任。1984 年春天，中央电视台来到宋庆龄故居，故居纪念馆把原来在宋庆龄身边工作的人员召集到一起，准备拍摄一部纪录片。正当拍电视的人把话筒凑到黎传的嘴边请他说几句的时候，突然，意想不到事情发生了：但见黎传嘴巴张开，两眼圆睁，双眸入定，一句话也说不上来了。当时，一边的刘凤山还和他开玩笑说："瞧这老家伙，今天中央电视台为你录像，你倒拿起架子来了。"但一边的我却从黎传异样的神态与紫胀的面色中感到大事不妙，我知道黎传有心脏病，这次绝不像是开玩笑。所以我一边对刘凤山说："别开玩笑了，这样子还像开玩笑？！"一边迅速拉开黎传的上衣胸前口袋，从里面抓出一只放有救心丸的葫芦形的小药瓶，从里面倒出一把药丸就往黎传张开的嘴巴里送。但一切都已迟了——黎传大睁着两眼，连气也不出了。等到把他紧急送到医院，他早已停止了呼吸。就在这一年，与黎传同岁的 73 岁的刘凤山因患肺癌，也不行了。他自知将不久于人世，所以他在病危的时候，指名把我找去，眼泪汪汪地对我说："小安子，我死后，一切后事由你来办理，因为我只相信你。还有，趁自己现在还有口气，我想吃猪头、猪蹄与猪尾巴，你能帮我办吗？"我含着眼泪接受了老同事、老朋友的最后请求，并于当天就迅速去市场买来了一只特大的猪头与四只猪蹄、六条猪尾巴，然后又迅速在家煮熟后，让张昕立即给躺在医院里的刘凤山送去。令人遗憾的是，刘凤山对每样肉只各吃了一口后，就再也吃不下去了。当夜，刘凤山就不行了，躺在病床上，只有出的气，没有进的气。当我闻讯紧追慢赶来到北京医院时，刘凤山已永远离开了人世。刘凤山火化那天，我根据他的遗嘱，主持了他的全部后事。在把他往火炉中推的那一刻，我站在他的遗体前，用手拍着他的脑袋，难过地哭道："老家伙哎，你先走一步吧，将来我一定会去找你的。"然后，我一狠心，在一片痛心疾首的跺脚与痛哭声中，向一边的司炉工喊了一声："往里推吧！"

大约在宋庆龄逝世半年后，一天，秘书张珏来到故居，专程找到我问道："小安，你还记得那次我对你说的话吗？"我说："记得，记得，你当时说过，这事要在首长百年之后才能告诉我的。"张珏说："现在我可以告诉你了。那是1973年你祖母病重期间，就是首长曾派杜秘书去探望你祖母后的当天夜晚。那天半夜2点左右，有人敲我的房门。我感到很诧异。因为住在楼上的只有我和首长两个人，除了首长，再没有第二个人。我闻声开门一看，果然是首长。首长神色严肃地对我说：'张珏，我刚才做了个梦，梦见小安的祖母到后海来找我了。'她对我说：'我的孙子在您身边工作，请您像祖母一样照看他，拜托您了。谢谢！'这件事，你先不要告诉小安，等我百年之后再告诉他。'"我不听张珏回忆也罢，一听，我就再也忍不住哭了。

2007年春季里的一天，我突然接到王光美办公室打来的电话，那人说，王光美妈妈想见见我。我知道，王光美妈妈平时轻易不接见他人，就连某些当时在位的领导也不能进入她的家门。所以我放下电话后，就拿起一本我正在阅读的《罗叔章传》，快速赶到王光美妈妈的家。到那一看，王妈

王光美接见安茂成时留影

2008 年 1 月 10 日，汤雄采访时与安茂成夫妇合影于安家客厅

妈的病已经很严重了，她鼻子里插着氧气管，虚弱地坐在会客厅的沙发上。见到我，她连忙招手示意我坐到她身边。在亲切的会谈中，我把《罗叔章传》中一段有关刘少奇主席的文字指给王光美妈妈看。这段文字记录了在"文化大革命"最狂热的时候，宋副主席对"打倒刘少奇"一事表示大为不解的原话："刘少奇有什么错，要打倒？真怪！"王光美妈妈读了这段文字后，当场感动得流下了眼泪。她表扬我说："小安，你真细心，读得真细心。"就是在这最后一次见面时，王光美妈妈再次赞许地告诉我："小安，我都知道，在家里（宋庆龄北京寓所。笔者注），就你一个人从没闹出过什么闲话来。"在这次接见中，我和王光美妈妈一共合了七次影。当我临走时提出还想再和她合一张影的时候，王光美妈妈仍然宽宏地答应了："照吧，照吧，多照几张吧。"

【采访后记】

就这样，在周和康和安茂成两位老人的无私支持下，我用了 3 年多的时间，完成了所有的采访任务。回到苏州后，我夜以继日进行创作，尽量把几十年来宋庆龄在北京、上海两地的寓所中，在宋庆龄身边工作过的所有工作人员全都囊括进这本长篇报告文学中，努力通过他们的视角，还原一个有血有肉、有情有义的宋庆龄的光辉形象，还原当时曾在宋庆龄身边工作过的保姆、卫士长、管理员、绿化工、司机、厨师等人的真实工作情况。

后　记

抢救、挖掘、搜集、整理、撰写是项艰苦的劳动，我得争分夺秒地与时间赛跑，与生命赛跑。但我想我的努力还是值得的，因为我写作的同时不但了却了我的一个夙愿，更为历史、为国家、为后人留下了一笔宝贵的财产。在此，我还要向所有接受我采访的当事人表示感谢，并感谢周和康师傅的爱人李秀菊和安茂成师傅的爱人杨翠玲，若没有他们的理解与支持，这一笔笔极其珍贵的历史财富，很可能永远湮没在历史的谜团中。

这部作品的完成，使我如释重负的同时也无比喜悦，因为她不但还原了一个血肉俱丰、情义双全的宋庆龄的形象，还使我体会到了人生的真正意义，让我有机会展现自己的人生价值。

但愿我的这部口述实录能做到无愧于历史，无愧于国家，无愧于后人，也无愧于自己。

秘书刘一庸
口述实录